THE GREAT
WALL IN THE
MEMORY
OF NINGXIA

宁夏记忆里的长城

中国人民政治协商会议盐池县委员会 · 编

黄河出版传媒集团
阳光出版社

图书在版编目（CIP）数据

宁夏记忆里的长城 / 中国人民政治协商会议盐池县

委员会编. -- 银川：阳光出版社，2024.7. -- ISBN

978-7-5525-7437-1

Ⅰ. K928.77

中国国家版本馆CIP数据核字第2024TN7116号

宁夏记忆里的长城　　中国人民政治协商会议盐池县委员会　编

责任编辑　唐　晴　申　佳
封面设计　晨　皓
责任印制　岳建宁

黄河出版传媒集团
阳 光 出 版 社　出版发行

出 版 人　薛文斌
地　　址　宁夏银川市北京东路139号出版大厦（750001）
网　　址　http://www.ygchbs.com
网上书店　http://shop129132959.taobao.com
电子信箱　yangguangchubanshe@163.com
邮购电话　0951-5047283
经　　销　全国新华书店
印刷装订　宁夏文之杰印刷科技有限公司
印刷委托书号　（宁）0030342

开　　本　710 mm×1000 mm　1/16
印　　张　18.25
字　　数　300千字
版　　次　2024年7月第1版
印　　次　2024年7月第1次印刷
书　　号　ISBN 978-7-5525-7437-1
定　　价　128.00元

目 录

长城古堡话春秋

守望长城见和平

宁夏长城知多少

秦昭襄王拉开修筑长城的序幕

　　在宁夏南部的固原市境内，保存有一段我国的早期长城，即战国时期的秦长城，其横穿西吉县、原州区、彭阳县，蜿蜒崎岖，雄壮沧桑。这段长城修筑于秦昭襄王时期，距今已有 2000 多年历史，堪称宁夏长城鼻祖，它的修筑拉开了在宁夏修筑长城的序幕。

　　战国秦长城起始于甘肃岷县，经临洮、渭源、陇西、通渭、静宁后进入宁夏西吉县，然后经西吉县至固原市原州区、彭阳县出宁夏，进入甘肃省镇原县、环县，然后进入陕西省，经吴起、志丹、靖边、横山、榆阳、神木进入内蒙古自治区，经伊金霍洛旗、准格尔旗、达拉特旗和东胜，共经 4 个省（区）21 个县（区），总长度 1200 多千米。

　　宁夏境内的战国秦长城主要分布在固原市境内，它向东穿越西吉县、原州区、彭阳县 3 个县（区）12 个乡（镇）31 个行政村，长度 170 多千米，单体建筑 150 多座，整体为西北—东南走向。战国秦长城具体走向为由甘肃静宁县八里镇出北峡口至闫庙村，进入宁夏西吉县境内，在西吉县东台村沿葫芦河东岸修筑至马莲河汇入西吉将台堡一带，然后东折，沿马莲河南岸经过红庄梁六盘山分水岭，穿过四十里滴滴沟峡谷，出沟沿固原南塬畔上长城梁，绕固原城，跨过清水河，沿沙窝沟翻越黄崾山分水岭，继续沿茹河支流小川河谷南岸修筑，至彭阳石头崾岘跨小川河，经长城塬、全塬、孟塬出宁夏境。

战国秦长城由墙体、敌台以及沿线分布关堡城障构成，形成一个严密的防御体系。沿线分布着大小不一、数量众多的敌台，远远望去，敌台与墙体相连。这里的敌台由黄土夯筑而成，两侧及顶部突出墙体。从敌台分布来看，其密集且有规律。敌台间距有疏有密。较疏的敌台间距为 300～500 米，较密的间距为 150～250 米。

战国秦长城沿线还构筑有规模不一的城障，总共 20 多座。城障位于墙体内侧百米左右，是当时屯军的小城堡。保存完整的城障大多为正方形，大多边长在 50 米左右，个别边长约百米，四周墙体由黄土夯筑。城障在地势较为平坦的地方较为稠密，在峡谷地带分布较为稀疏。在长城两侧许多地势较为险要的沟口和山巅分布着众多烽燧，烽燧平面呈圆形，为黄土夯筑。

固原战国秦长城由城墙、敌台、城障以及烽燧构成了一个体系完整

的防御工程。高低起伏，蜿蜒崎岖的战国秦长城，与其他地区同时代的长城修在筑方式上都遵循了一些相同原则。"因地形，用险制塞"，充分利用周边山形水势，如固原战国秦长城紧密结合固原境内的葫芦河、清水河、骆驼河、小河川、茹河流域地形地貌和水系，借助地理优势，形成防御体系。从整体上来看，固原战国秦长城在走向上有多个大直角转折，如在葫芦河畔将台堡、孙家庄、吴家庄等地，这些转折点都与当地的地理环境关系密切。因地制宜，就地取材，从固原战国秦长城分布和所处位置来看，无论是在山岭、长梁、高原或者河沟，都是就地取土夯筑而成。

夕阳西下，固原战国秦长城与晚霞形成一道独特的风景线。站在长城脚下，让人浮想联翩，不禁要问，如此庞大而复杂的工程，是谁策划修建的呢？从文献记载和出土文物来看，战国秦长城修筑策划者为战国秦昭襄王。秦昭襄王在历史上并没有秦始皇那样有影响力，但也是秦国历史上响当当的人物，让我们先来认识一下这位雄心勃勃的英主。

公元前307年，年仅23岁的秦武王一时性起，竟然想徒手举起"龙文赤鼎"，可能是当时武王心情太过激动，导致400多斤的大鼎脱手，砸断胫骨，当晚气绝而亡。举鼎不成，反失性命，这个教训太惨痛了。武王抱憾而去，一位叫嬴稷的少年在王位争夺中脱颖而出，继承王位，这位雄主便是固原战国秦长城修筑的策划者——秦昭襄王。秦昭襄王是秦国历史上在位时间最长的国君，达56年。在秦昭襄王的统治下，秦人在东进争雄过程中不仅取得了重大进展，而且消灭了义渠戎，巩固了大后方，彻底扫除了秦统一过程中的后顾之忧，修筑长城也伴随其中。

有关秦昭襄王修筑长城的历史背景，最早的史料是《史记》，《后汉书·西羌传》《资治通鉴》也有相关记载。

《史记·匈奴列传》载："秦昭王时，义渠戎王与宣太后乱，有二子。宣太后诈而杀义渠戎王于甘泉，遂起兵伐残义渠。于是秦有陇西、北地、上郡，筑长城以拒胡。"

《后汉书·西羌传》载："及昭王立，义渠王朝秦，遂与昭王母宣太后通，生二子。至赧王四十三年，宣太后诱杀义渠王于甘泉宫，因起兵灭之，始置陇西、北地、上郡焉。"

史料中的陇西、北地、上郡都是秦初三十六郡之一，这三郡都是在秦昭襄王时期设立的。北地郡郡治义渠县在今甘肃庆阳市宁县境内，北地郡管辖范围包括今宁夏的大部分地区，今固原市亦属北地郡管辖。结合文献记载和固原战国秦长城分布，秦昭襄王时修筑固原战国秦长城是不争的事实。

那么，固原战国秦长城修筑的确切时间是在什么时候呢？史载为"赧王四十三年"，也就是周赧王四十三年，即公元前272年。固原战国秦长城存在近2300年，是宁夏"六朝长城"中年龄最大的长城。

秦昭襄王"筑长城以拒胡"，拉开了在宁夏境内修筑长城的序幕。

（撰稿：孔德翊）

蒙恬筑障"因河为塞"

中国历史上的一代名将蒙恬，因率军构建"因河为塞"之长城和引黄灌溉屯垦，在宁夏大地上留下了动人故事。

蒙恬，姬姓，齐国蒙山（今山东临沂市蒙阴县）人，秦朝名将。其祖父、父亲为秦朝大一统立下汗马功劳。蒙恬家族深得秦始皇信任，蒙恬及其弟蒙毅受到重用。蒙恬出身于军事世家，却并非仅有军事才能，其文治武功皆颇为出色。他不仅抗击匈奴、修筑长城、建造城池，而且修建了当时的高速军事公路——秦直道，还发明了毛笔……

宁夏自古以来就是中原农耕文化与北方游牧文化的交会融合之地，是我国北部边防的前线和边塞要地，战国、秦、汉、隋、宋、明，都在宁夏不同规模地修建过长城。说起宁夏的发展，蒙恬是一位绕不开的人物，他北逐匈奴、徙民屯戍、修筑长城、建县筑城、引黄灌溉……揭开了宁夏农耕开发的序幕，特别是宁夏境内"因河为塞"的修筑，在宁夏大地上留下了光辉灿烂的一笔。战国时，在我国北方地区主要有东北的东胡、北方的匈奴和西北的戎人，这三支少数民族势力逐渐强大并且趁中原动荡之机经常袭扰内地，尤其是秦灭六国的最后阶段，强悍的游牧民族匈奴趁各诸侯国战乱无暇顾及，跨越黄河占领了河套地区的河南地，并不断深入，直逼秦都咸阳。河套地区是黄河"几"字弯上半部分及其周边流域，古人觉得此处的黄河看上去像个套马的绳索，所以叫"河套"。河套平原是黄河沿岸的冲积平原，由贺兰山以东宁夏青铜峡和石嘴山之间的银川平原（又称西套平原）和内蒙古部分的东套平原组成，其独特的地理优势决定了河套地区是中原王朝和游牧政权必争的战略要地。此时秦始皇刚统一六国建立大秦帝国不久，匈奴占领河南地就像一把尖刀插在其背后。

为消除北部匈奴侵扰之患，公元前215年，秦始皇东巡后派蒙恬率30万大军从咸阳出发大举北伐匈奴。蒙恬率主力从上郡（今陕西榆林市）进入河套地区北部，又派一支秦军从萧关（今宁夏固原市东南）进入河套地区南部，两军一路所向披靡、势如破竹，很快就夺取了河南地。第二年春，蒙恬又率军渡过黄河跟匈奴人在黄河以北进行了多次战斗，不仅收复了河套平原，而且迫使匈奴远遁700多里，一路退到了阴山以北的漠南地区，匈奴一度"不敢南下而牧马，士不敢弯弓而报怨"。至此，秦朝疆土扩展至鄂尔多斯高原，蒙恬不仅辟地千里，而且控制了边疆要塞。他英勇作战、出奇制胜、威震匈奴，被世人称为"中华第一勇士"。

蒙恬收复河南地后为了阻遏北部游牧民族南侵，秦始皇征发民众70万，在蒙恬指挥下根据北疆地势，沿黄河一线连接并加固增筑秦、赵、燕三国长城。蒙恬在原有三国旧长城的基础上取长补短，利用山川地势建城筑障，把长城建于高山之上，尽量利用山脊、峰峦为城，在平原、丘陵等筑高厚的城墙，使骑兵无法越过，尽量利用河流做屏障，尽量把长城建于河流之北，使敌人得不到水源。另外，蒙恬还在制高点建烽火台侦察和传递消息，在交通路口和谷口修筑障城并派军驻守。在长城以南，每隔一段距离就修建驻军的城池，同时建立消息快速传递机制，方便统一指挥和支援，最终形成西起甘肃岷县，向东北经临洮、渭源，宁夏固原，甘肃环县，陕西吴旗、靖边、榆林，北上经内蒙古准格尔旗，再向北至黄河南岸，后东延至辽东的万里长城，万里长城和烽火台、障、城等配套设施为后来的军事防御工程提供了教科书级的样板。

为了稳定北部边防，蒙恬和他统领的30万大军一直没有班师回朝，就在长城戍边。这支"长城军团"让北方部落10多年不敢踏入长城。在修筑万里长城的同时，蒙恬率军把所有新辟之地作为"新秦中"，开始修筑城池建立军事防御体系，一方面采取"城河上以为塞"，充分利用黄河天险"因河为塞"，沿黄河修建了44座县城（一说为34城），并设官吏，这里面就包括富平县（今宁夏吴忠市）和朐衍县（今宁夏盐池县），又从关中移民到新秦地屯田戍边。这些人平时耕种，战时可紧急征调为民兵参与防守。其中富平县是宁夏平原历史上第一座县城。秦朝时的富平县辖区较大，包括今宁夏整个黄河自流灌溉区，南至中卫市，北至石嘴山市河东陶乐灌区，宁夏平原第一次得到大规模开发。另一方面沿黄河"筑亭障以御戎人"，在黄河沿岸险要地段或适宜地区修筑要塞障城。障城实际上是一种军事堡垒，也是长城防御体系的重要组成，它不仅是长城城墙的主体依托，而且是军事指挥枢纽、行政管理治所、生产及屯垦农业基地。宁夏是唯一全境属于黄河流域的省份，蒙恬沿当时流经宁夏的黄河修筑了两个障城，一个是长城以南的神泉障（今宁夏吴忠市青铜峡市），另一个是长城以北的塞外浑怀障（今宁夏石嘴山市平罗县）。神泉障和浑怀障的修筑是宁夏长城防御体系完善的标志，在长城文化中具有很高的战略价值和历史意义。

蒙恬戍守时在宁夏河东灌区开凿秦渠，拉开了宁夏引黄灌溉的大幕，人们利用黄河，先后修建了秦渠、汉渠、汉延渠、唐徕渠等多条引黄干渠，导黄河水灌田，最终形成了今天的宁夏引黄古灌区，也是国内四大古灌区之一。人们种植各种作物，使宁夏成为今天的"塞上江南"。今天的宁夏引黄古灌区有8000多平方千米，引黄渠道纵横交错、密如网织，总灌溉面积达900多万亩。蒙恬攻取河套平原后，驻军、移民、屯田、兴修水利，为宁夏经济发展创造了有利条件，蒙恬是当之无愧的"开发宁夏第一人"。只可惜秦始皇死后，蒙恬被赵高所害，最终饮恨自杀。

站在黄河岸边，眺望飘逝的云烟，诵读英雄的史诗，他的辉煌成就、开辟宁夏的伟大创举以及英雄气概代代相传。汉承秦制，汉朝继承了蒙恬的"因河为塞"，在取得宁夏北部及广袤的河南地后，筑朔方，修缮蒙恬所筑的故塞，至今有贺兰山北端乌兰布和沙漠边缘的一段长城遗址。

（撰稿：弭辉）

隋筑朔方、灵武长城

581年，隋朝建立，结束了南北朝分裂的局面。为了应对突厥人南侵，隋文帝开国之初就开始修筑长城。在隋朝政权存在的短短37年中，史载共修筑长城6次，其中在朔方一带3次修筑长城。

隋开皇五年（585），"使司农少卿崔仲方，发丁男三万于朔方灵武

筑长城，东距河，西至绥州，绵亘七百里，以过胡寇"。绥州即今天的绥德，灵武在今灵武市台子村附近。今盐池县城北头道边外侧，时隐时现地有一道长城，从上红沟梁起向东至陕西省定边县盐场堡的较为清楚，即隋代长城。这段长城长约20千米，为黄土夯筑，倾圮十分严重。

沙钵略内附大漠南。隋开皇二年（582）五月，突厥发五大可汗（沙钵略可汗、第二可汗、达头可汗、阿波可汗、贪汗可汗）40万大军进攻隋北部，隋以大军镇压平息。后突厥发生内讧，五大可汗分裂。隋军趁机反攻。开皇四年（584），沙钵略可汗数次被隋军击败，请和亲。沙钵略之妻，宇文氏之女，千金公主，隋文帝取宇文氏大义灭亲之义，更封千金公主为大义公主。沙钵略可汗致书隋文帝，请求世代和好，隋文帝回信同意。隋朝与突厥沙钵略建立了友好关系，但突厥内部矛盾尖锐，沙钵略被达头可汗所困，又畏契丹，处境十分艰难，杨广率部驰援沙钵略可汗至大漠以南，从此边事稍平，但隋北部仍面临达头可汗南侵的威胁。开皇五年（585），隋主命崔仲方率兵在灵武至绥德一线修筑长城，第二年，又命崔仲方发丁15万，于朔方以东，缘边险要，筑数十城。这是隋王朝第二次修筑长城。

梁师都割据盐川郡。隋朝改盐州为盐川郡，到了隋炀帝大业十三年（617），盐川郡被隋朝朔方鹰扬府的郎将梁师都割据。梁师都所占的地方不只盐川郡，还包括今甘肃庆阳，陕西延安、绥德、米脂、靖边、定边等一大片土地。梁师都本是为隋朝立了军功的人，他为什么又反叛了隋朝呢？

梁师都是隋朝夏州（治今陕西靖边县东北白城子）朔方郡（今陕西榆林市横山区西北）人，家中有财有势，世代为郡中的豪门望族。梁师都长大后从军，因军功做了隋朝朔方鹰扬府的郎将，隋炀帝大业末年被罢去官职，回到了家乡。当时天下反隋浪潮已成铺天盖地之势，隋朝的大厦即将坍塌。大业十三年（617）二月初，刚刚回归故里、对朝廷一肚子不满的梁师都联结党徒数十人造反，杀了郡丞，占据朔方郡，举起反隋大旗，自称大丞相。梁师都自知势单力薄、难以自立，便主动勾结雄踞北方的突厥，倚为靠山。隋将张世隆率军前来征剿，梁师都出兵迎战，大败隋军，乘势攻取了雕阴（今陕西绥德县）、弘化（今甘肃庆阳市）、延安等郡，实力大增。有兵马有地盘，不能没有名号，梁师都遂于大业十三年（617）三月僭号称帝，以姓氏为国号，建立梁政权。梁师都在城南举行登基仪式，隆重祭祀天地。在挖坑埋祭品祭祀地神时，得到一方大印，梁师都视为祥瑞之兆，定年号为"永隆"。突厥始毕可汗很是捧场，遣使赠送了狼头纛，并称其为大度毗伽可汗、解事天子。有强悍的突厥撑腰做后盾，梁师都胆气益壮，遂联合突厥军队进攻河南之地，攻占了盐川郡。

618年，唐朝建立，改盐川郡为盐州，浩浩荡荡派来了一批官员，却因盐州被梁师都割据，官员不能到位，只好侨居灵州。

贞观初年，突厥颉利可汗派突利讨伐叛离他们的部落。突利未能获胜，颉利大怒，把他囚系起来加以鞭挞。突利怨恨之极，于是背弃颉利，遣使奉表降唐。

颉利得知突利背弃自己，即刻出兵攻打，两军大战，都以与唐朝有盟约的名义遣使向唐乞兵。唐太宗最想灭的还是颉利，于是遣柴绍、薛万钧先攻打依附于突厥颉利可汗的梁师都。在发动军事进攻的同时，太宗命夏州长史刘旻、司马刘兰成经略夏州，采用反间计，派遣间谍潜入朔方，贿赂梁师都的手下，离间他们。趁着夜色，夏州又出轻骑践踏庄稼，致使梁师都缺粮，城中人心惶惶。柴绍率军长驱直入，在距朔方30里路的时候，但见前方尘土涌起，皂雕旗忽隐忽现，马蹄敲击着大地轰轰作响。右卫大将军柴绍勒马命令三军做好战斗准备。殿中少监薛万钧携其弟薛万彻慨然请战。柴绍便让薛万钧、薛万彻率500精骑出战。他们绕过一个小丘陵，出其不意地出现在突厥军面前。前来支援梁师都的突厥兵因内部矛盾，人心惶惶，并无战心，突如其来的唐军使他们一片慌乱。薛万钧马快，左手持枪，右手拎刀，枪刺刀砍，说话之间，已旋风般杀到突厥骁将跟前，一枪刺中敌将咽喉，挑于马下。紧接着又纵马上前，一刀砍翻了突厥的擎旗兵。突厥兵乱作一团，悔不该前来支援梁师都，纷纷逃走。唐军跟随其后一阵冲杀，留下几百具尸首后，突厥兵消失在阴山南麓。

　　击退突厥兵，柴绍大军乘势逼近梁师都的老巢——朔方城。朔方城被梁师都经营了十几年，城高壕深，看起来十分坚固。安营扎寨毕，柴绍召开军事会议研究是否迅速攻打朔方城。有人提出暂不攻打，薛万钧胸有成竹地说："城中气死，鼓不能声，破亡兆也。多出一月，少说十天，我军必能占据朔方！"未出万钧之所料，梁师都的堂兄弟梁洛仁见唐军逼近，突厥人顾头不顾尾，不能为援，随即动了心思，联络了几位大将，一天夜里，突袭梁师都的后宫，将其杀死，随即控制了局势，宣布降唐。柴绍大军不费一兵一卒，结束了梁师都在此 12 年的割据。太宗为彻底抹去梁师都留下的阴影，改朔方为夏州。

（撰稿：侯凤章）

宋开"新壕""长城壕"

同其他中央王朝一样，北宋为了应对来自北方少数民族党项（西夏）的威胁，在西北地区也修筑了宋长城。宁夏境内的宋长城由壕堑、墙体、敌台、城堡、烽火台等建筑及设施组成，主要建在北宋与西夏交界一线的东侧与南侧。

西夏是以党项羌为主体的多民族政权，名大夏，宋人称为西夏。唐朝初年，党项羌归附唐朝，受到优待。唐末黄巢农民起义爆发后，危急中的唐朝政府向各少数民族发出求救信号，党项首领拓跋思恭因镇压起义军有功，被唐僖宗任命为夏州节度使，赐姓李，封夏国公，统辖夏、绥、银、宥四州，成为名副其实的藩镇。李继迁任首领时，看到宋朝统治者软弱无能，进一步扩张其割据势力，向灵州以及往西、往南的更多区域发展。为加强对党项的纵深防御，至道三年（997），北宋在唐原州城（今宁夏固原市）设镇戎军，次年虽被党项攻占并夷平，但很快在咸平四年（1001）又重置镇戎军。景德元年（1004），李继迁死，其子李德明继任，这一年正好辽宋订立"澶渊之盟"，辽宋关系缓和，李德明便向宋朝请和。经过长时间的讨价还价，景德三年（1006）李德明与宋朝议和，宋封李德明为西平王，每年给西夏银万两、绢万匹、钱2万贯、茶2万斤。

虽然北宋与西夏的紧张形势得到缓解，但对北宋而言，如何加强对西夏的防备依然是必须考虑的重要课题。宋真宗大中祥符四年（1011），为防御西夏、拱卫关中地区，镇戎军知州曹玮上书朝廷请求修筑长城加强防御。旧有的战国秦长城已年久失修、破败不堪，大部分不能使用，于是便沿着战国秦长城构筑宋长城墙体、开挖壕沟。史载："以镇戎军据平地，便于骑战，非中国之利，（曹玮）请自陇山以东，循古长城堑以为限。""（镇戎军）城本朝咸平初，诏曹玮修筑建军，自陇山而东，缘古长城开峻壕堑。"这里的"古长城"是指修筑于战国时期的秦长城，"开峻壕堑"是指修筑宋长城。

宁夏境内的宋长城，东与陕西省境内的北宋长城连接，西南与甘肃省境内的北宋长城连接，主要分布于宁夏中南部的同心县、海原县、西吉县、原州区、隆德县、彭阳县、泾源县等县（区）。现存北宋长城相关遗址、遗存计有墙体 23.8 千米，敌台 15 个，城堡、寨堡 99 座，烽火台 75 个，关隘 2 个，窑址 2 个，哨所 1 个。

宋长城墙基外侧壕沟规模宏大，"长城壕深阔各六七丈（18~20 米），路断不可过"。堑壕"上有板桥"。宋庆历二年（1042），葛怀敏督诸路大军与知镇戎军曹英等会兵防御。战败后试图撤往镇戎军城，但"壕路已断"，陷入西夏包围圈而亡，由此可见城壕的深度和宽度。2018 年 9 月，为配合"宁夏西海固地区脱贫引水工程"施工，宁夏文物考古研究所对位于固原市西南郊吴庄的长城进行了考古勘探与发掘，发现该区域地表有大致呈东西走向并行的 2 道长城墙体，间距约 50 米，南（内）侧为宋长城，基宽约 8 米，北（外）侧为战国秦长城，基宽约 10 米。

宋长城及相关附属设施的修筑，加强了北宋对今宁夏南部及周边地区的控制，形成了拱卫关中地区的一道重要的、难以逾越的屏障，"夏兵来则御之，去则释之"。此后，北宋以这道军事分界线为基础，对西夏步步进逼，不断将边界北推，逐步削弱西夏实力。

值得一提的是，除了主要的军事防御功能，宋长城对边界地区的商贸发展也起到了积极作用。北方少数民族是游牧经济，需要中原的布帛、茶叶，中原王朝需要的马牛羊等物资由游牧部族提供，具有互补性的各种民间贸易应运而生。宋长城的修筑为边界地区商贸往来提供了一个和平环境，也为边民生产生活带来很多便利。不过这种缺乏官府监督管理的民间贸易往往包括铜、铁、书籍等各类严禁品，扰乱了北宋的经济秩序。景德四年（1007年），北宋在镇戎军的高平寨（今宁夏固原市原州区彭堡镇）设榷场，周边民众纷纷在此贸易。北宋"以缯帛、罗绮易驼、马、牛、羊、玉、毡毯、甘草，以香药、瓷漆器、桂等物易蜜蜡、麝脐、毛褐、羚羊、硇砂、柴胡、苁蓉、红花、翎毛"。榷场有官吏管理贸易事务、稽查出入货物、征收商税，有经纪人评定货物等级。榷场设置后，宋长城沿线各关隘在管理边境地区货物和人员往来，杜绝铜、铁、书籍走私，规范边地贸易发挥了一定作用。

（撰稿：杨彦彬）

明代"几"字形长城

　　明朝在宁夏修筑了大量长城防御工事，先后修筑了包括东长城（河东墙、河东壕堑、横城大边）、沿河边墙、旧北长城、北长城、西长城（边墙）、固原内边及徐冰水新边等长城防御工事。在空间范围内，长城沿着贺兰山东麓，在北部惠农跨越黄河，连接沿河长堤，在横城堡接河东长城，形状恰为"几"字形。贺兰山、长城、黄河，山河交融，护卫着宁夏的安宁。

1357 年，穷苦出身的朱元璋在元末农民起义战争中脱颖而出，雄踞一方，实力大增，统一全国只是时间的问题。这一年，已称吴王的朱元璋思绪万千，如何在群雄并立的背景下统一天下？于是便求策于朱升。据史料记载："太祖下徽州，以邓愈荐，召问时务。对曰：高筑墙，广积粮，缓称王。太祖善之。"在与朱升的交流中，朱元璋对朱升的灼见很是认同，在之后的一段时间里，他一以贯之地推行。高筑墙，从明洪武元年（1368）起，明王朝就开始修筑"边墙"，即长城。有明一朝，修筑长城的行动几乎没有停止过，《明史》等相关史籍中明确记载的有关明朝修筑长城的次数达 20 多次。

镇戍莫急于边墙。有明一朝，边防安全始终是明朝的重大政治问题。从朱元璋开国到明朝灭亡，在北部超过 2700 千米的防线上，时刻面临着北方游牧民族的侵扰，给明朝带来了巨大压力，导致明朝君臣普遍认为"修边，国之重务，其军政不可不肃"，"镇戍莫急于边墙"。边患问题给明朝带来了挥之不去的阴影，因此终明一代，都在不停地修筑和完善长城防御体系，以达到抵御外患的目的。在明代诸多史籍中，大量修筑边墙的记述充斥其中。

洪武元年（1368 年），面对北部边患，太祖朱元璋意识到"驱逐鞑虏"即为面临的边防问题，于是命大将军徐达主持修筑居庸关城，由此拉开了明朝边墙修筑的序幕。洪武五年（1372），明军北征漠北失利，无功而返，修筑长城显得刻不容缓，于是明朝开始利用旧朝长城构筑防御体系，加强对北方势力的防御。总体来讲，洪武时期修筑的长城主要集中在山西、河北以及北京地区。这一时期，宁夏一带尚未开始修筑长城的活动。

洪武之后，明朝陷入皇位争夺的内乱之中，无暇顾及北方边患，蒙古势力趁机崛起，不断南下，屡屡犯边。迫于这种形势，明成祖朱棣即位后，南迁大宁卫、东胜卫，并改变对蒙古势力的政策。即使永乐一朝

5次北征蒙古，但北部边防问题依然未能解决。于是明朝继续修筑长城，增设卫所，增筑边堡、烟墩烽堠完善北部防御体系，以防御和反击蒙古势力。随着永乐朝防御蒙古策略的改变，尤其是南迁大宁卫、东胜卫后，明朝对蒙古的防御纵深大大收缩。

到明正统年间，蒙古瓦剌部统一蒙古各部，对明朝北境进行了大规模的掠夺和侵扰。明正统十四年（1449），英宗朱祁镇在太监王振的怂恿下，一时性起，效法成祖皇帝御驾亲征，结果在土木堡大败，明军50万人马全军覆没，英宗自己也做了俘虏。此役后，明朝虽然避免了亡国，但元气大伤，无力应对蒙古的进犯，于是出现了"十余年间，边患日多，索来、毛里孩、阿罗出之属，相继入犯，无宁岁"。此后，为应对日益严重的边患，明王朝大规模地修筑和加固长城，修筑缮治边墙。史载："东起鸭绿，西抵嘉峪，绵亘万里，分地守御。初设辽东、宣府、大同、延绥四镇，继设宁夏、甘肃、蓟州三镇，而太原总兵治偏头，三边制府驻固原，亦称二镇，是为九边。"在此背景下，宁夏境内大规模的修筑长城活动相继展开。

从明朝北部边境防御态势来看，由于宁夏地处要冲，沿边九镇中宁夏有二，而且三边总制常驻固原，使宁夏地区成为当时的西北防御中枢，尤其是成化以后，蒙古势力进入河套平原，宁夏成为防御重地，明朝在这里修筑了大量的长城防御工事。

山河交融的明代长城。在了解宁夏境内修筑的明长城之前，还需要了解一个词——九镇，通常称为九边重镇。明朝为加强北部边防，把长城沿线划分为9个防守区，通俗地说，就是设置了9个战区。在宁夏境内，分别设置了宁夏镇和固原镇2个防守区。从具体范围来看，宁夏镇东起盐池，西至兰靖，全长2000里。下设5路，为东、西、南、北、中路。军堡共38个，关口约13个。在宁夏中南部设固原镇，其区域范围东起陕西省靖边，与榆林镇相接，西达皋兰，与甘肃镇相接，全长1000

多里。下设 5 路，分别为下马关路、靖虏路、兰州路、河州路、芦塘路。固原镇共有军堡 35 个，关口约 10 个。

大约在正统十四年（1449）土木堡之变时，宁夏镇和固原镇相继开始修筑若干营堡以防蒙古。明成化以后，随着蒙古势力进入河套平原，明朝开始在宁夏镇大规模修筑边墙。

西长城。 西长城主要指沿宁夏西北贺兰山东麓及诸沟口修筑的长城防御设施，史书又有"西边墙""城西南墙"等称呼。西长城始筑于成化九年（1473），北起贺兰山扁沟，沿贺兰山南行，至赤木关（今三关口），过胜金关，南跨黄河后，沿黄河南岸由东向西至下河沿、上河沿，至南长滩枣刺沟、夹巴沟，最终到甘肃靖远县。西长城穿越今宁夏惠农区、大武口区、平罗县、贺兰县、西夏区、永宁县、青铜峡市、中宁县，至中卫市沙坡头区。

根据修筑年代，西长城全线可分为 4 段：第一段从下河沿至南长滩，

即中卫黄河南段，修于成化二十三年（1487）；第二段是胜金关至黑林，即中卫黄河北段，最早修于成化九年（1473），万历年间有增修；第三段由赤木关至胜金关，该段边墙自双山南起，至广武界止，又称为"城西南墙"；第四段从赤木关至红果儿沟。

明成化九年（1473），时任总兵官宁晋伯刘聚与左都御史王越等人上疏，请求在"靖虏连接宁夏黄河两岸各修筑阪塞，使虏不得渡河，此则陕西安边之策也"。西边墙开始修筑。之后不久，宁夏巡抚贾俊主持修筑了"城西南墙"。之后，对西长城断断续续的修缮从未停止。成化二十三年（1487），因"宁夏中卫野鹊沟等处边墙与芦沟、深井等处营堡、墩台，亦系要害之地，宜别令守臣议修筑之宜。事下兵部从其言宜从。诏可"。嘉靖十年（1531），明廷拨专款对西边墙以及贺兰山诸关口之关墙进行了修补。嘉靖十九年（1540），巡抚杨守礼、总兵任杰主持督修赤木关口的关墙。嘉靖三十六年（1557），"以修筑宁夏赤木口边墙工完，升原任总督贾应春及巡抚王梦弼、总兵官姜应熊俸务一级，赏副总兵等官孙朝等银十两"。这段边墙被称为"边防西关门墙"。万历十四年（1586），明政府又"议修紧要边隘。河东、河西自大佛寺起直抵黄沙，接石空寺界止，该创筑土边一道，长三十余里，又该筑敌台共三十七座，月城各一道，俱应酌量冲缓，次第兴修"。这次修筑后，直至天启年间，又对贺兰山诸关口以及西边墙进行了一次维修。

旧北长城。旧北长城"关之东为黄河，关之西贺兰山尽头，山水相交，最为要地"，可见其西起贺兰山扁沟，东至黄河西岸，即今石嘴山市惠农区的红果子长城，为有别于后修长城而称之为旧北长城。史载："宁夏北，贺兰山、黄河之间，外有旧边墙一道，嘉靖十年，总制王琼于内复筑边墙一道，官军遂弃外边不守，以致内地困地荒芜。""临山堡极北之地尽头，山脚之下，东有边墙，相离平虏城（今宁夏平罗县）五十余里。"此间曾设镇远关，为镇守边远之关隘，扼守由北方进入宁夏的咽喉要道。旧北长城修筑于明代弘治年间，始于贺兰山红果儿沟北

侧，向东延伸，经下营子、惠农，直达黄河西岸，长 30 里。嘉靖十年（1531），时任三边总督的王琼决定"弃镇远关"，在旧边墙内再筑一道边墙，官军遂弃外边墙不守，以致旧边内田地荒芜。旧北长城是宁夏北部最早的主要防线，在贺兰山尽头，与黄河相接，自古就有"山水相交，最为要地"之称。

北长城。北长城又称边防北关门墙、大武口长城，均属夯筑土墙。北长城在平罗城北 10 里，贺兰山枣儿沟至黄河西岸，位于贺兰山与黄河之间。它肩负着黄河与贺兰山沟谷西出东进通道防御的重任。《读史方舆纪要》载，宁夏镇是"关中之屏蔽，河陇之咽喉"。《皇明九边考》载："宁夏北，贺兰山黄河之间，外有旧边墙一道。嘉靖十年，总制王琼于内复筑边墙一道，官军遂弃外边不守，以致边内田地荒芜。"

嘉靖九年（1530），金事齐之鸾向陕西三边总督王琼提出他的想法，建议宁夏镇城北路"东自黄河，西抵贺兰，筑墙以遮平虏城者"。齐之鸾的想法得到了王琼的认可。同年九月，陕西三边总督、兵部尚书王琼上疏："宁夏墩台烽火西接庄浪，往年未通一虏骑。今年五月，虏自西海，由庄浪循广武营至贺兰山赤木口南宁夏地界，拆墙入境。骑以四五万计，飞尘数十里，略无畏忌。"于是在嘉靖十年（1531），明政府决定放弃旧北长城，修筑北长城。《嘉靖宁夏新志》载："由沙湖西至贺兰山之枣儿沟，凡三十五里，皆内筑墙，高厚各二丈，外浚堑，深广各一丈五尺有奇。墙有堞可蔽，有孔可下视以击射。为关门二，东曰'平虏'，中曰'镇北'。其上皆为堂若干楹，其下各增城三面，为二堡，周遭里百二十余步，徙旧威镇并镇北堡军实之。"北长城修筑计划实施后，于"嘉靖庚寅十二月筹备，次年春五月至七月工告成。"

陶乐长堤。陶乐长堤在旧北长城的终点越河，从内蒙古自治区的巴音陶亥开始，南行过都思兔河而进入陶乐，长近 100 千米。陶乐长堤修筑于嘉靖十五年（1536）。从名称来看，陶乐长堤似乎是一项水利设施，其实是由于这段长城比河东墙低矮，犹如河堤，故曰"长堤"。

成化十五年（1479），镇守宁夏总兵官、太监龚荣上奏朝廷："宁夏东路，自花马池至黄河，东至平山墩，西至黑山营，中间相去凡二百里，虏所出没。说者以为前有黄河可恃，然春夏之时河可恃也，如冬月冰合，实为可忧，今欲沿河修筑边墙，使东西相接。"为了防止河套的蒙古人进入银川平原抢掠，嘉靖十五年（1536），三镇总制刘天和沿黄河东岸"修筑长堤一道，顺河直抵横城大边，以截虏自东过河，以入宁夏之路"。由于这一段长城修筑工程比较简单，加上紧靠河边，被河水冲毁严重，所留遗迹不多，现在高仁镇以南尚有遗迹可寻。

东长城。东长城东起盐池县花马池镇，向西经过兴庆区，在灵武市清水营迤东分为内、外 2 道，习惯上称为"头道边"与"二道边"。"二道边"即外长城，又称"河东墙"，俗称"河东横城大边"，修筑于成化十年（1474），自黄河嘴起，花马池止，长 387 里。"头道边"即内长城，因外观整齐高大、颇为壮观，又称"深沟高垒"。"头道边"是嘉靖十年（1531）兵部尚书王琼奏所筑，自横城起，花马池止，长 360 里。

河东墙修筑始于成化八年（1472），由当时的延绥右副都御史余子俊提出"于灵州、兴武并螺山等处相度地形斩崖挑堑以绝贼路"。成化十年（1474）六月，"巡抚宁夏都御史徐廷璋镇守都督范瑾奏筑河东边墙，自黄沙嘴起至花马池止长三百八十七里"。《明实录》载："成化十年闰六月乙巳巡抚都御史余子俊奏修筑边墙之数东自清水营紫城寨西至宁夏花马池营界碑止……东西长一千七百七十里一百二十三步。"成化十五年（1479），为加强防御，对这一段边墙加高加厚。"今欲沿河修筑边墙使东西相接。其西路永安墩至西沙嘴旧墙低薄颓坏欲改筑高厚庶可保障地方。"

弘治十四年（1501）和正德元年（1506），又对该段边墙进行了维修，总制陕西边务左副都御史杨一清对所修旧墙高、厚各增 2 丈，墙上修盖暖铺 900 间，用 4500 人守之，挑溶旧堑亦阔各 2 丈。嘉靖十年（1531），王琼将兴武营以东长城南移并在墙外挖沟堑，也就是"深沟高垒"工程。这样就将原兴武营以东的边墙弃之于外，在内部又修筑了一道新边墙，并在新边墙筑东关门和城楼。因此后人习惯称这段新边墙为"边防东关门墙"或"深沟高垒""横城大边"，称旧墙为"二道边"，新墙为"头道边"。

嘉靖十五年（1536），再次对河东墙进行维修。到隆庆、万历年间，明政府数次修缮该墙。这段边墙对于有效抵制"套虏"侵扰、保障腹地安全起到了重要作用。有诗为证：

危桓迢递枕雄边，势压金城铁壁坚。
中国有凭堪保障，外夷无计可蹄穿。
英公才大难同驾，道济谋深未许肩。
不是眉山豪杰出，谁能经始向当年。

固原内边。固原镇位于宁夏镇之南，是守卫关中北部的门户。明代初年，有鉴于宁夏镇边墙主要分布在横城至花马池一线，导致花马池至固原之间防卫薄弱，毫无阻挡，一旦花马池一线被攻破，蒙古大军可直奔固原，威胁关中。正如杨一清所言"宁夏边墙失守，则固原、环庆最先受害"。出于这种现实需要，明朝开始在固原镇内修筑长城，以加强防御，固原内边由此而生。固原镇边墙之所以称为"内边"，是相对于北部宁夏河东横城大边而言的。这道边墙"南离固原二百五十里，北离花马池四百余里"，成为宁夏镇与固原镇的防区分界。

弘治十五年（1502），三边总制秦纮开始奏筑固原边墙。《皇明九边考》载："弘治十五年，总制尚书秦纮奏筑固原边墙，自徐斌水起，迤西至靖虏花儿岔止六百余里，迤东至饶阳界止三百余。以上即固原以北内边墙也。""弘治间，总制秦纮筑内边一条，自饶阳界起，西至徐斌水三百余里，系固原地界，自徐斌水起，西至靖虏营花儿岔止六百余里，亦各修筑。至今于二八月各修理一次，屹然为关中重险。东向可以顾榆林，西向可以顾甘肃。"修筑这道边墙就是为了保卫固原、平凉、庆阳、巩昌、凤翔、西安诸府，是故被称为"关中重险"。由于秦纮所修边墙墩堡属初始阶段，断断续续，过于稀疏，不足悍敌，以致蒙古骑兵屡次轻易越过，深入腹地。嘉靖九年（1530），王琼对这道边墙再次重修、完善。

徐斌水新边。徐斌水新边因过梁家泉，又名梁家泉新边。这里所谓的"新"，是相对固原内边而言的。从固原镇边墙分布来看，徐斌水以东称固原东路边墙，以西称西路边墙，西部边墙地形复杂。在清沙岘有一块流沙地，不能筑墙，这里便成为蒙古骑兵南下的通道。明人也意识到这一点，认为"清沙岘一带，多浮沙疏土，变迁不常。地里远则兵分势寡，哨守疏阔；变迁不常，则随筑随塌，忽浚忽塞。以故节年套虏多由青沙岘深入，安会之祸，为鉴不远，是旧边之未足恃也"，加上这一带水泉众多、草木繁茂，成为蒙古骑兵饮马南下的中转站。时任三边总制刘天和认为"惟西路自徐斌水至黄河岸六百余里，地势辽远，终难保障"，于是提出新筑徐斌水到鸣沙州一段的边墙，以达到"又占水泉数十处，断胡马饮牧之区"的目的。徐斌水新边修筑完成后，发挥了积极的作用。

1644 年，大明王朝在李自成农民起义中轰然倒塌，明王朝修筑长城的历史告一段落。让人感到讽刺的是，一直让大明王朝头疼不已的北方游牧者并未成为大明王朝的终结者。亡明者，不是蒙古，也不是女真人，而是自己。万里长城今犹在，明代"几"字形长城分布在宁夏大地上。夕阳西下，长城、黄河、大漠在这里交会，构成了一道独特风景，诉说着历史的沧桑。

（撰稿：孔德翊）

"山河之交，中通一路"之北长城

　　"宁夏古朔方河西地也，东起盐场，西尽中卫，东南距河为险，北倚贺兰为固，在昔称四塞焉，自虏入套以来，边患始剧。"通过明代《九边图说》这一段叙述，可以了解宁夏自古拥有天然的边防军事防御屏障，且提及明朝政府修筑长城的原因。明代宁夏境内的长城分别由宁夏镇和固原镇管辖。宁夏镇辖属的长城好像一个大大的"几"字，由3部分组成，其中北面的一横，就是今天的宁夏北长城。北长城北倚贺兰山脉，东南临黄河之滨，故称"山河之交，中通一路"。这里水草丰美，物产丰富，长城几乎围着富庶的水浇地绕了一圈，人们屯田畜牧、休养生息。

　　明太祖朱元璋统一中国后，励精图治，国力强盛，但边防守备战事仍频。为抵御外患，从洪武元年（1368）开始，明朝皇帝都非常重视对古长城的利用、修缮、增筑和连缀。今天的宁夏北长城，大都在石嘴山市境内，西起贺兰山北，经惠农、大武口、平罗，东至黄河西岸，包括"旧北长城""边防北关门"墙。

　　旧北长城俗称红果子长城，是明代早期修筑的宁夏北长城的重要组成部分。该长城位于石嘴山市惠农区红果子镇境内，自红果子沟口北侧向东，过包兰铁路，到石嘴山市四中，经下营子公社宝马东、尾闸公社下庄子至黄河西岸，长 15 千米。目前保存较完整的是石嘴山市四中至红果子沟口一段，墙体为石头垒砌和黄土夯筑 2 种，说明修筑过程秉承了就地取材的原则，体现了干旱地区的建筑特点。这段石头垒砌的长城有一处错位断层，上下错位 1.05 米，水平错位 1.25 米。据考证，这段错位断层可能与清乾隆三年（1738）发生的平罗大地震有关。旧北长城的错位，吸引了中外地质专家前来考察，后在该遗址处建立了观测站。旧北长城沿线有多座烽火台，如扁沟口、红果子、安家庄、扁沟北、白虎沟、高家闸等，如今虽然已被废弃，但依稀可见当年烽火速递、台台相连的场景。

据推测，旧北长城的修筑时间应当在明弘治三年（1490）以前。这段旧北长城，正是明朝初年宁夏镇城北部的镇远关墙。著名关隘——镇远关位于旧北长城里侧，依长城墙体建立，如今遗址尚存。镇远关之名，取镇守边远关隘之意。镇远关在平虏（今宁夏平罗县）城北 80 里，是宁夏北部重要的关隘，弘治以前对守卫平罗粮草物料等资源发挥着重要作用，是保卫平罗城的前沿阵地，正德初年因各处征调轮拨入不敷出而废弃。后来边患矛盾加剧，逐渐威胁到平罗城的安全。嘉靖九年（1530），为抵御西海蒙古部南犯，旧北长城曾得到短期修复和重新使用。次年，随着宁夏北部防御重点的南移，旧北长城再次弃守闲置。史载："宁夏北贺兰山、黄河之间，外有旧边墙一道，嘉靖十年（1531），军务总制王琼于内复筑边墙一道，官军遂弃外边不守，以致边内田地荒芜。"旧北长城被废弃，失去往日风采，取而代之的是后修筑的北长城。

这道后修筑的北长城，也就是当时的"边防北关门"墙，现在俗称为大武口长城。大武口古称打硙口，是阿拉善草原进入宁夏平原的咽喉要道，具有十分重要的战略地位。打硙口位于宁夏"北边墙"和"西边墙"交会处，是贺兰山东麓 36 个隘口之一，也是万里长城布局在宁夏的百关之一。这里是古代游牧民族迁徙和丝绸之路的必经之地，也是古代北出塞外的重要关隘。明朝疆域缩小，贺兰山成为明王朝与蒙古瓦剌、鞑靼交战的界山。蒙古铁骑常常"取捷径于此",翻越贺兰山与明军作战。因此,打硙口、胜金关、三关口和镇远关并称为宁夏"城防四隘"。

嘉靖年间到任的宁夏巡抚杨守礼整肃边防,修筑贺兰山赤木口,并有志于恢复北路镇远关、黑山营,留有《入打硙口》:

> 打硙古塞黄尘合,匹马登临亦壮哉。
> 云逗旌旗春草淡,风清鼓吹野烟开。
> 山川设险何年废,文武提兵今日来。
> 收拾边疆归一统,惭无韩范济时才。

大武口长城修建于明嘉靖十年(1531),由宁夏佥事齐之鸾建议当时宁夏镇的军务总制王琼所筑。这道长城修筑了2个月,于嘉靖十二年(1533)十二月筹备,次年七月完工。这段长城始于大武口西2里的贺兰山前山顶半腰处,向东经明水湖农场,过包兰铁路,到达简泉农场,然后经平罗县二闸乡,折而向东进入高庄乡,越过包兰公路,至黄河西岸。目前明水湖农场以东至包兰铁路的一段保存较好,其余墙体由于生产取土、扩大农田、修建公路等遭到严重损坏,残存遗迹所剩无几,恢宏气势不复存在。随着时间的流逝,打硙口筑有的三道关自正德五年(1510)以后逐渐废弃。

回顾宁夏北长城的历史,它不仅是抵御蒙古瓦剌、鞑靼进入宁夏的军事防线,而且是古代农耕文化和游牧文化交流的重要桥梁。为加强西北边防,平定边疆战事做出卓越贡献的历史人物层出不穷,如西北军务总制王琼、宁夏佥事齐之鸾、宁夏巡抚贾俊、总制军务杨一清等,他们是中华民族勤劳、坚韧、智慧的代表。

(撰稿:肖婷)

贺兰山下的西长城

　　"长河泱泱，贺兰苍苍……"如果说黄河是宁夏的母亲河，孕育了这里的塞上江南，那贺兰山便是宁夏的父亲山，自古便守护着这里的宁静与祥和。

贺兰山位于宁夏和内蒙古交界处，北起巴彦敖包，南至青铜峡，是一条东北—西南方绵延 200 多千米的山脉，其山势沟壑纵横、层峦叠嶂，虽不及三山五岳享誉华夏，却如父亲般用自己的背脊为宁夏平原阻挡了腾格里沙漠的东移、西伯利亚寒流的侵袭。因为它的存在，自西而来的黄河一路向北、迂回环绕、东奔南下、九曲入海，从黄土高原进入华北平原，成为孕育华夏文明的母亲河。黄河用她无比宽阔的胸怀滋润了宁夏平原、河套平原的千里沃土，进而有了唐代韦蟾"贺兰山下果园成，塞北江南旧有名"的名句。这里是农耕民族与游牧民族迁移交错、杂居共融的过渡地带。千百年来，留下了许多民族交流融合的壮丽诗篇与历史古迹，沿山而建的明长城遗迹便是其中最为重要的历史见证。

明洪武九年（1376），耿忠任指挥使，领兵镇守宁夏，设宁夏卫，以贺兰山和黄河为界，并"复徙五方之人实之"，宁夏镇遂成为九边重镇的重要组成部分。

明代蒙古部从漠北进攻宁夏南部的固原通常有 2 条主要路线：一条是东入，由灵武、盐池一带突破边墙，经同心韦州、豫旺达固原；一条是西入，由贺兰山赤木口（三关口）进入，沿中卫、中宁一线过河，顺清水河南下入固原。明长城环绕整个宁夏的西、北、东 3 面，呈"几"字形，与山河大地合为一体，形成绵延不断的防御体系，为西北边疆筑起层层防护。贺兰山山体巍峨壮观，西麓缓坡渐入内蒙古高原，东麓沟谷极为发达，多数自西向东延伸，呈梳篦状分布，落差较大，形成天然屏障。《九边图论》载"贺兰山环其西北，黄河在东南，险固可守"，可依其天险形成自然防御之势，但贺兰山并不是绵延不断的高山峻岭，有很多裂开的沟口，这些沟口就成为贺兰山军事防御沿线的薄弱环节。《秦边纪》载："口巨者三十有七，小者复一十有奇。"明宁夏巡抚、三边总督杨守礼巡边后，在《嘉靖宁夏新志》中说："蹊径可驰入者五十余处。"清《定远营记》碑刻载："贺兰山有'七十二之要隘'。"

于是，贺兰山各个山口的南北山脊处，陆续筑起了一道道巨大的边墙，贺兰山天险配合人工防御设施的边墙成为这一带沟谷关口抵御蒙古骑兵侵扰的重要防线。从明耿忠成边宁夏开始，历任驻守长官在贺兰山和黄河沿线相继设立众多关隘、城、营、墩、台、堡等，形成浑然一体的立体防御态势。

西长城便是沿腾格里沙漠东麓逶迤北上，接贺兰山，依山势走向连接各个沟口关隘的边墙。该段长城始筑于成化九年（1473），其后又屡次增修、加固，由于是不同时期分段修筑，根据修筑时间及位置，史书又称其为西边墙、城西南墙、边防西关门墙等。该段长城自甘肃靖远县向东进入宁夏中卫，北跨黄河东行再北上，沿腾格里沙漠东部边缘进入贺兰山南麓，又沿其东麓及诸沟口，由青铜峡至三关口，在大武口与北长城相接。它如蛟龙般起伏于贺兰山脉的崇山峻岭之巅，盘踞于黄河九曲之岸，逶迤于沙漠戈壁之边，与贺兰山脉、黄河水系相依相伴，不但展现了宁夏长城的雄伟和险峻，而且承担了维系农耕与游牧血脉交融的神圣职责。西长城大体可分为3部分。

中卫境内，黄河南北两段。 这段长城主要分布在中卫境内，以黄河为界分南北2段。南段自甘肃进入宁夏中卫，沿黄河东行至常乐公社，长50多千米。北段自黄河北岸西园公社黑林起，沿腾格里沙漠东缘及贺兰山南坡，至罗公社胜金关，长90千米。《读史方舆纪要》载："卫（中卫）依贺兰山之险，阻黄河之阻，左联宁夏，右接庄浪，诚边陲要地也……贺兰虽称天险，而通城隘口甚多，自镇关墩之金胜关九十余里，俱朔骑出没处，若修观音口、镇关墩至黄河百八十里之边，则内而广武、玉泉、大坝、亦得所捍御矣。"故而这段长城主要用于防御贺兰山北面对卫宁平原的侵扰势力。沿线遗留了很多相关的城址和烽火台，如岩硬石、米家营子、迎水桥、镇关墩、买卖城等城址，沟口子、将军柱、南长滩、凯歌、北湖嘴、黑山嘴、高粱墩等烽火台，其中还有较为著名的"城防

四险"之一胜金关。

胜金关至三关口段。该段长城沿贺兰山由南向北，经中宁、青铜峡、永宁3县，过芨芨沟、井沟、大柳木高山、北岔口、红井子、高石墩、三关口等重要沟口关隘，全长约125千米。沿途相关遗迹有枣园堡、石空堡、玉泉营、大坝堡、李俊堡等堡寨，以及郭家、直隶墩、石头井、小口子、大柳木高、卡子庙、黄羊湾、石窑子等烽火台。该段长城在成化年间修建，《嘉靖宁夏新志》卷一载："城西南墙，自双山南起至广武界止，长一百余里，成化间巡抚都御史贾俊奏筑。"后因风沙湮没，多有损毁，嘉靖年间再次重修至三关口。这段长城有2个著名的关隘沟口：三关口和北岔口。

三关口至红果子口段。这段自贺兰山三关口北上至红果子口。其间山势险峻、沟口众多，故多利用山势之险形成屏障，在坡顶及诸口山峰两侧设立墩台哨守，宽沟之处筑关隘边墙成为常见的防御形式。该段长城沿线的重要遗址有洪广堡、旧镇北堡、平羌堡等，以及玉泉沟、归德沟、韭菜沟、苏峪口、黄渠口等烽火台。此外在拜寺口、贺兰口、苏峪口、汝箕口等沟内崖壁上还留存有很多修筑关墙时的明代记刻，为我们研究、了解长城沿线设兵戍防情况留下了弥足珍贵的文字史料。

该段一个重要隘口为打硙口，位于石嘴山北部。《嘉靖宁夏新志》载，贺兰山"沿山诸口，虽通虏骑，尚有可凭；北侧唯打硙，南侧惟赤木，旷衍无碍"。它是内蒙古河套及阿拉善地区进入宁夏平原的咽喉要道，也是古代北出塞外的重要关隘。明朝时，蒙古铁骑常常"取捷径于此"翻越贺兰山与明军作战。因打硙口在西边墙、北边墙和贺兰山口交会处，明政府在此筑墙修关，自北向南，先后修了3道关口用于防卫，后随时间推移逐渐被废弃。

贺兰山扁沟至三关口一段多利用贺兰山山体形成屏障，仅在部分较宽的山口，如韭菜沟、归德沟、大风沟、小风沟、汝箕沟、大西风沟、白头沟、拜寺口沟等沟口修筑墙体。大武口归德沟景区西南方向的归德沟由于地处贺兰山中部，远离人迹，保存相对较好，也是贺兰山西长城之精华段，内有"四景一泉"，即古长城烽火台景区、古岩画群保护区、钻洞沟自然风景区、沙窑田园景区及芨芨滩山水泉，形成贺兰山的一大美景奇观。

（撰稿：马文婷）

迢递危垣的河东墙

宁夏境内的明长城河东墙，因地处黄河以东而得名，俗称二道边。它比头道边（深沟高垒）早修筑了近40年。

明成化十年（1474），都督范瑾、都御史徐廷章奏明廷始筑，由巡抚都御史余子俊督修。西起灵武市横城堡北 500 米处的黄河东岸，向东经过横城、磁窑堡，于张家边壕处入盐池，在兴武营城东 500 米处与深沟高垒分开，向东经高沙窝、苏步井、柳杨堡，过潘庄子直达陕西定边县周台子，全长 194 千米，其中盐池县境内长 83 千米。

河东墙东到陕北府谷县。这道长城分 2 期建筑，先是巡抚都御史余子俊和三边（陕西、宁夏、延绥）第一任总督王越等动用军卒 4 万余人从东向西修。东起清水营紫城砦，向西修到花马池柳杨堡。依山形地势，或铲削，或筑堡，或凿岸筑墙，掘堑其下，绵行相接，每两三里置敌台。这道长城沿线还分布着守护壕墙崖寨 819 座，守护壕墙小墩 78 座，边墩 15 座。

洪武五年（1372），大将军冯胜率军西征，仍然未能解除西北地区的隐患，在西征结束后，明朝无力经营河西、宁夏等地，放弃对河西和河套地区的管理，对宁夏实行"空其城"的坚壁清野战略。史载："洪武五年十二月，冯胜惧回鹘之兵，将甘州所葺城池、营房、仓库、转运米麦料豆二十余万石及军需尽焚之，弃城归，并宁夏、西凉、庄浪三城之地亦弃，仅以牛羊马驼令军人赶归。"洪武九年（1376），耿炳文的弟弟耿忠率军到宁夏建立宁夏卫及 4 个屯卫，使荒废了几年的宁夏逐渐恢复生机。

一些鞑靼军人、牧人趁机进入河套地区，趁明军立足未稳，频频"浮洪涛而西渡"，或者"勋穴于贺兰山频出各山口"进行侵扰。刚刚建立的明朝连年征战无力防守，只在沿边地区建立烽火墩，派墩军守望，随时了解边情。看到鞑靼越边进入河套，人少，墩军就可驱赶，人多，则由沿边各营派兵驱赶。

明建文四年（1402），因后勤补给线过长，军粮运输困难，东胜卫内迁。内迁东胜卫后如同打开了河套的大门，大批鞑靼军民涌入河套地区。

明永乐九年（1411），鞑靼阿鲁达之子失捏干骚扰宁夏河东地区，宁夏都指挥王俶战败被杀。明朝投降的鞑靼将领冯答兰帖木儿、察罕友等趁机反叛。面对严峻的社会形势，宣德年间，宁夏镇总兵官在河东花马池修筑四步战台、斥候、关隘等防御设施。明正统元年（1436）五月，宁夏总兵官史昭以宁夏孤悬河外，东抵绥德2000里，沙漠旷远，难以守备，遂在花马池筑哨马营（在今北大池旁），并增设烽堠直抵绥德一带的哈拉乌苏。

一座孤立塞外的花马池营和一线烽火墩，只能起到传递信息的作用，难以抵御数千上万的鞑靼骑兵。正统八年（1443），鞑靼1000多人从定边营入境，杀虏人畜，宁夏左参将都督佥事丁信、指挥佥事刘源带花马池营士兵抵御，不敢奋勇向前，被鞑靼人射伤旗军8人。景泰二年（1451），鞑靼入侵劫掠半个城（同心城）。天顺年间更是经常入境劫掠。明廷见花马池营孤悬在外，起不到防御作用，又重新选址，新建花马池营，将城池向南移了40多里，河套大部分地区成了鞑靼牧民的牧场。这一时期，鞑靼内侵劫掠只是一个部落的临时起意。到成化三年（1467），西蒙古乜克力部首领乩加思兰率部出哈密进入河套。乩加思兰对明朝边地的大规模劫掠有组织有计划，甚至形成了一套完整的战略战术。在漫长的边防线上，入侵的鞑靼骑兵充分发挥轻骑兵的机动性，用小股部队佯攻墩军牵制，再集中兵力从薄弱环节侵入，使驻防在河套地区的明军小部队很难应对突然出现、数倍于己的敌军主力，寨堡城池连连失陷，鞑靼骑兵可侵袭到平（凉）固（原）、庄浪一带。

为了应对入套的鞑靼军队，成化初年，明宪宗采纳了吏部尚书、大学士李贤的提议，陕西三边四镇的明军在初春草木枯黄、粮草不济之时，派遣宁夏镇偏头关和延绥镇下辖边堡内的精锐守军数万人马，携带神炮、神枪等武器日夜兼行、齐头并进，深入河套鞑靼驻守地区，攻打鞑靼各部的据点，以武力进行驱赶，俗称的"搜套""捣巢"，"捣其剿穴，绝其种类"，最后达到肃靖边疆的目的。

然而，由于大规模军事行动所需的粮草难以供给，各营官兵还需要留守各城，防备随时可能到来的敌军，搜套行动进行几年后停止。

成化五年（1469）九月，鞑靼孛罗忽、乩加思兰侵入。河套地区战事不断，朝廷与地方疲于应对。随着战事的升级，明廷因粮匮马乏，难于进剿，要边疆谨慎守御。成化六年（1470），延绥巡抚王瑞因河套一带平坦开阔，利于驱马疾驰，建议"悬崖陡壁，依照山形，随着地势，有的铲削，有的垒筑，有的挖壕沟，延绵相接，形成边墙"。因兵部尚书白圭反对一直得不到准奏。成化七年（1471），吏部侍郎叶盛巡边到延绥，同余子俊、王越商议提出修筑边墙、设立台堡。余子俊极力支持修筑边墙，在叶盛、王越的支持下，成化八年（1472）秋，明宪宗同意余子俊的呈请。成化九年（1473）闰六月，余子俊和王越动用军卒4万余人修边墙，前后用3个月时间，东起清水营紫城砦，西抵花马池，"依山形随地势，或铲削，或筑堡凿岸筑墙，掘堑其下，绵行相接连比不绝，以城边墙，每二三华里置敌台寨（崖栅）备巡警，墙东西长1770里123步，守护壕墙崖寨819座，守护壕墙小墩78座，边墩15座"。又在崖栅空处筑矮墙，横一斜二如箕状，用以瞭望和避箭。共建筑城堡11个、边墩15个、小墩78个、崖栅819个。

成化八年（1472），徐廷璋以右佥都御史巡抚宁夏。深入河套的鞑靼阿罗出（斡罗出）部和孛罗忽几乎每天都派轻骑四散进入花马池、灵州等地劫掠。宁夏镇给花马池营的50余万束草，在途中被鞑靼阿罗出（斡罗出）部袭击，士卒被杀，运输牛畜被抢，草束弃于路边道旁。从花马池进入平凉、巩昌、临洮等州府，一个月内抢劫4000多户，劫掠人畜36.4万。鞑靼孛罗忽率众从花马池、兴武营深入固原、安定、会宁、环庆等一路剽掠人畜。虽然每次入境劫掠都有明军追击，但广袤的草原也使明军防不胜防。

宁夏河东地区地势平漫，适合骑兵驰骋。成化七年（1471）四月，吏部右侍郎叶盛来到宁夏，和徐廷章分析宁夏的形势后，向皇帝奏称宁夏城和中卫2路在黄河以西地区，而鞑靼南侵的线路主要在河东地区。宁夏河东地区看是一路实际是3路，河套沿边有兴武、花马池二营实与延绥定边等营相接；一路从高桥迤南一带直抵萌城与环庆相接；其西韦州、鸣沙州等处则与靖虏固原相连。这一地方散漫、绵亘千里，虏骑出没不常。而沿边防御的马军仅6830人，步军仅11820人，如果减去老弱病残，精锐马步共万人左右。

这时的明宣宗依然听从兵部尚书白圭的建议派兵搜套，在成化八年（1472）五月，敕令武靖侯赵辅为平虏将军，充总兵官在都御史余子俊、马文升、徐廷章等部的配合下和王越搜套，进军中赵辅发现自己率领的2万多人根本无法与鞑靼骑兵抗衡，若要抗衡，在2000多里的西北边线上需要再派精兵15万人。赵辅搜套无功而返，鞑靼仍到处劫掠。鞑靼部每一次入境劫掠都使边塞各地遭受重大损失。为减少损失、加大防御力度，成化九年（1473），陕西巡抚马文升提议、徐廷章奏请在花马池天池子筑寨，连接兴武营守御千户所界。天池寨城郭高3丈5尺，周回1里2分，池深8尺，阔1丈，留有南门，又奏请在灵州筑隰宁堡城，周回1里，疏通了从萌城驿到盐池驿的驿道。

成化九年（1473）夏，余子俊筑边防御，立即引起宁夏巡抚徐廷章的关注，徐廷章在王瑞之前曾任延绥巡抚，对延绥边防十分了解，他和余子俊又是同殿进士，与余子俊也有交往。余子俊的筑边为徐廷章的防御作出了典范。成化九年年底，徐廷章在宁夏总兵官范瑾的支持下向朝廷奏请，并在当年九月同余子俊修筑边墙的模式，调集调用宁夏、西安9万人，就地取材修筑黄沙嘴（今横城）至今定边县瓦碴梁的边墙，河东墙高厚各2丈，全长387里，每里设置1个墩台，与余子俊修筑的大边连接，称作河东墙。河东墙重在防御，建筑之初就在每里设1个墩台，上建取暖房，在整个边墙上建取暖房 900 间，用军士 4500 人守护。

河东墙的修筑改变了明朝初期北部边塞防御措施，宽厚的边墙使鞑靼骑兵不能破墙入侵，成化十一年（1475）后多次无法破墙侵入的鞑靼骑兵由于缺少粮草，只好退出河套。

一道边墙就是一道屏障，一道边墙也是一种依赖。河东墙修好后，明朝在河套地区防御的将士们有了依靠。成化九年（1473）十一月，鞑靼骑兵准备从榆林沟侵入，彪悍的骑兵跑着跑着发现一堵墙横在面前，没有任何准备的骑兵面对长墙无可奈何，只好返回。驻守宁夏太监王清看到后十分高兴，他知道鞑靼骑兵不会善罢甘休，就呈请朝廷派宁夏副总兵王玺与游击将军祝雄领兵到花马池、高桥儿等处，会同花马池参将、高桥儿守备设伏扼险。知难而退的鞑靼骑兵此后 4 年未能从这里再踏入宁夏。

巍峨的河东墙横亘于宁夏河东地区北部，分守宁夏河东地区的都指挥傅钊作《边墙形胜》赞誉：

危垣迢递枕雄边，势压金城铁壁坚。

中国有凭堪保障，外夷无计可逾穿。

英公才大难同驾，道济谋深未许肩。

不是眉山豪杰出，谁能经始向当年。

（撰稿：刘国君）

沿河边墙之陶乐长堤

　　"一带山河万里墙"，这是明代人对宁夏贺兰岿然、长河奔流、长城巍峨等壮丽山河风物的形象概括。展开宁夏长城的地图，宁夏北部的明长城呈"几"字形自西而东沿贺兰山和黄河蜿蜒，一撇为西长城，一横为北长城，竖弯钩的竖是陶乐长堤，弯钩为东长城。西长城、东长城、北长城的遗迹较多，保存较好，易于寻找探访，唯有陶乐长堤因黄河冲刷和农田开发，大部分遗址已不复存在。

　　据史料记载，明代中期河套渐次失守。宁夏镇由于毗邻河套地区，加之地形平坦，易攻难守，成为游牧民族最先攻击的地方，修边事务成为"防虏至要"。明弘治以后，由于供饷不便，明朝逐渐放弃了对旧北长城及镇远关和黑山营的防守。嘉靖九年（1530），陕西三边总制王琼在平虏城北 10 里的地方新修了"北关门"墙，旧北长城被彻底废弃。嘉靖十五年（1536），陕西三边总制刘天和想恢复黄河以西、贺兰山以东、平虏城北至镇远关间 70 里的疆域，明政府从旧北长城的终点越过黄河，从内蒙古自治区的巴音陶亥开始，南行过都思兔河（黄河）进入陶乐县，再从陶乐县沿黄河南下到达横城大边（东长城），用以阻断河套地区的游牧民族趁冬季河水结冰之际从黄河进入宁夏的道路。因为这道长堤主要分布在宁夏原陶乐县境内，比河东墙低矮，犹如河堤，抑或是因为黄河多次改道，洪水泛滥，长城就变成了阻挡黄河水的"河堤"，所以后世称其为陶乐长堤。陶乐长堤的修建，南与河东墙相连，向西过河与旧北长城相接，在宁夏北境构成了一个多层次、闭合完整的防御体系。

河东沿线的长城防御体系修筑经历了3个阶段：烟墩、边墙、长堤。明正统元年（1436），宁夏总兵官史昭（钊）奏请在花马池筑立哨马营，并增设烟墩，一直连到哈剌兀速马营，每隔6里设置1座烟墩，因沿线原有墩台18座，是为历史上著名的"沿河十八墩"。后来防守官员觉得稀疏，每2墩间又增筑1座墩台，增至墩台达36座。每座烽燧都有戍卒把守，遇到敌情，白天煴烟，夜晚举火，点燃报警，传递消息，所燃烟火远在30里外都能看到，烽火台也因此被称为世界最早的"无线电"。成化十五年（1479）十一月，宁夏巡抚贾俊役使1万人修筑宁夏沿河边墙，防止河套蒙古势力趁冬季河水结冰渡河进入宁夏镇城。这道边墙南与河东墙相连，向西过河与旧北长城相接，构成了宁夏北方一个闭合的防线。嘉靖十五年（1536），明朝为防止蒙古人西渡黄河进入银川抢掠，便在黄河东岸"修筑长堤一道"。后来随着风吹日晒和人为破坏，墙体变得越来越矮，之后慢慢地被人们称之为长堤，所留遗迹不多，只有一些高大的烽火台依然耸立，有专家认为现在高仁镇以南尚有遗迹可寻。

陶乐长堤现在已踪迹难寻，究其原因，主要可分为内部原因和外部原因。内因主要是因为当时在修筑的时候，相较于其他明长城而言，陶乐长堤的修筑工艺较为简单，墙体更为矮小，墙面较窄，500多年的斗转星移、风吹雨淋，使陶乐长堤身影模糊。外因较为复杂，一方面包括自然原因，诸如由于毗邻黄河岸边，河道多次改道，河水长时间对墙体冲刷致使墙体损坏。同时，陶乐长堤北临毛乌素沙漠，气候非常干燥，风沙会随着西北风吹向长城。据考证，明代修筑陶乐长堤时和沙漠有一定的距离，但历经几百年，受风沙长年侵袭，长城虽抵挡住了北方少数民族的扰掠，却未能阻挡毛乌素沙漠的风沙。如今长城遗址和沙丘已混为一体，难以辨认。另一方面，人为活动也加速了长城墙体的破坏。据当地群众讲，20世纪50年代的长堤有四五米高，墙体也是连续的，只有一部分墙体有缺口，人们可以从那些缺口穿过长城，从而到达黄河边。后来，这里的住户越来越多，人们便就近取长城上的黄土盖房筑路，于是长城的高度越来越低，最后变成了如今的样子。

青山一道同云雨，明月何曾是两乡。站在被风雨侵蚀得伤痕累累的烽火台上，塞上江南的风光及千里黄河之美景尽收眼底。今天长城不再发挥"新墉山立界华夷"的军事防御作用，但仍是游牧民族与农耕民族文化碰撞与融合的历史见证。这片土地早已告别了旧日尘烟，如今正花香馥郁、生机盎然。

（撰稿：胡娜）

易据之险之徐斌水新边

徐斌水新边是宁夏中部的一道长城，因起点位于徐斌水而得名。

固原内边长城是一条东西走向，横贯今宁夏中部的边墙。以徐斌水为分界分为 2 段。实际上，以徐斌水为起点，除了这条东西走向的边墙，还有一条向北分支的明代边墙，史料称其为"徐斌水新边"，因为经过梁家泉，又被称作"梁家泉新边"。所谓"新边"，是相对于固原"内边"也就是"旧边"而言，说明它的修筑时间要晚于固原内边长城。

提出修建徐斌水新边的是明代嘉靖年间 2 位颇有名望的官员：刘天和与任杰。刘天和（1479—1546），黄州人（今湖北黄冈市），进士，颇具文采，为官勤勉，为人守正不阿，曾因不肯依附宦官而遭到打压。明嘉靖十五年（1536），刘天和被任命为三边总制，不久改称三边总督。在任 5 年多，他大力整饬边备，修边墙，筑墩堡，改进武器，整理粮饷，完善布防，推行一系列举措，使三边边备得到明显改善。虽为文臣，刘天和在军事方面同样具有卓越的才能，可谓文武全才。他多次指挥实战击退了蒙古骑兵的进犯，立下赫赫战功。比如黑水苑一战，嘉靖十九年（1540）八月至九月，刘天和指挥陕西三边四镇的明军，在黑水苑一带打败入侵的吉囊部，杀死吉囊的儿子和他的妻弟，取得大捷，起到了提振士气、震慑敌人的作用。明代诗人刘绘在《固原酬总制刘松石先生》一诗中赞扬他:"三命严简书,一身敌长城。"刘天和不仅在西北广阔的边地修筑有形的长城,更将无形的长城精神融入了自己的思想,用坚定不移的姿态守护着这片疆土。为官30多年,刘天和在西北边防建设上功绩斐然,为巩固和完善西北边防作出了巨大贡献,成为一代名臣。

任杰是陕西人,嘉靖十七年(1538)由都督佥事升任宁夏总兵官,在任5年多时间。他有勇有谋、治军严谨、赏罚分明,是明代镇守西北边关的一员虎将,立下无数战功。《明世宗实录》记载的铁柱泉之战即为其中一例。嘉靖十九年(1540)八月,数万吉囊部南下,从定边营侵入黑水苑、固原等地。在刘天和的部署和指挥下,明军将吉囊部击退至黑水苑,总兵任杰和副总兵陶希挑选精锐部队,于铁柱泉迎战吉囊,"追奔出塞,斩首甚众",一举获得大捷,受到皇帝嘉奖。任杰的骁勇善战得到时任固原兵备王邦瑞的赞赏,特意为他赋诗《赠任总戎定边之捷》。全诗基调高昂,风格雄浑,将任杰勇武的英雄形象体现得淋漓尽致。

将军校猎大河干,杀气遥腾霄汉间。
铁骑岂因狐兔合,轻车尽殪犬羊还。
六花阵里风云动,万里胸中卫霍班。
套虏凭陵犹汉地,便应乘胜破阴山。

固原内边长城修筑完成后,徐斌水以西的这部分地形复杂,其中经过清沙岘有一段流沙地,无法筑墙,因此成为北方少数民族入侵固原的重要通道。在这种情况下,刘天和认为之前秦纮、杨一清在任时修筑的边墙工事使固原镇东路和中路免于虏患,但西路的安全无法得到有效保障,他在给明世宗的奏章中分析道:"固原一镇为套虏深入之冲,前尚书秦纮修筑边墙延袤千里,然虏每大举入寇,尚不能支。及尚书杨一清筑白马城堡而后，东路之寇不至。尚书王琼等筑下马房关而后，中路之患得免。惟西路自徐斌水至黄河岸六百余里，地势辽远，终难保障。"刘天和与任杰商议后，认为应再在徐斌水和鸣沙州之间修筑一段边墙，将沿线红寺堡等军堡迁入内边，派军士沿边驻守，将水源划入边墙之内，这样既断绝了敌人水源，又增加了一道次级防线，可以大幅提高防御能力。嘉靖十六年（1537）八月，二人联名上书奏请朝廷："今红寺堡南起徐斌水至鸣沙州河岸可百二十里，总兵任杰议于此地修筑新边一道，迁红寺堡于边内，撤旧墩军士使守新边。舍六百里平漫之地，守百二十里易据之险，又占水泉数十处，断胡马饮牧之区，而召军佃种，可省馈饷，计无便于此矣。"然而这一提议遭到朝堂上下一致反对，因为修筑新的边墙意味着又要将边墙之外的土地割弃给蒙古部族。兵科都给事中朱隆禧等人认为余子俊不以黄河为界，修筑边墙之后使河套之地落入蒙古部族之手，王琼放弃了镇远关，修筑新边，又使贺兰山被蒙古部族占据。任杰和刘天和提出修建新边，是忘记了前车之鉴，又要丢弃土地，"我退一步，虏进一步，不是长远之计"。于是他们上书弹劾任杰，认为他"避危就安，割己资敌，罪不可辞"。明世宗也认为移筑边墙，劳民伤财，刘天和与任杰两人无事生非，于是下旨罚没任杰半年俸禄。至此，修筑新边的计划似乎泡汤了，然而后世文献记载又表明这条边墙最终还是修筑成了。

万历《固原州志》载："嘉靖十六年，总制刘天和修干沟、干涧六十余里，挑筑壕堤各一道。复自徐斌水迄鸣沙州黄河岸，修一百二十五里。增葺女墙，始险峻。"《明实录》载，嘉靖十七年（1538）三月，"总督陕西都御史刘天和以擅筑边墙，为科臣所论，疏辄乞休。上责其辞夸辩，至是引罪自劾。上曰：刘天和疏欲引退，顾自叙才能，殊失大臣体兹，既知罪，姑宥之，夺俸三月"。也就是说，刘天和顶着违背朝廷旨意的风险毅然修筑了徐斌水新边，说明当时的防御形势已迫在眉睫，而他又是一个心忧社稷、将个人安危置于国家利益之后的人，因此决然做出这个不计后果的选择。但他在事后受到群臣弹劾，自己也上书自劾，请求引退。所幸皇帝体恤他的良苦用心，并且认为他认罪态度良好，只罚他3个月的俸禄了事。

　　徐斌水新边为南北走向，起于今同心县徐冰水村东南大罗山，向西北过红寺堡村，沿红柳沟东侧，止于中宁县鸣沙洲镇黄河岸，全长125里。它的构筑方式是墙堑结合，其中绝大部分是"堑崖筑堤"，主要以徐斌水至鸣沙州间的一条很深的季节性河沟作为天险修筑而成，并在深沟东岸筑造了2道横墙，将位于深沟中的梁家泉等水头围在边墙之内，防止被北方少数民族占据。在深沟西岸堑崖筑堤、加筑女墙，使它更加陡峭。再将红寺堡迁入内边，沿西侧堤墙派兵戍守。嘉靖二十三年至二十四年（1544—1545），总督张珩又沿河沟西岸添修敌台，加强防御能力。《至读史方舆纪要》载，"新边"的驻守是由固原镇负责，实行季节性设防制度。每年冬天黄河冰冻期间，固原镇守军仍旧驻守在徐斌水至花儿岔一线"旧边"，待春暖河开之日，则移驻"徐斌水新边"。几经周折建成的"徐斌水新边"与之后建成的"裴家川新边"东西并列，将甘肃镇、宁夏镇、固原镇3地长城连接起来，形成网状的防域结构，进一步提高抵御蒙古部族的能力。

（撰稿：蔡莉）

关中重险之固原内边

　　明朝十分重视西北地区的边防建设，洪武初期便开始修建长城，积极修筑各级军城堡寨，逐步形成了西北四大边防重镇，即宁夏镇、甘肃镇、延绥镇和固原镇。弘治以后，固原镇成为防御蒙古铁骑南下的要冲，军事建制逐年升级。延绥、宁夏、甘肃3镇相距较远，战线漫长，每当有敌寇来袭，只能各自为政，无法相互照应。因此，为了有效巩固西北

边防，朝廷在固原设陕西三边总制，统一督理延绥、宁夏、甘肃和固原的军政事务，节制调度兵马协同作战。首位正式出任固原三边总制的官员正是明代名臣秦纮。

秦纮（1426—1505），字世缨，山东人，25 岁中进士，为人刚正果毅。他长期在西北和南方边区担任巡抚和总督，以清廉著称。在巡抚宣府期间，曾多次击退鞑靼小王子的入侵，并追还被抢掠的物资，受到明宪宗嘉奖。《明史》称赞他"文武兼资，伟哉一代之能臣矣"。弘治十四年（1501），鞑靼铁骑攻打花马池一带，大败明军，南下直抵平凉，令朝野震动。明孝宗认为秦纮虽已年老，但素有威名，可以托付重任，于是下诏任命他为户部尚书兼右副都御史，总制三边军务。当时秦纮已76 岁高龄，因病辞官在家休养，然而在接到任命之后，他丝毫没有犹豫，快马加鞭赶到固原，挑起了总制三边、镇守西北的重任。到任后，秦纮首先定抚军心，重新调配三镇防务，强化管理。采用多种举措繁荣经济，屯田兴兵。修筑三边城堡 14000 多所，垣堑 6000 多里，使固原成为军事重镇。明史给予他极高的评价："在事三年，四镇晏然，前后经略西陲者莫及。"

秦纮到任后，蒙古火筛、小王子等部多次突破花马池大边，经下马关到固原一带大肆掠夺，给军民造成重大损失。为加强下马关一带的军事防御，固原边墙的修筑势在必行。这样一旦前方失守，还可退守第二道防线，阻击敌寇，于是秦纮开始着手准备固原镇首个正式的长城工事。弘治十五年（1502），他上奏朝廷修筑固原边墙，起用了陕西八府民夫，用铲山挑沟的方式，筑起饶阳（今陕西定边县辽阳村一带）至靖虏营花儿岔（今陕西靖远县城西北 70 里水泉镇附近的黄河东岸）的一道边墙。这道边墙就是今天所说的"固原内边"。之所以被称为"内边"，是相对于北部河东横城大边而言。这道边墙东西长约 1000 里，横亘在宁夏之南。向东可以防护榆林，向东可以防护甘肃，史料称它为"关中重险"

一点也不为过。

弘治十七年（1504）十月，秦纮因病辞官回家，临行前仍然对边备建设念念不忘，督令各边守将继续把固原、延绥、宁夏、甘肃4镇的边堑寨堡修筑完毕。回乡后不到一年，秦纮去世，享年80岁。秦纮为国治边，兢兢业业，可谓"鞠躬尽瘁，死而后已"。他的继任者杨一清这样评价他："秦公文吏，其所治边，虽古名将何以过之。"

正德元年（1506），杨一清升任三边总制。杨一清，字应宁，云南人，自幼聪慧，18中进士，学识广博，精于边防事务。他深刻认识到花马池一带作为门户的重要性，决定修定边营、石涝池、横城等多处边墙，同时又大力加固、完善秦纮修筑的固原内边墙，增设墩堡，填塞沟堑，修葺坍毁。然而就在杨一清的修边工程如火如荼地开展之时，宦官刘瑾诬告杨一清冒破边费，将杨一清下狱，因此边墙修筑被迫搁置。即便如此，修补后的固原内边长城的防御能力还是得到了有效提高。

数十年光阴流逝，西北各镇所筑长城有的因风沙侵蚀等坍塌损毁、沟壑淤沙，有的因墩台稀疏、应援不暇等难以御敌，蒙古骑兵屡屡拆墙南下直捣固原，西北边备急需加强。这个时候固原镇迎来了又一位赫赫有名的人物——王琼。王琼（1459—1532），山西太原人，成化二十年（1484）进士。曾主持治理漕河，平定宁王朱宸濠叛乱，加强西北边防。后世将他与于谦、张居正并称为"明代三重臣"。嘉靖七年（1528），因为西北边事危急，朝廷诏令王琼以兵部尚书兼右都御史提督三边军务。他到任后，亲自到各地方考察，认为秦纮主持修筑的边墙墙堑太过低浅，而且大部分已坍塞损坏，起不到阻挡蒙古骑兵侵袭的作用，于是决定大规模修复和增筑固原内边长城。

固原内边修筑工作主要分4段进行。首先疏浚响石沟至下马房段的一段旧墙堑，长度约30里，并在下马房关建造城楼营房，派军驻守。其次是下马房关向西经平房、镇戎、红古、海刺都、西安州已经坍塌的一段边墙，采用随山就崖的方式，增加陡峭程度。这一段长度约125里。再次是将清沙岘等地方大约40里的崩颓沟堑进行挑浚和铲削。最后修复干盐池、打剌赤、靖虏卫3处坍塞崖堑，共38.9里。修复工程前后大约历经2个月，成果显著，受到了朝廷嘉奖。之后王琼又继续将固原内边向西沿黄河扩展到兰州卫境内。起于花儿岔，止于兰州枣儿沟，开堑34里。至此，固原自环县至靖虏、兰州600多里的边防力量大幅提高，蒙古骑兵南侵的隐患暂时得到解决。

在王琼之后，继任三边总督的刘天和、杨守礼等也陆续修补、加固固原内边长城。一直到万历年间，固原内边墙仍然发挥着抵御敌人、保卫西北边疆的重要作用。

由于固原内边长城经过的地区属于黄土丘陵地带，土质疏散，黏性小，修筑质量较差，所以至今能看到的遗址很少，仅在同心县下马关一带有若干遗存，其他大多已湮没于黄土。下马关堡在今同心县东北下马关镇，是一个交通要冲，号称"固镇第一关"。嘉靖九年（1530），尚书王琼下令在下马房关修建城楼营房，派军驻守。之后下马关堡在万历年间重修过一次。如今下马关城虽损毁严重，里外砖石已被拆光，但夯土城墙墙体大多还保存着。南城门及南瓮城基本保存完整，瓮城北门洞上方刻着"重门设险"4字。瓮城正东的门洞上方嵌有一块长方形石板，上刻"橐钥全秦"4字，落款为万历九年。从下马关向东至老爷山山顶，沿着边墙有6座墩台遗址，当地人把这6座墩台由西向东称为头道、二道直到六道墩。墩台与城堡形成掎角之势，是城堡下属的军事防御工事，依地势和一定距离修筑在长城沿线。边墙、关堡、墩台作为长城防御体系的一部分，相互配合，构成了坚固的军事防线。

（撰稿：蔡莉）

长城附属设施

　　长城是一个庞大的体系，由长城墙体、烽火台、城堡、关隘等附属设施共同构成。

　　明代长城的附属设施包括有烽燧（烽火台）、天田、羊马墙、陷马坑、壕堑、城堡以及加工场等。长城的附属设施虽然在空间上不与长城墙体

相连，不过从军事角度来看，却与长城墙体密切相关，它们与长城一起构成了复杂的军事防御体系。

守卫长城需要大量士兵，除了战时紧急状态，士兵平时居住在城堡或营地中。屯军城堡属于军城，与一般的州城、县城有所不同。出于军事需要，军城或营地应靠接近长城，或距长城不远，遇有紧急情况可以快速登城。一般而言，军城比州城、县城的规模小一些。明代的军城有镇城、路城和堡城之别，规模大小不同。镇城（如花马池城）、路城（如兴武营城）为军事常驻之地，一般士兵平日多住在堡城（如高平堡、英雄堡等）之中，因而堡城的数量最多。

明代长城沿线上修建的军城数量最多，远远超过前代。明代军城按级别分为 2 种：级别高、规模大的称作"城"；级别低、规模小的称作"堡"。今宁夏境内有许多称作"堡"的地名，基本上全是明代遗留下来的。

明朝在全国设置的"九边军镇"中，宁夏镇因镇治设于宁夏城而得名。宁夏城既是宁夏镇的驻所，又是庆王朱栴的王府所在地，规模比较大。宁夏镇官兵的数量在明代不同时期有很大变化。史载，嘉靖十九年（1540），宁夏镇兵员为 32714 人，隆庆三年（1569）宁夏镇兵员为 37837 人，其后又增加到 71639 人，崇祯时，宁夏镇的兵员仅为 25167 人。

宁夏镇共有城堡 38 座。在修筑城堡时，大多数城堡附近尚无居民，于是有的城堡就以筑堡人的名字命名，如吴忠堡、习岗堡等。宁夏镇的城堡大多是土城墙，只有特别重要的城堡才用砖包墙（如花马池、兴武营），这是宁夏镇城堡常见的特点。

宁夏镇境内长城分为 5 路，各路城堡不同。东路参将驻花马池城。城址最初设在长城以外北大池盐湖以北，天顺年间（1457—1464）朝廷诏令在长城以南另筑新城，即今盐池县城，周长 7 里。东路共有城堡 8 座，其中铁柱泉堡为兵部左侍郎、三边总制刘天和所筑，周长 4 里。兴武营

城周长 3 里，土墙包砖。

　　长城墙体外部，每隔一段距离便要修筑一个向外突出的立面平台，平台上可以站立守城士兵，多角度射击冲到城墙下的敌人。这种突出到墙体以外的平台叫"马面"，今人称其为城垛。

明三边总制杨一清曾向朝廷提出，宁夏河东边墙（今盐池县境内的长城）的每个敌台上都要修建暖铺一间，"敌台九百间，暖铺九百间，每间用五人守之"。杨一清所称的敌台，实际上就是长城上的马面。所谓暖铺，就是在马面上修筑的遮风避雨的小屋。在长城上修筑暖铺，见于宁夏河东墙和北京门头沟边墙。

长城墙体顶部的内外两侧都筑有矮墙，用以保护城墙上执行军事任务的士兵，或防止士兵不慎跌下城墙。这种矮墙有好几种称谓。墙体外侧的矮墙，在古代称作睥睨，或俾倪、陴睨，又称作女墙。而睥睨，在古代也被称作雉堞。女墙上方的缺口是用于观察敌情而设的。在古代多称为女口，后人多称为垛口。

明代长城外侧女墙上往往留有观测孔，对于守城士兵而言，从墙孔观测要比在垛口上观测更安全。明代长城的外侧女墙上还留有比较大的孔洞，便于射击敌人和放滚木礌石，也称作礌石孔。礌石孔多设在女墙下部，与墙顶和马道比较接近的地方。

马道有 2 种：一种修筑于长城城墙内侧，是一种比较长的斜坡道，有的做成阶梯状，便于士兵登城以及运送军械武器和食物，俗称马道；另一种在长城墙体顶部，即内、外女墙中间留下的走道，随地势起伏，有的地方平缓易行，有的地方陡峭，用青砖或石块砌成阶梯状，这种人行道也被称作马道。

长城的要害处是城门。在城门上方多建有城楼，但是城上之楼不限于城门处，在城的四角也建有楼台，称作角楼。在城墙马面处，有时也设有楼台，称作战棚或敌楼。《武经总要》载："凡城上皆有女墙，每十步及马面，皆上设敌棚、敌团、敌楼。"战棚是敌楼的另一种称谓。战棚比较简陋，不及城楼高大雄伟，敌楼又称堞楼。

关于战棚的结构，沈括在《梦溪笔谈》中有如下记载："边城守具中有战棚，以长木抗于女墙之上，大体类敌楼。可以离合，设之顷刻就，以备仓促城楼摧坏或无楼处受攻，则急张战棚以临之。"

长城墙体绵长，只靠关门或关城出入人马难以满足需要，也极不方便。于是，为了满足军事和民众的需要，在长城墙体上又设置了许多狭小的便门。这种小便门被称作暗门。暗门主要用于军事需要，其设置比较隐蔽，不易被敌人发现。暗门之名由此而来。暗门多用于战争紧急之时的出兵之用，故而又称作警门。

长城关下也设暗门，门外设市场，各民族民众每月交易3次。《明穆宗实录》隆庆三年载："套虏绰力兔小黄台吉等纠众沿河东岸驻牧，声言欲渡河抄掠宁夏。总兵雷龙等督兵由兴武营暗门出边，至敖忽洞前袭虏营，破之，斩首一百一十二级，夺马七十六匹及夷器千余。"

另据《中卫县志》记载，明代长城在中卫县城东南也设有暗门："暗门，南临河岸，北接沙山，东距县城三十里。暗门以西，旧为蒙古游牧之所。"

烽燧含有2个意思。烽指烟火，燧指守烽火。后世将烽燧又称作烽火台、墩台、边台。中国古人巧妙地利用火光传递边防军事信息。明代的烽燧遗址，以长城沿线最多。今盐池境内也遍布明代烽燧，大多保存较为完好。

在烽火台上如何放信号？根据出土实物推测，大致的方法是先在烽火台上立5根木柱，木柱的四周又以木柱支撑，防止其倾倒。然后在5根木柱中的一根最上端凿一孔，穿"桔槔"。夜间点燃草束，即古代所称的"举烽"。草束点燃举起，为的是相邻的烽火台能够清楚地看见火光。在烽火台上面一般还要挖几个4尺见方的水坑，用于白昼发烟。将草束点燃后放入水坑之中，并将水坑盖上盖子，便有黑烟逸出，作为信号传递给相邻的烽火台。

明长城上的烽燧，也以烟、火传递敌情、报警。不过这时科学技术有了进步，除以柴草为燃料外，又加上了助燃剂，加上硫黄、硝石后，

可以延长燃烧时间，使烟、火更加浓烈、持久。并且在燃放烟火时，还要以擂战鼓作为辅助。明代在放烟、火的同时，还要鸣炮报警。敌人在百人左右，放 1 烟 1 炮；500 人左右，放 2 烟 2 炮；千人左右，放 2 烟 2 炮；5000 人左右，放 4 烟 4 炮；1 万人以上，放 5 烟 5 炮。

明代，随着对长城防御工程的高度重视和火器的大量使用，烽火台的建筑和制式也有所改进，"各处烟墩务增筑高厚，上贮五月粮及柴薪药弩，墩旁开井，井外围墙与墩平，外望如一重门"。很多烽火台改为砖包砌，更坚固，台距也缩短，有的墩旁开井，墩四周有围墙。

烽燧守护人员也称为墩军，朝廷也有具体规定。明嘉靖二十四年（1545），巡按黄洪毗上疏："乞敕兵部咨行宣大山西巡抚衙门委官相勘，各路建设墩台连属内地，使东西毕达。有军处，每墩拨军五名住居，其下架炮传烽，无军处佥居民五名，免其差役，有警时给以口粮，一体传报。其墩须高广其制，上盖平房二间，周以女墙，置以军器、炮药。"

明代《深沟儿墩碑》载："墩军五名：丁某妻王氏，丁海妻刘氏，李良妻陶氏，刘通妻董氏，马名妻石氏。火器：钩头炮一个，线枪一杆，火药火线全。器械：军每人弓一张，刀一把，箭三十支，军旗一面，梆铃一副，软梯一架，柴碓五座，烟皂五座，礧石二十碓。家具：锅五口，缸五只，碗十个，筷十双，鸡犬狼粪全。"这样的记载，可谓详尽。

从上述相关史料来看，一般担任墩军的都是正规军士的妻子，也许正是通过这样一种方式，使低级军士能够多领一份月供，一家妻小能够勉强度日，也可见明代军户家庭的艰辛与无奈。

（撰稿：党英才）

多民族『三交』的纽带

各民族交往交流交融

在我国历史上，许多民族在宁夏地域上交错杂居、文化上兼收并蓄、经济上相互依存、情感上相互亲近，共同团结奋斗、共同繁荣发展，最终交融汇聚成多元一体的中华民族，形成了你中有我、我中有你的中华民族共同体。

战国秦长城与戎民族的兴衰消亡。战国秦王长城的修建与秦人的扩展、戎人的兴衰密不可分。秦人建立政权并逐步走向强大，与其征伐兼并西北诸戎和拓展疆域是同步的，秦昭襄王修筑长城实证戎民族的融合历史。春秋时，西戎各部分布于秦国周围，在陇山主要有狄、獂、邽、义渠等戎人部落。秦襄公七年（前771），秦襄公因护送周平王东徙洛邑有功，受封建立政权。平王封襄公为诸侯，赐岐以西之地，并允诺秦能攻诸戎，即有其地。从秦襄公开始，历经文公、宁公、武公、穆公百年征伐，秦人势力向东扩展至黄河以东，秦晋接壤。秦穆公三十七年（前623），"秦用由余谋伐戎王，益国十二，开地千里，遂霸西戎"。至春秋末战国初，唯余义渠戎一方。秦伐义渠，向北拓展。至惠文王时，公元前327年，秦设义渠县。历经5个多世纪的发展，秦昭襄王十二年（前272），宣太后诱杀义渠王于甘泉宫，起兵消灭了义渠国，始置陇西、北地、上郡 3 郡，并筑长城以拒胡。

这段长城也称为秦昭襄王长城，沿着陇西（今甘肃东南部）、北地（今甘肃东部和宁夏南部）、上郡（今陕西北部）的外围，横跨今天的甘肃、宁夏、陕西、内蒙古 4 省区 10 多个县市，整体呈西南—东北走向，是宁夏境内现存最早的长城遗迹，穿越今宁夏固原市西吉县、原州区、彭阳县的 12 个乡镇，现存墙体 173 千米。长城的修建使义渠戎等迁徙到长城以西、以北的区域，走上了消亡的历程，逐步融入华夏民族和其他游牧民族之中，历史上再无戎民族，今天发现的考古资料也能佐证。20 世纪 60 年代以来，宁夏境内发现春秋战国时期的典型考古文化遗存 50 多处，发掘清理各类型墓葬百余座，大多数分布于战国秦长城附近，实证了各民族的融合过程。其中独特的墓葬形制与葬俗，特色鲜明的陶、铜、铁等各类器物，中原华夏族的文化风格，是较为典型的地方土著文化类型，应属"西戎文化"。

秦汉长城与匈奴融入大一统格局。秦汉时期，宁夏境内的长城实证秦汉王朝西逐诸戎、北却匈奴、拓展疆域、创建大一统格局的历程和各民族融合的历史。

秦国刚建立时，在秦昭襄王长城以西、以北的广大地区生活着羌戎和匈奴两个相对独立的游牧部落。始皇派蒙恬率大军出西北，重在打击匈奴，同时驱逐在秦国境内的羌戎部落。蒙恬主力由上郡（今陕西榆林市）进入河套地区北部，另一部分由萧关（今宁夏固原市）进入河套地区南部。当时，匈奴主要据有河南地，诸戎羌主要分布在秦昭襄王长城西、北及清水河以西地带。蒙恬部由萧关进入的一支在"西逐诸戎"后，戎民族向西迁徙融合到其他民族之中。西戎部落退出中国历史舞台，消失在历史的长河中。

"秦既兼天下，使蒙恬将兵略地，西逐诸戎，北却众狄，筑长城以界之，众羌不复南度。"秦为了拓展疆土，解除边患，始皇三十二年（前

215）开始，派蒙恬率 30 万大军越过西北边界——秦昭襄王长城，"北逐戎狄"，"西北斥逐匈奴"，率先成功取河南地，迫使这里的匈奴向北部大漠地区迁徙。河南地大致包括秦昭襄王长城以北、今黄河以南的广袤区域，这里当时归匈奴所有。秦开拓疆域首选攻取河南地，因为这个地方沃野千里，宜耕宜牧，三面环水，且北有阴山山脉。占据河南地，这里就可以成为防御北部匈奴天然的屏障。

蒙恬率领大军占领匈奴的河南地后，大规模修筑临洮至辽东、延袤万余里的长城，并以之为疆域边界。这道长城继承利用了战国秦、赵、燕修筑的长城，加以修缮连贯而成，西起今甘肃临洮，经过宁夏、甘肃、陕西、内蒙古，直抵黄河南岸，过黄河向东经内蒙古自治区、河北，在东北入辽宁，止于朝鲜半岛。该长城的西北段利用了秦昭襄王长城。

西汉初年，匈奴楼烦、白羊王等部南下占据了河南地，趁西汉王朝初建，国力薄弱，三困陇西。汉文帝时匈奴一度势力强大，突破秦长城入朝那、萧关，杀北地都尉印，火烧回中宫，哨骑曾至甘泉宫。这个历史事件就发生在今宁夏固原地区，当时朝廷十分震惊。汉武帝时，汉王朝走向强盛，组织兵力对匈奴进行有效反击，取得了胜利，"遂取河南地，筑朔方，复缮故秦时蒙恬所筑为塞，因河而固"。河南地重归汉朝治理，并修缮加固蒙恬所修长城、障塞，成功防御匈奴再次南下进入汉地。汉武帝元朔二年（前 127），在河南地置朔方、五原 2 个边郡。朔方郡在五原郡西，位于今河套西北。汉对匈奴的战争取得了决定性胜利，威震匈奴，向北控制了大漠地区。元狩二年（前 121），河西走廊一带的匈奴浑邪王多次败于汉军，率 10 万人渡过黄河投降汉朝。汉朝遂在沿边安定、上郡等设立 5 个属国以安置归附的匈奴浑邪王、休屠王部。其中安定属国都尉治所在三水县（今宁夏同心县下马关），又称北地属国、三水属国。安置在属国的匈奴人进入了西汉王朝大一统格局之中，经过各民族间的交往交流交融，逐步融入中华民族之中。匈奴余部向北向西迁徙，"匈奴远遁，而幕南无王庭"。"南有大汉、北有强胡"之分庭抗礼局面结束。今天宁夏全境纳入了汉代版图之中，成为军屯民垦的可靠后方。近年来，考古发现的汉代墓葬遍布宁夏南北山川，即为进入大一统格局珍贵的实物资料。

隋长城修建和东突厥的交融。在隋代政权存在的短短 37 年间，见于史籍修筑长城的活动共有 6 次，其中隋文帝 4 次、隋炀帝 2 次。隋朝经过几次修筑长城，形成了西起今青海西宁西，中间经过宁夏北部，东到内蒙古和林格尔县南的一道长城防线。其中，在朔方（今宁夏）一带共 3 次修筑长城，史载"废怀远县，本汉富平县（今宁夏吴忠市）地……隋长城，隋炀帝大业中筑，在县西北大河外。灵武县东北隔河一百里"。经考古调查，这条长城分布在今宁夏灵武市和盐池县境内，全长 60 多千米，从灵武自西向东经盐池县进入陕北。

隋代长城的修建与隋唐时期东突厥南下扩张密切关联，这段长城见证了隋唐王朝与东突厥的战争交流和民族交融。当时宁夏是防御突厥和吐蕃侵扰的战略要地，同时也是突厥等少数民族活动、徙居、交融的重要区域，唐朝政府在这里设置羁縻州，安置突厥降户。突厥是南北朝隋唐时期，在中国西北地区影响较大的民族。一般认为，突厥出自铁勒，是铁勒部落联盟中的一个集团。突厥建立国家政权，大约在 6 世纪中叶，汗国的建立者姓阿史那，称"头曼"。在西魏和北周的支持下，消灭了北方的柔然政权，建立了强大的汗国。北周、北齐时，都与突厥为邻，北周灭北齐后，与突厥联姻，将千金公主嫁于它钵可汗。沙钵略可汗时，隋朝建立，突厥出兵攻隋，沙钵略可汗说："我周家亲也，今隋公自立而不能制，复何面目见可贺敦乎？"于是突厥大掠隋边界，隋边界"六畜咸尽"，成为当时隋朝最严重的威胁。隋文帝在西部与北部边境修筑防御突厥的长城。开皇三年（583），隋军分 8 路北击突厥，突厥分裂内战。隋炀帝时，东突厥势力强大起来，与隋朝发生战争。唐王朝建立不久，大败东突厥，突厥颉利可汗被擒，东突厥各部瓦解，降唐者10多万，唐太宗施行"分其种落，散居州县，教之耕织，可以化胡虏为农民，永空塞北之地"之策，同意温彦博的建议，东自幽州，西至灵州，置顺、祐、化、长4州都督府，在宁夏境内及毗邻之地设鲁州、丽州、含州、塞州、依州和契州，史称"六胡州"，以安置突厥之众。自此进入唐朝的突厥人逐步融入中华民族的大家庭，西走北迁的突厥融入其他民族，唐以后突厥基本上退出中国历史舞台。

宋长城与宋夏之战。 宋辽夏金时期，宁夏南部是宋与西夏交战的主要区域，也是宋防御西夏进犯的前沿阵地。宋代不仅"循古长城堑以为限"，而且在战国秦长城沿线开壕堑，积极防御。在宋与西夏的战争中，宋军把战国秦长城作为防御工事加以改造利用，史书称之为"新壕"或"长城壕"。这些长城遗迹现存原州区清水河西岸至小川子"内城"以南一线，见证了宋与西夏的战争历史。宋代，今天宁夏的大部分区域归西夏政权管辖，固原地区成为宋夏交战的主战场。宋与西夏之间发生了三川口、好水川、定川寨三次大规模的战争，其中好水川、定川寨之战就发生在今固原地区。宋康定二年（1041）二月，宋夏发生好水川之战，宋军陷入西夏军重围，被西夏军大败。宋仁宗闻讯十分悲痛，3天吃不下饭。好水川之战后，宋被逼采取守势，对西夏的政策转为以防御为主，从而形成了宋、辽、西夏长期对立并存的局面。宋庆历二年（1042）闰九月，宋与西夏发生了定川寨之战。宋军在定川寨（今宁夏固原市西）被西夏军包围，退至长城壕（今固原市西北），大败。北宋与西夏三次大战皆败，"自刘平败于延州，任福败于镇戎，葛怀敏败于渭州，贼声益震"。庆历四年（1044），北宋不得已与西夏签订了"庆历和议"，也叫"宋夏和议"，主要约定西夏向宋称臣并取消帝号，元昊接受宋的封号，称夏国主。宋朝每年赐给西夏银5万两、绢13万匹、茶2万斤。每年在各种节日时赐给西夏银2.2万两、绢2.3万匹、茶1万斤。

明长城的修筑和多民族的交往交流交融。明朝初年，设置卫所制度，并且大力经营长城。蒙元政权被推翻后，一部分蒙古人留在内地从事农业生产，后来逐渐融入汉族，一部分蒙古贵族退回蒙古草原，与原居于蒙古草原的部落一起过着游牧生活。明中期以后，蒙古鞑靼、瓦剌等部落相继兴起，经常侵扰边境，对明北方边境农业生产造成严重破坏。为了防止蒙古部落的侵扰，"终明之世，边防甚重，东起鸭绿，西抵嘉峪，绵亘万里，分地守御"。嘉靖年间，三边总制王琼等主张"防边之道，莫善于守，莫不善于战"，于是从今贺兰山北端向东跨越黄河，经宁夏灵武、盐池，陕西榆林，到神木修筑了一道防御边墙。宁夏由于紧邻河套，地处防御要冲，明朝不仅设有宁夏、固原两镇，而且大规模修筑长城用于防御，实证了长城两边汉蒙等多民族的交往交流交融的历史。

明朝在长城沿线设置"互市"，长城两边的蒙汉人民广泛进行贸易往来。宁夏的长城沿线相继设置了大市小市以进行互市。明中期，蒙古地区的经济得到发展，达延汗结束了蒙古各部落的割据和混战局面。明隆庆初年，张居正等人提出"华夷一家"主张。隆庆五年（1571），穆总封蒙古统治者为"顺义王"，并开设蒙汉间的互市。隆庆万历间，互市场所有 11 处之多，在宁夏者有三：清水营、中卫、平虏卫。现存中卫市的买卖城就是互市的实证。长城沿线中卫的互市涉及甘肃、青海，发挥着连接作用。《中卫县志》载，明万历二年（1574），允许蒙古鞑靼部在中卫互市贸易，此城即为蒙汉互市而建，被民间称为买卖城。明政府规定互市一年一次，"交易日期，大率以一月为期"。互市价格采取"务使客商有利，夷价无亏"原则，使蒙汉双方都获利。由于互市周期太长，于是开设"小市"。明万历元年（1573）在宣府、大同、山西、陕西、宁夏、甘肃等地分别设立小市，亦称月市，每月一次，每次不过两三日。小市开设后，"虏中贵贱贫富，各遂安生，共感皇恩。沿边军民，各获虏利，免扰窃犯"，甚至达到了"无地无市"的程度。实际上，长城两边民间贸易的"私市"在弘治年间就已出现，延袤 5000 里，交易不绝，直到明末，塞上物阜民安、商贾辐辏，无异于中原。

明朝倡导在长城沿线大力进行军屯民垦。蒙汉互市后，明政府允许长城南北自由通行，准予就近互市。明王朝在修筑长城墙体的同时，配套修建了城堡、烽火台等大量设施，在长城沿线"居民所聚之处，相度地宜，筑为寨堡，务为坚厚，量其所容，将附近居民聚为一处"。筑堡以卫民生，"既添兵以分守，又设险以御寇。然其军民所处，多临边塞。无事之时，听其耕牧；遇有声息，各相护守，则寇盗无从剽掠，地方可保无虞"。从而在长城沿线进行大量的军屯民垦。

明朝在北方建置辽东、宣府、大同、榆林、宁夏、甘肃、蓟州、固原（陕西镇）、偏关 9 镇，派重兵把守，统称"九边"。明代的宁夏、固原、榆林形成保卫关中互为扶持的 3 个军事重镇。宁夏镇总兵驻地在甘肃宁夏县（今银川市），管辖的长城东起大盐池（今宁夏盐池县），西至大兰靖（今甘肃皋兰县、靖远县），全长 1000 千米，守卫战线较长，为了满足军需物资的需要，明朝一方面发动守卫的军士，战时为兵，闲时耕作，进行军垦，并且允许长城沿线守卫城堡以屯长的名字命名。另一方面大量迁徙其他地区的百姓到宁夏民屯。"明洪武初，尽徙宁夏之民于他所，其后复迁谪秦、晋、江淮之人以实之，分屯建卫，筑堡以居，因即以其屯长姓名名堡，若叶升、王洪、李祥、张政之类是也。其以事名、以地名者，大抵据扼塞，驻军屯以遏寇虏，若镇河、平羌之类是也。以人名者十六七，以事名、以地名者十二三。灵州、中卫则以地名者居多。"这样，在屯垦的过程中，达到了八方之民和各民族的交往交流交融。

历史上，长城两边的族群互有交往，甚至存在游牧民族和农耕民族相互迁徙杂居而交流融合的现象。西汉时，就有长城沿线的汉人越过长城投奔匈奴。明代，长城两边族群的互动更加频繁。当时在宁夏镇兴武营，三边总制王琼命令向甘肃镇运送粮食。长城外的蒙古军士听到长城内运输的声音，遂派部众侦查："'我原是韦州人，与你换弓一张回去为信。'墩军曰：'你是韦州人，何不投降?'贼曰：'韦州难过，草地自在好过，我不投降。'举弓送墙上。墩军接之，不换与弓，贼遂放马北奔。"从中可知，蒙古部落的这些部众是因为"韦州难过，草地自在好过"而越过长城，北入草原。当时跨越长城进入草原的汉人，形成了大片的定居农业，被称为"板升"。"明嘉靖初，中国叛人逃出边者，升板筑墙，盖屋以居，乃呼为'板升'。""'板升'者，华言城也。"后专指在蒙古草原上的汉人，他们推动了蒙古草原的经济转型。"耕种市廛，花柳蔬圃，与中国无异，各部长分统之。"可见，在历史上，汉族与游牧民族以长城为纽带交往交流，并融入对方民族之中，久而久之，形成了"华夏入夷狄则夷狄之，夷狄入华夏则华夏之"的民族融合的大一统局面。

（撰稿：李家妍）

长城守护的"塞上江南"

　　黄河岸，九渠间，长城纵横宁夏川。秦塞垣，汉亭障，山河表里，长城随大河绵延。巍巍长城，雉堞连云，滔滔黄河，浊浪排空。长城和黄河两条长龙在宁夏交错，奔腾驰骋间，掀开了一部家国开拓史，生动演绎了"长城"与"黄河"这两大中华民族象征的融会。千百年来，那些铸就长城的人，在黄河文明的土壤中默默耕耘，在人与长城的坚守中，枝繁叶茂的"塞上江南"生机勃发，绘就一幅锦绣图景，长城、黄河厥功至伟。宁夏境内西长城、北长城、东长城沿黄河修筑，连接呈"几"

字形，加之沿线的城堡、烽火台等附属设施，形成了完备的防御体系。整体形状随地形地貌，将宁夏围拢在臂弯怀抱中，长久护卫。宁夏得长城之守护，享黄河之利，长城修筑与引黄灌区开发齐头并进，"天堑分流引作渠"，开凿出条条灌渠，成就了"天下黄河富宁夏"的传奇佳话。

秦建立统一的中央集权制国家后，派蒙恬率30万大军北逐戎狄，占领河南地，其范围大致包括秦长城以北、今黄河以南的河套地区。这片地区沃野千里，宜耕宜牧，三面环水，且北有阴山山脉。因其地富饶，又属于新得土地，与故秦地相连，史称"新秦中"。蒙恬同时筑长城，东起临洮，西至辽东，延袤万余里。自榆中并河以东，属之阴山，是为44县，城河上为塞，"因河为塞"即沿着黄河修建防御障塞。同时移民屯垦，"徙适戍以充之"，"发谪徙戍"，迁北河、榆中3万户至河南地开垦田地、发展水利，开凿了今宁夏平原上的第一条灌渠——秦渠，揭开了塞上江南屯田戍边的序幕。秦于公元前214年设置富平县，是宁夏平原上的第一个县级行政建置。

汉代引黄灌溉屯垦与长城修筑相辅相成。汉武帝时，收回河南地、新秦中，徙民垦地耕种，修缮了秦时所筑的城障要塞，修筑朔方城，以河为固，并在宁夏北端乌兰布和沙漠边缘、朔方郡西陲修建长城，形成护卫河套之势。同时汉武帝6次巡行宁夏，开始大规模的戍边开发，移民屯垦，引黄灌溉，元朔三年（前126），"募民徙朔方十万口……屯垦备胡"。元狩三年（前120），"徙贫民于关以西，及充朔方以南新秦中，七十余万口"。这几次大规模移民达80多万人，是向西北边疆最多的一次移民，其中北地郡为移民安置的主要地区之一，移民不少于30万人，是宁夏历史上第一次大规模移民屯垦。对于移民的生产生活费用，政府提供积极的资金和物质支持，政府对移民无偿提供生产资料，如耕牛、农具、种子，以及衣食、房屋等移民之初的生活供养，直到屯民能够自给。因移民数量的增加，西汉政府设立专司垦殖开发的典农都尉主持移民屯垦工作，并筑上典农城（今宁夏永宁县境内）、南典农城（今宁夏青铜峡境内）、北典农城（今宁夏银川市境内）。典农都尉的设立和典农城的修筑，说明宁夏境内移民屯垦的数量已经达到相当规模。西汉政府随后又根据需要，戍守与屯垦相结合，守军据点屯垦，战守兼备，改民屯为军屯制，利用军士屯田，使其自耕自养。从民屯发展到军屯，不仅是我国屯田史上的进步，而且是军事史上的创举。据史载，朔方以西至令居，通渠，置田官，设吏卒五六万人，并迁移内地的居民到此进行畜牧、屯垦、戍边。从而到汉代末年，宁夏人口大增，冠盖相望，络绎于道，人民炽盛，牛羊塞道，形成"沃野千里，谷稼殷积"的繁荣景象。引黄灌区中的汉渠、汉延渠、唐徕渠等首次开凿。汉代在北地郡管辖的今宁夏中北部设置胸衍、富平、灵州、灵武、廉县。20 世纪 80 年代以来，宁夏境内发掘出千余座汉墓，出土了大量各种质地的精美文物，实证了当时社会经济、文化和百姓安居生活的历史。东汉发明了"激河"之法，抬高渠口水位，增大入渠水量，形成无坝引水，民间称之为"引水拜"。

北魏太平真君五年（444），刁雍任薄骨律镇（今宁夏吴忠市）将，上表请开艾山渠，灌溉田地 4 万顷，并提出每旬灌水的"节水灌溉法"。十六国夏政权时，宁夏的屯田事业和农业经济得到发展，薄骨律城被称为"赫连果城"或"果园城"，饮汗城被称为"丽子园"。北魏宁夏平原成为西北边镇的重要粮食生产基地。589 年，北周攻灭南陈，迁移 3 万多人和其他江北及淮南的居民到灵州（今宁夏吴忠市），"其江左之人尚礼好学，习俗相化，因谓之塞北江南"，使原本"杂羌戎"之俗的灵州风尚大变，宁夏黄河灌区因此获得"塞北江南"的美誉，后世衍生为"塞上江南"，并一直沿用。

隋唐以来，隋继承北魏的屯田政策，在长城以北地区和河西走廊的屯田取得显著成效。开皇三年（583），在长城以北大兴屯田，以实塞下，并在西部与北部边境修筑防御突厥的长城，有效抵御了突厥的侵扰，保护了屯田。几次修筑长城后，形成了西起今青海西宁西，经过宁夏北部，东到内蒙古和林格尔县南的一道长城防线。其中，在朔方（今宁夏）一带共修筑长城3次，史载"废怀远县，本汉富平县（今宁夏吴忠市）地……隋长城，隋炀帝大业中筑，在县西北大河外。灵武县东北隔河一百里"。这条长城分布在今宁夏灵武市和盐池县境内，全长60千米，从灵武市自西向东经盐池县再进入陕北。唐朝设立军屯发展边镇农业，设屯田以益军储，令成边将士"因隙地置营田"。在宁夏大力实施屯田事务，采取招募流亡、计口授田、减赋轻徭等民生政策，鼓励百姓务农，发展生产。娄师德"往返灵夏，率卒屯田，积谷数百万（石），兵以饶给"，显示了对兵屯实边的重视。又在今天的中卫市、银川市分置丰安军、定远军，官兵且耕且收。至天宝年间，宁夏境内从事农业生产的有71屯之多，成为全国主要的屯区。同时引黄灌溉有了新发展、上了新台阶，既整修原有渠道，又开凿新渠，开挖了御史渠和尚书渠，使引黄灌区呈现出稻浪翻滚、瓜果飘香的繁荣景象。韦蟾诗云："贺兰山下果园成，塞北江南就有名。水木万户住户暗，弓刀千队铁衣鸣。"唐在这里设置羁縻州，在东自幽州，西至灵州，置顺、祐、化、长4州都督府，宁夏一带设"六胡州"，安置突厥降户，宁夏成为安置内附民族的重要区域。

元朝实行"寓兵于农"政策，在宁夏设立宁夏等处新附军万户府、宁夏营田司、宁夏路放粮官等，迁徙京兆、湖北、甘肃等地的无籍户、新附军、垦丁等到宁夏屯田，从六盘山安西王府到黄河岸边，大规模开展民屯和军屯，屯田遍布宁夏各地，仅至元年间，移入宁夏的屯田人口就达7万余人。元初，张文谦、郭守敬等人新修兴州、应理州的唐徕、汉延等正渠10道、支渠68道，溉田1万余顷，并创造性地发明木制闸堰设施，控制进渠水量，宁夏平原的渠系水利工程技术有了新发展，增加了灌区面积，达到900多万亩，粮储充实。

明朝实行军政合一的卫所制度，在宁夏设宁夏镇和固原镇。宁夏镇的地域"东至省嵬墩外境二百里,西至贺兰山外境一百里;南至庆阳府界三百六十里;北至西瓜山外境二百九十里;东南至延绥界三百五十里;西南至固原卫界四百里,至南京三千八百四十里"。省嵬城大致位于宁夏惠农县庙台乡,西瓜山位于黄河东岸,为今陶乐北部,其地有红崖子(红栅子)山,土呈红色,状似西瓜,故名之西瓜山。相当于今天宁夏北部、中部的各市县,同心、盐池以及偏西的中卫等地区。明朝的常备军制度,5600人为卫,1120人为千户所,112人为百户所,10人为小旗。

明朝在北方建置辽东、宣府、大同、榆林、宁夏、甘肃、蓟州、固原(陕西镇)、偏关"九边"重镇,大规模修筑长城。在宁夏修筑西长城、北长城、东长城、内边长城等,使长城遍布宁夏山川。同时,把戍边与屯垦有机结合,形成"亦兵亦农"的军屯制度。按明朝兵制,边军十之七屯种、十之三守城的比例,"而军屯则领之卫所",同时"屯田遍天下,九边为多",且在宁夏"迁五方之人以实之",进行大量屯田。卫所也是明朝宁夏军屯和移民屯田的管理机构。卫所在负责修筑长城、戍守边防的同时,组织守卫的军士,边戍守边屯田,战时为兵,闲时耕作,以苏皖人为主的大量军事性质的戍守移民在不少地方都成为当地人口的主体。卫所军士在屯垦的同时,还主持扩大引黄灌区。洪武年间,河州卫指挥使宁正同时负责宁夏的防卫事宜,率军民"修筑汉、唐旧渠,引河水溉田,开屯数万顷,兵食饶足"。当时宁夏田土"先尽军人,次于小旗、总旗、百户、千户,指挥屯田自给"。卫所的士兵称"军",法律规定军人都是世袭的,世代为军,如无子孙继承,由政府派官员到其原籍寻其亲属壮丁顶补。兵营实际成为武装的集体家庭。军士及其家庭具有特殊的社会身份,有专门的军籍,由五军都督府直接管理,不受地方行政官吏的管束,和一般民户不同。卫所指挥使到百户等卫所的军官也是世袭的,称"世官"。这些变相的移民终身为军,军屯完全按照卫所编制单位组织,实际上是把农业生产转入军队,"十月赴操,以习战车;二月归农,从事屯田"。

另一方面，大量迁徙其他地区的百姓到宁夏进行民屯。明代民屯分为移民屯田、募民屯田、徙罪屯田3类。民屯与军屯在管理隶属上不一样。民屯"其制，移民就宽乡，或招募或罪徒者为民屯，皆领之有司……"民屯"凡荒闲可耕之地，招募军民商贾有捐资者，给为永业"。可见，民屯是由政府通过招募、迁徙等方式，将一部分民户从狭乡移往宽乡或边远荒闲地区屯垦的一种耕种形式。民屯的基本组织是屯，每屯100户，设屯田百户所管理。洪武年间，"府废，徙其民于长安，改置宁夏卫、迁五方之人实之"。将江淮、秦晋居民移入宁夏，"实以齐、晋、燕、赵、周、楚之居，而吴、越居多，故彬彬然有江左之风"，移民之多，使宁夏的文化氛围随之改变，并且允许长城沿线屯堡以屯长的名字命名。"明洪武初，尽徙宁夏之民与他所，其后复迁谪秦、晋、江淮之人以实之，分屯建卫，筑堡以居，因即以其屯长姓名名堡，若叶升、王洪、李祥、张政之类是也。其以事名、以地名者，大抵据扼塞，驻军屯以遏寇虏，若镇河、平羌之类是也。以人名者十六七，以事名、以地名者十二三。灵州、中卫则以地名者居多。"就这样，在屯垦的过程中，实现了各民族的交往交流交融。今天，宁夏境内70%的地名都与明代卫堡屯田有关，大部分以守堡军官的姓名命名，如王泰、李俊、杨和、杨显、李纲、掌政、姚福等，其中又多为移民，王泰、李俊、李纲皆为安徽凤阳人，叶升为安徽合肥人，杨和是甘肃庆阳人，杨显是绥延人。

明清时期，宁夏平原逐步呈现出"塞下充实，地渐开辟"的繁荣景象，有诗云"田开沃野千渠润，屯列平原百井稠"，成为名副其实的"塞上江南"。清朝推行"劝垦"政策，一边兴修水利，一边招民入户籍，授田地，减税收，宁夏平原"辟地万顷，安户万余"。至清嘉庆年间，灌溉田地达210万亩，人口达150万左右，成为秀丽富饶的百姓乐居之地。

（撰稿：马建军）

长城两边的互市

    长城，作为中华民族的精神象征，在历史发展过程中，在长城沿线逐步形成一条以长城为主线、内涵独特而又丰富的综合性文化带——长城文化带。这个文化带既是守望和平的中原王朝的防御带，又是中原农耕民族和北方游牧民族交往交流交融的和平带，也是农、牧经济相互渗透、"长城两边是故乡"的过渡带，还是农耕文化与游牧文化的融合带。明代又发展出以民族贸易为主体的互市文化带。

    宁夏作为"长城文化带"的重要区段，长城遍布宁夏山川，见证了秦汉以来长城两边政治、经济、文化、社会、民族的分合发展。特别是在明代，因长城两边游牧民族和农耕民族社会经济发展的需要，形成了长城沿线的贸易市场——互市。

    明代九边各镇不仅是明代与游牧民族的军事防御带，而且是长城两边各族人民互市贸易的场所，通称为"马市"。马市是指在指定地点以银钞或实物与少数民族交换马匹的定期互市，交易对象主要是蒙古族。马市始于明永乐年间。大体上隆庆以前的交易活动多称马市；隆庆以后，随着交易品种的增加和交易主体的变化，就逐渐改称为互市。马市的发展以隆庆和议为界，分为前后两个时期。前一时期是官办的"朝贡优赏贸易"，其中间有"战争掠夺贸易"；后一时期马市性质发生变化，朝贡贸易发展为互市贸易，官市过渡到民市，在更大规模的民族贸易市场上，民间自相往来、互通有无的贸易占据了主导地位。

各边贸易市场的名称或称"马市""关市""互市"，或称"大市""月市""小市"，或称"官市""私市""民市"等。这些称呼包含各个时期不同类型、不同性质的贸易市场，对这些市场，人们多通称为马市。马市仅以官方"马易盐米"贸易为主要内容，且限于明中前期辽东、大同等很少的几个民族的朝贡贸易，都是"大市"和"官市"，其共同的特征是"只可一二岁贸易一次，所遣止百十人"，且"道路有定处"，"开市有日，货物有禁"。这种市场受官方严格控制，大都开闭无常。

明朝在今宁夏境内有宁夏、固原2镇。宁夏镇作为军事建制，管理今天宁夏的中北部地区，下辖宁夏卫，宁夏左、右、中3屯卫，宁夏前、中、后3卫，共7卫，并辖灵州、兴武、平虏、韦州4个千户所，隶属于陕西都指挥使司，再未设置行政建制。宁夏南部的固原地区及同心，行政建制与军事建制并存，行政建制为固原州，属陕西布政使司管辖；军事建制为固原镇，属陕西都司指挥，领西安、镇戎、平虏3个守御千户所。今天的隆德、泾源2县分属平凉府静宁州和华亭县。

明朝在今宁夏先后设立宁夏卫、花马池、清水营、中卫、平虏5处较大规模的互市市场。其中宁夏卫、花马池2处市场设置较早，但是持续时间短。史载，隆庆五年（1571）修复宁夏清水营旧厂，开市之日列卒守之，以防不虞。清水营旧厂就是明前期设置在宁夏卫的互市市场。

隆庆五年（1571）以后，宁夏互市逐渐发展起来。隆庆五年，九边各镇新开贸易市场共计11处。其中，在大同者三，即得胜口、新平、守口；在宣府者一，即张家口；在山西者一，即水泉营；在延绥者一，即红山寺堡；在宁夏者三，即清水营、中卫、平虏卫；在甘肃者二，即洪水扁都渡口、高沟寨。这些都是每岁开一次的"大市"，属定期、定额的贸易往来，官民杂市其中。同时，还有按月开放的"小市"，属于官府监督之下民间自相往来的民市。作为民市的大、小市场广泛开设，促使长城两边和平互市贸易广泛开展，增强了各民族间的交往交流。

宁夏镇每岁秋开贡道 3 处，即东路清水营、西路中卫和平虏卫。其中清水营、平虏互市市场均设于隆庆五年（1571）。隆庆六年（1572）正月，改市宁夏中卫。万历二年（1574）十一月，兵部在给陕西总督石茂华的答复中指出"西虏照旧宁夏中卫互市"。固原镇有茶马互市市场，设在洮、河、西宁等地。

宁夏卫互市市场设在清水营，隆庆六年（1572），"三边总督戴才奏，本年……宁夏互市易马牛一千五百余匹，商余易马骡六百余匹"。事实上，宁夏原有清水营一处互市。隆庆五年（1571）之后，增加了清水营、中卫和平虏 3 处，说明在隆庆五年之前清水营就曾作为互市场所，此前所说的在宁夏市马就在清水营。位于银川市灵武市宁东镇清水营村的清水营城址，从残存的断垣可以窥见其昔日的辉煌。该城扩建于弘治十三年（1500），为屯兵城堡。清乾隆六年（1741）重修时用砖石包砌。现城墙包砖已拆毁，土筑墙体基本完整，城为长方形，南北长 300 米，东西宽 280 米，黄土夯筑。门向东开，外有长方形瓮城，长 36 米、宽 18 米，瓮城门向南开，门洞高 3.5 米、宽 3.5 米、深 7.8 米，瓮城上建有敌楼。城内荒芜，遍布建筑残件，难以显现几百年前的繁华，唯有苍凉凄美承载着过往的历史。清代，清水营市场移到黄河岸边的横城堡，市场和渡口相结合，交通货运更加便捷。

中卫互市设在黄河北边的姚滩长城脚下，今日民间俗称"买卖城"的地方，位于中卫市城北 7 千米处，南接长城和镇关墩城。《中卫县志》记载，明隆庆五年（1571），明朝政府在这里设置集市进行贸易。万历二年（1574），允许蒙古鞑靼部在中卫互市贸易，此城就是为蒙古族与汉族互市而建的，被民间称为买卖城。城为长方形，东西长 120 米，南北宽 100 米，墙体黄土夯筑。南墙中间开门，门宽 3 米。20 世纪 90 年代城墙被毁。在南城的北墙有一座长方形的高大烽火台，底部东西宽 28 米、南北长 40 米，高 11 米，以黄土夯筑而成，俗称"四方墩"，发挥着守卫侦察和贸易监管的重要作用。清代中卫市场移往中卫城。

花马池市场位于今天的盐池县花马池城，设于嘉靖三十年（1551）秋季。延绥、宁夏二镇在花马池立市与蒙古族交易，"限以日期 先后互易"。当时的马市交易并没有延续下去，其原因张居正说："至于昔年奏开马市，官给马价，市易胡马。彼拥兵压境，恃强求市……索我数倍之利。市易未终，遂行抢掠。故先帝（嘉靖帝）禁不复行。"隆庆年间，长城两边建立和平通贡互市贸易关系，其中宁夏边墙地界花马池市成为蒙汉交易繁荣、著名的集市。

宁夏互市主要是官市，即明政府经营的交易活动。据史料记载，宁夏互市大体上在每年秋季进行。由政府支出"市本"与蒙古部落进行交易。明政府的"市本"主要由管理马政的机构太仆寺发放。明政府投入互市"市本"的多少也是衡量贸易额的一个标尺，尤其对宁夏这样一个官市占主导的边镇来说更是如此。明廷每年投入宁夏互市的"市本"基本稳定在 4 万两左右。很显然，明政府投入宁夏的"市本"在当时整个九边互市贸易中所占的比重是很小的。市易规模日益扩大，在市易过程中基本上做到了互通有无与平等互利。关于开市日期，万历年间打破了原来月市一两次和每次四五天的成规，两边商民随时可入市贸易。

互市市场中的民市迅速发展，逐步取代官市占主导地位。市易由以土特产品和奢侈品为主变成以民生用品为主，铁器等生产资料开始进入市场。从"马易盐米"发展到"马匹并土产杂物"与铁锅、犁桦等生产、生活资料交换，表明贸易性质发生了重大变化。隆庆以后又有了新的发展，市场出现房屋买卖和地场租让。在宁夏镇互市中，蒙古族用马匹等牲畜及毛皮等畜产品与其他民族交换"皮张、糖果、皮金、细段、布匹"

等，以满足各自的生产、生活需要。

明代宁夏的互市从最初的禁止到后来的开放，形式由最初单一的"官市"到后来的"官市""民市"并行，数量则从最初的清水营一处增加到平虏、中卫、清水营三处，性质上由单纯的"马市"到有各种产品进行交易的"互市"。从明初就一直存在的"私市"不断扩大，表明蒙汉人民生产、生活的需求具有不可阻遏的发展趋势。"私市"甚至连卫所军人也参与其中，永乐七年（1409）七月，鞑靼部分头领各率所部来归宁夏，众三万。归附的大部分是蒙古族，他们大多以畜牧业为生，拥有大量的牲畜。与归附的蒙古族"易马"，一方面解决了官军作战用马需求；另一方面高价与"新附鞑靼易马"，对其也是一种安抚。

进入清代，互市地点略有变化，改为花马池、横城和石嘴子三处。清康熙年间，康熙颁布圣旨，要求定边、花马池、平罗城三处与横城一带允许"边内汉人与蒙古人一同耕种黑界地"，而且双方"一体贸易，与民杂耕"，同时责令双方各自约束边民，不得欺凌，不要争斗。从此，长城外50千米的地界开始出现蒙汉杂耕、农牧融合的和谐局面。100年前因隆庆议和开设的花马池互市也因康熙的支持而恢复，并新设立骡马大会，鼓励蒙汉边民自由交易。1941年11月，宁夏第一个县级红色政权盐池县成立的第五个年头，在陕甘宁边区政府的倡议下，由延安商会牵头成功举办因战乱已停办20年的骡马大会。此后每年农历五月，都会按惯例在盐池县举办骡马大会。政府要求商民必须公平买卖，不得敲诈勒索。

清代宁夏北部的石嘴子互市继承了明代的平虏（清改为平罗）互市。互市地点略有改变，开市于康熙三十六年（1697），其最初的贸易地点仍在明代的柔远堡。明代平虏的蒙汉互市设在明长城"柳陌河之边墙西门"处。柳陌河指古柔远堡，互市在明长城西门的柔远堡。后来清雍正年间，为了避免"民间田禾"遭到踩踏，才将平罗蒙汉互市从柔远堡移到石嘴子塘汛,并新筑一堡,作为蒙汉贸易的"集场"。另外,清朝以石嘴子为界,北、西、东均与蒙古地区交界,石嘴子是西部阿拉善地区通向东部地区的要道,地理位置优越。集场"设监夷厅三楹"作为办公地点。这里又扼水路交通之要冲,处农牧富庶之胜地,是河套地区蒙汉贸易、农牧交易、民间商贸的主要市场,所以在石嘴子设市口,以通蒙汉之有无。史载:"各洋行专门收购甘、宁、青各地皮毛,并在石嘴山加工打包,由河运、驼运至天津出口……昔贸易盛时,年可收皮百万张,羊毛约三千万斤。"一时商贾辐辏,贸易繁盛,行商络绎,船驼密集。1949年9月惠农县解放,互市逐渐走向衰落。

清代宁夏东部的横城互市开于康熙年间,是把明代的清水营互市地点改在了横城。横城堡位于银川东16千米的黄河边,魏晋南北朝时期就是黄河水运的重要港口。康熙三十六年(1697)三月,康熙亲征噶尔丹来到宁夏,在横城住宿并渡过黄河,作《横城堡渡黄河》:"历尽边山再渡河,沙平岸阔水无波。汤汤南去劳疏筑,唯此分渠利赖多。"近代,宁夏成为西北贸易门户,水运发达,横城成为宁夏最繁忙的港口市场。1960年青铜峡大坝建成,由于未设计船闸,横城港口市场逐渐失去昔日的繁荣。

清代的蒙汉互市频次更高,由原来的每年一次发展到每月三次,"俱十日交易一次"。"每逢月之四日至灵州横城口与汉互易。"每逢集日,"彼驱驼马、牛羊、兽皮来易细缎、布匹、米麦等物"。石嘴子"每月初一、初十、二十等日开场贸易。蒙、汉经营,交易而退,各得其所。春季正二月间,蒙古出卖皮张。三四月内出卖绒毛。五六两月,羊只广出。七八等月,牛马尽来,骆驼出。九月之期,茶马毕"。

从贸易地点来看,清代的宁夏除花马池、横城和石嘴子3处互市之外,还有中卫县城和宁夏府城2处民间市场。从数量上来看,贸易地点从明代最初的1处增加到清代的5处。从地理位置来看,明代的贸易地点仅限于设有军事据点的长城关口。清代，除花马池、横城和石嘴子 3 处边界互市之外，蒙古族还可以凭腰牌随时进入中卫县城，甚至宁夏府城进行贸易。从贸易的频率来看，明代的民族贸易每年只有秋季一次，持续三五天或半月。清代，每月各市口就开市 9 次，每年多达 108 天，而且"中卫边墙口隘二十九处，夷达入城市交易食物，各带该管蒙古所给腰牌至边口城门查验，听其入内地交易"，并未有时间限制，只要有腰牌，可随时进入中卫城交易。宁夏府城也是如此。

明代以来，宁夏的蒙汉民族贸易市场随着历史的发展，逐渐融合到宁夏当地的市场体系中，至清末，互市这一名称已经成为历史名词。互市或融合到当地的城镇市场，或融合到当地的乡村市场，如中卫互市最终融合到中卫城镇市场中；平虏（清代的平罗）互市即后来的石嘴子互市，到清末，已成为各族人民交易的乡村集市，集期仍然是每月的初一、初十、二十。清初设立的花马池互市逐渐演变为乡村市场中庙会的一种特殊形式——骡马大会。

（撰稿：马建军）

环灵大道说商贸

"青冈峡里韦州路，十去从军九不回。"宋神宗元丰四年（1081），北宋将领高遵裕率军征西夏，因指挥失误，围灵州城 18 天不能破城，反被西夏军引水灌营，造成宋军冻溺死者无数，在饥寒交迫中班师回朝。监察御史张舜民随军回途中写下《西征回途中二绝》，描写了这场战斗。从此这条庆州到灵州的韦州路成了北宋军人的断魂路。

"环灵道"是庆州至灵州的一条古驿道，是塞北通向关中的交通要道，也是丝绸之路在宁夏的一条主干道。今天，惠安堡西北盐湖边还有北破城、西破城等唐宋遗址。五代后唐天成年间，康复被唐明宗调至灵州镇守，行走在环灵大道上，"行至方渠（今环县），而羌夷果出邀福，副以兵击走之"。五代后晋天福四年（939），灵州方渠镇升为威州后，这条古道更是威州通往灵州的要道。后晋开运初年，药元福大败拓跋彦超就是沿此道而行。宋夏拉锯之时，这里是争夺的战略要地。元丰年间，张舜民随高遵裕征西夏至灵州，其行军线路就是从庆州出发，经环州、洪德寨、青冈峡、清远军、积石、浦洛河、耀德镇、清边镇到达灵州，由于萌城以北沙碛茫茫，被称为"旱海"，据《武经总要·陕西路》记载，沿途"七百里沙碛无邮传，东夏少水"。

元灭西夏后，经略原西夏旧地。中统三年（1262）十月，中书省右丞相安童等奏议在西凉、甘州、庄浪等处增设两条驿道，其中一条是由长安经环州（今甘肃环县）北行 250 里萌井驿（今宁夏盐池县萌城），经过小盐池，又向北 350 里到灵州，转向西南 120 里到鸣沙，至理州（今宁夏中卫市），行 180 里至野马泉，再向西即进入甘肃界。在这条驿道上增设驿站，使小盐池的食盐更多地流通到甘肃。至元二年（1265），陕西行台咨备监察御史帖木儿不花考察小盐池生产的食盐后，建议将官营改由商营，官府向商贩征收盐税。不久，又议定以黄河（陕西和山西界）为界，陕西之民从便食用中兴（指宁夏大小盐池）所产红盐，红盐不许东渡，确定了食盐的行销范围，又改变了经营方式。大小盐池吸引了陕西、甘肃的大批盐商，从此环灵大道商旅络绎。至元二十四年（1287）设宁夏府路，大小盐池的食盐行销线路依然不变。但是由于元朝末年气候环境的改变，原本就是"旱海"的宁夏河东地区更加荒凉。

明朝建立前，因"时四方战争，财用不足"，设置关市，其盐货的税率达"十分为率，税其一分"。明朝统一后，赶到漠北的蒙古族贵族不愿失去曾经的地位和权利，对明朝北部地区不停侵扰。明为稳定北方，不得不在北部设立九边，屯驻 80 多万军队。但是庞大的军事驻防需要大量的军备物资和粮食维持。

洪武三年（1370），明廷在察罕脑儿的盐池（今花马池老盐池）设立灵州盐课提举司，在大盐池安置捞盐夫 80 人，小盐池安置捞盐夫 39 人，专门采盐，要求每年办大引盐 13338 引（每引重 400 斤）。明北部边塞所用的粮草大都需要从内地供应，路途遥远，资费较高。洪武三年，山西行省上书："若令商人于大同仓入米一石，太原仓入米一石三斗者，给淮盐一引，引二百斤，商人鬻毕，即以原给引目赴所在官司缴之，如此则转输之费省，而边储充。"明太祖朱元璋同意了这个"开中"之法，并在全国推行。

中开法就是根据边塞粮食、马匹等军需物资的预算，由户部张榜公布则例，规定粮食与盐引的兑付比率、缴纳仓口，招募商人投标。户部榜文要公布食盐和粮食的市场价格、运输费用等，以留出具有吸引力的利润空间吸引商人开中。开中商人根据榜文所示项目，将所竞的粮食、马匹、物资运到边关，这一过程称作报中。当地官员收到"报中"后，经过检验登记的"勘合"，给商人开具支取食盐的凭证，称为"盐引"。一盐引对应 200 斤食盐的所有权。

中开法推行后，洪武三年（1370）九月，朝廷即令陕西察罕脑儿的大小盐池行盐到庆阳、凤翔、汉中、平凉、灵州，均"募商人入粟中盐"。同时确定，粮食不够，可以用金银、布帛、马驴、牛羊之类交换。第二年，又在灵州设立正八品盐课司，由正副大使负责，户部在花马池设置户部粮储郎中一员，负责整理客兵粮草。规定灵州小盐池的食盐只允许在灵州换米，到平凉、庆阳等地贩卖。大小盐池食盐的有效经营，疏通了古老的盐马古道，但是销路窄，到大小盐池的商人很少。

宣德二年（1427），经宁夏总兵官侯陈懋奏请，朝廷允许灵州小盐池的食盐扩大行销范围，可到陕西、山西地界销售。大小盐池的食盐可销往陕西、山西后，运盐的车队从小盐池经今陈大梁、杨儿庄、平庄、牛寨子，碾压出一条官道，因一边连着延绥，一边通往平凉，又被称作"平凉道"。

但是永乐年后，鞑靼阿鲁达之子失捏干入河套，并不断深入腹地。每到深秋初冬，草木枯黄，牛羊缺少草料，体乏瘦弱，又正是关陇宁夏粮食上场之时，一些鞑靼牧民便南下劫掠，滋扰宁夏黄河以东地区。大小盐池在今宁夏河东，靠近边塞，属于危险之地，行销盐路虽然被打通，但商旅依然稀少。朝廷为了鼓励陕西、山西所属客商到小盐池中开，在盐价上优惠外地商客，即陕西、山西商客中开小盐池盐，每引米麦 4 斗 5 升，宁夏所属客商却入粟米 6 斗，每引入粟多米 1 斗 5 升。

大小盐池开中让利给客商，虽然来往的客商人数不多，但在大小盐池之间，从小盐池北到灵州，南下关中，西南到固原；大盐池到关中、延绥、延安的盐路逐渐打通，形成了以大小盐池为中心的盐路运销路网。

建文四年（1402），明成祖调整军事策略，将大宁、东胜等卫或撤或迁，压缩了明朝的北部边疆，一些鞑靼牧民借机南下进入河套地区。镇守陕西都督同知郑铭奏："陕西地界与东胜及察罕脑儿一带沙漠相接，胡寇侵扰殆无宁岁。"正统十四年（1449），"土木堡事变"之后，明廷放弃东胜卫，达延罕统领西土默特部东渡黄河进入河套，自此河套地区的军事对抗越演越烈。永乐九年（1411），宁夏都指挥王俶在清除鞑靼的威胁时战败被杀。王俶战死后，被明军收俘安置的鞑靼将领开始叛乱，宁夏镇平羌将军柳升率军追讨叛将。在追讨中，由于宁夏河东地区地势平漫，适合鞑靼骑兵长途奔袭，而明军多为步兵，宁夏形势更为严峻。为此，明廷在宁夏又派驻了大量军队，在花马池沿边修筑斥候、关隘、战台进行防御，令庆阳府负责提供边防部队的给养，但是庆阳一地的粮草无法满足宁夏驻防军队所需。正统三年（1438），宁夏总兵官史昭以边军缺马，而延庆、平凉官吏军民多养马，奏请朝廷在大小盐池推行"纳马中盐法"，规定上马一匹予盐 120 引，中马 100 引，次马 80 引，交由宁夏总兵官收使用。

中开法同意用粮料兑换食盐，基本上解决了宁夏戍边将士粮食等物资的需求。以盐易马，扩大了中开法中"入粟中盐"的范围，不仅有效解决了边塞军队每年 34 万余石粮料的需求，而且用大小盐池的食盐到庆阳、平凉等处换马，中东路花马池等盐湖的食盐到延安、西安府换马，供给甘肃、宁夏官军骑操，缓解了边塞军队马匹短缺的问题。

随着中开法和"以盐易马"的不断实施，环灵大道上的车马行人逐渐增多。明朝为做好运粮草、食盐、马匹保障，继承并沿袭了元代的驿站制度。在环灵大道上按驿路的远近设置了"驿""铺"站""所"等各级驿传机构，由国家统一管理，专门用于传递军事情报的官员途中换马和食宿，兼有军事、交通、邮传、接待、商贸等多种功能。《明史·职官》载："凡邮传，在京曰会同馆，在外曰驿，曰递运所，皆以符验关券行之。"

明代的驿、站、铺各有分工，站和铺都是军事机构。递运所和驿属于一类，是负责传递信函、接待官员、服务商贸的社会性服务机构。

永乐初年，宁夏城镇东南经灵州至庆阳即设置了驿递，成为宁夏南通环庆及关中的主要交通要道，承担着军事和商贸往来的功能。其中在宁夏境内设小盐池驿、石沟驿和大沙井站、白塔站，正统九年（1444），增设河西寨、河东寨、山城驿等寨堡。自此，从甜水堡到灵州290里，至镇城380里，中间共设9站5驿。这条道路从宁夏镇城经河西寨、河东寨、灵州驿、石沟驿、白塔站、大沙井站、小盐池驿、韦州驿、山城堡驿进入环州。景泰元年（1450），将小盐池驿迁移到赤马房驿，石沟驿迁移至阿剌麻，将大沙井和白塔合并，移至红寨子。

弘治十三年（1500），王珣将韦州递运所移到隰宁堡，环灵道上共有9站6驿。驿站分别是高桥驿、大沙井驿、石沟驿、小盐池驿、隰宁堡驿、萌城驿。韦州驿移到隰宁堡后，使古老的"青冈峡里韦州路"不再经韦州走灵州，而是直接从山城、青冈峡、甜水堡、隰宁堡、小盐池、大沙井、石沟驿到灵州。在这条线路上，与9站6驿并行的军事传递机构铺共有21处，从而正式形成由驿、站、铺做保障的环灵道。为了方便商旅在环灵道上通行，还在环灵道旁筑有16座专门用于指路的烽火墩，亦称"指路墩"。

成化十年（1474），朝廷在固原设三边总制府，派出三边总制节制延绥、甘肃、宁夏三边，每年防秋时驻扎花马池。三边总制的驻扎，在花马池到宁夏镇沿线屯驻了大量士兵，其粮草、军械等后勤保障全部需要从庆阳、关中地区运送，每年往返于沿边到关中一带的车马川流不息。

弘治十五年（1502），秦纮任三边总制后，发现总制府所在地固原人烟稀少，为了繁荣固原经济，将小盐池的食盐运到固原招徕商贾，在固原设立批检所和5个盐场销售食盐。盐场的设立，使小盐池的食盐直销平凉，原本萧条的固原成为吸引商人往返云集的地方，因"盐商云瀚，盐厂山积，固原荒凉之地，变为繁华"的繁荣景象。固原人口大增，市井繁华，从固原到小盐池形成的商道上车辆络绎不绝。弘治十六年（1503），秦纮用小盐池的盐利做资金，沿宣德二年小盐池通往陕西的运盐商道，从陕西调来军民5万修筑花马池到小盐池的墩堠。又自花马池到小盐池每20里修筑一座小堡，募军士和内地百姓在沿线屯田。屯堡的修筑，形成了一条固原经小盐池到大盐池的商道。同时增设陕西庆阳府通判一员，监理花马池盐课，将洪德堡批检所迁到庆阳城内，对过往盐收税，每引盐收银四钱五分，用于购买马匹。

嘉靖六年（1527），宁夏巡抚都御史翟鹏修筑惠安堡城。自此，在环灵古道上，堡驿相间，形成"南接环庆，北上京师；西通固静临巩，以至甘肃。不时传递军情，转运军需器械，递送公文，供役往来人马，差役浩繁，日不暇给"一条交通要道。

万历年间，小盐池盐商云集，已成为商贸中心，但朝廷在宁夏地区建的儒学署只建在各县府所在的城市，新崛起的城镇还有没有学校，盐商子女无处入学应试。宁夏河东兵备道兼摄灵州学正的张九德看到商人子弟就学难。小盐池"以羁商之术，辟造士之门；还以怜才之法，广招商之路"，应建立学校才能留住商人。天启元年（1621），张九德在小盐池"创设商学，以便商贾子弟肄业"。商学的创设留下了大批商人，也使小盐池"群商辐辏，岁课羡溢"。

200多年的明朝在北部河套地区进行了200多年的军事防御。小盐池因盐而兴，因盐而荣。环灵大道依托小盐池盐湖，且连续多年的军事防御，也凸显出小盐池的重要性，形成以小盐池为中心的环灵大道、凉州大道、大小盐池的边内大道，形成小盐池通往关中、延绥、山西、平凉、灵州等地的商贸文化网。

（撰稿：刘国君）

以人命地传史话

    中国拥有悠久的历史和灿烂的文化，广袤的土地上留下了历史深厚、万象纷呈且数不胜数的大小地名。每个地名都体现着人们对自然地理与人文地理认识、利用、改造的历史，因而它们被称为研究历史的"活化石"。

    宁夏历史悠久，地处边陲，区域位置特殊，自古就是中农耕文化与游牧文化交会、碰撞与融合的地区。中国许多古老民族都在黄河两岸、长城内外留下了交流、交融、交会的民族大团结宏伟篇章。在这种特定的区域历史文化中，也形成了鲜明的宁夏地名文化特色。

    在中国历史上，全国各地、历朝历代以人名命名地名的现象比较普遍，名人地名是一种古老的地名命名方法，将历史名人的名字用于地名，以纪念这些名人的贡献或纪念他们的事迹。中国的许多城市、乡镇甚至街道都以历史名人的名字或事迹命名。例如河北省秦皇岛市，以秦始皇嬴政的名字命名，以纪念其对中国历史的重要贡献。广东省中山市，以孙中山的名字命名，他是民主革命的领袖。陕西省志丹县，为纪念"群众领袖、民族英雄"刘志丹将军而命名。陕西黄陵县，以黄帝的陵墓命名，黄帝是中国古代一位重要的帝王。浙江杭州的苏公堤，以苏东坡命名，他是宋代著名文学家。凡此种种不胜枚举，这是追求"地以人传"，即今天所说的"名人效应"的结果。

但是，宁夏在明代有一大批以人名为地名的地方，并不属于这种情况，其中绝大部分地名所关联的人，多是一些名不见经传的小人物。这是为什么呢？在宁夏，许多地名与中国屯垦戍边历史有着千丝万缕的联系，讲述了许多无畏的开拓者，带着守护家园的使命、奔赴茫茫边塞的故事，记录了各族人民胼手胝足、披荆斩棘，携手创建塞上江南的传奇史诗。

屯垦戍边在我国历史悠久。宁夏曾经是重要的屯垦之地，其屯田始于秦汉时期。秦始皇统一全国后，命令大将蒙恬沿黄河筑垣设郡，平息边患。到了汉朝，汉武帝接受主父偃的建议，开始在朔方地区屯田，拉开了宁夏屯垦的序幕。后来的历朝历代采取迁徙内地百姓"民屯"、编为部队"军屯"等各种形式开展垦殖。明代，由于中央政府的重视，部队军屯、移民屯垦迎来了一次高潮。明洪武三年（1370），河州卫指挥史宁正兼领宁夏卫事，率军民"修筑汉唐旧渠、引河水灌田，开屯田数万顷，兵饶足"。明朝宁夏镇的屯垦戍边不仅推动了宁夏的经济发展，而且促进了各民族的交往交流交融。明朝中后期，一些军屯逐渐演变为一定规模的农业社会，大力移民屯垦、兴修水利、开发农业，士兵们开始在这片土地上屯垦戍边。为确保防御与屯田两不误，明朝选择了筑堡，"堡字于保于土，乃家自为守也"。永乐十二年（1414），明朝政府规定："每小屯五七所或四五所，择近便地筑一大堡，环以土城，高七八尺或一二丈。城八门，周以壕堑，阔一丈或四五尺，深与阔等。聚各屯粮刍于内，其小屯量存逐日所用粮食，有警即人畜尽入大堡，并力固守。"堡寨由于坚固高大，不易被敌人攻破，可以保护军民财产和人身安全，确保屯田正常开展。根据地理位置择优合力屯堡，并在堡内集结粮草和财产，以方便临时集合和戍守，形成了以屯堡为中心的屯防模式。"盖城堡以便保聚，墩台以明烽火，边垣以限华夷。三者皆势所必为者也。"

这是明军赖以防守的主要屏障，在九边的防御体系中占据着重要地位，基本形成了"镇—卫、所—堡"的管理模式。

当时宁夏镇基本属于全民皆兵，屯卒"无事则耕，有事则战。贼寡则本堡之兵，贼多则近堡合力，各大城兵马相机应援。大则可以斩获成功，次则亦可夺获抢掠，不至损失"。屯卒平时耕种，若有敌情，则迅速集结在堡内戍守防卫。

这些从事军屯的屯卒，围绕大城堡，又根据土地分配和农业生产，另筑一些小堡子，平时屯卒与家属居住在小堡子或在地边修建的房舍周围就近耕作生产。遇到敌情，便携带家人、粮食、生产工具等暂避于大城堡中。警报解除后，各归原处，生活如旧。所以大小城堡在当时的保家卫国中发挥了重要作用。由于这些城堡在当时都是新修筑的，为了便于官方管理和社会交往，人们就以这个堡寨头领的名字来称呼。久而久之，人名也就一同演变为了地名。

翻开有明一代的弘治、嘉靖宁夏志书以及现代宁夏银川平原各市县的地方志，会发现各市县以及乡镇地名中，以人名命名的占比很高，这在全国各省区是罕见的。

如今，在青铜峡市、永宁县、贺兰县等地，青铜峡市9个街道、乡镇中就有叶盛镇（叶升）、瞿靖镇（瞿靖）、邵岗镇（邵岗）3个镇是因明代守将人名而得名。永宁县7个街道、乡镇中就有杨和镇（杨和）、李俊镇（李俊）、望远镇（王元）、望洪镇（王洪）4个镇因明代守将人名而得名。贺兰县6个街道、乡镇中就有常信乡（常信）、习岗镇（谢刚）、金贵镇（金贵）、立岗镇（李刚）、洪广镇（洪光）5个是因明代守将人名而得名。还有乡镇以下的潘昶（潘昶）、张亮（张亮）、于祥（于祥）、仁存（任春）、增岗（曾刚）、王太（王泰）、旺全（王全）、杨显（杨贤）、许旺（许旺）、陆坊（陆方）、宋澄（宋澄）、唐铎（唐铎）、王团（王团）、政权（郑全）、政台（郑太）等许多行政村名仍然被保留了下来。

这些地名折射出明代宁夏移民屯垦的文化特色，这也充分说明，美丽富饶的银川平原是我国各族人民共同保护开发的结果。古堡命名留史话，宁夏发展靠大家，其中吴忠、叶盛、张政具有代表性。

吴忠堡。因守将吴忠而得名，现为吴忠市，宁夏 5 个地级市之一，地处宁夏中部，坐落于黄河之滨，是宁夏引黄灌区的菁华之地。

吴忠这个地名始见于明代。明洪武初年为安定边塞，为防御西北少数民族的侵扰，"尽徙宁夏之民与他地，迁秦晋江淮之人以实之，分屯建卫，筑堡以居"。洪武九年（1376）开始，明朝军队进入宁夏屯垦戍边，实行"兵农合一"军户管理制度，将戍边与屯田结合起来，使明代的宁夏镇只有军事建制，没有府州县地方政权建制。在这样一个军事背景下，宁夏平原的屯堡开始出现。屯一般以百户为单位，建屯的目的是加强对屯军军户的军事戍边和屯垦生产组织管理。明代，戍边屯田遍及整个北部边界沿线，在九边重镇遍地开花，"每小屯五七所，或四五所，择近便地筑一大堡，环以土城，高七八尺或一二丈，城门八；围以壕堑，阔一丈或四五尺，深与阔等，聚各屯粮刍于内。其小屯量存日引粮食，有警则人畜尽入大堡，并力固守"。

吴忠这个词，最早出现在嘉靖年间。明武宗皇帝朱厚照于正德十二年（1517）九月御驾亲征，在宣府（今河北张家口市宣化区）应州大破鞑靼小王子（史称"应州大捷"），让明朝西北边境安宁了很多年。趁此，明廷也开始了对宁夏镇的又一次建设。史载，驻节固原的明代首任三边总制秦纮在弘治十四年（1501）至弘治十七年（1504），实地考察了花马池（今宁夏盐池县）、灵州（今宁夏灵武市）一带的驻防和屯垦。秦纮见固原以北延袤千里，闲田数十万顷，便沿边每 20 里筑一堡。每堡 500人，一边戍边，一边垦荒种地。军人不足则从内地募人，岁得粮 50 万石，完全满足官军所需。他还修筑三边（开府固原，总制宁夏镇、延绥镇、甘肃镇、陕西镇）城堡 14000 多所，垣堑 6000 多里，以拒强敌。于是，更多的屯堡寨出现在这片大地上。到了嘉靖六年（1527），吴忠堡出现。这个吴忠原来只是一个灵州守御千户所的千户长，是延绥镇的一名边军，在应州大捷中表现英勇，擢升为百户长，未几，升千户长，移驻宁夏镇，驻守黄河东岸的一个城堡。随后按照当时的传统，城堡以守将名字命名，吴忠堡的名称便出现了。

吴忠堡的名称一直沿用至清代，只是到了清代，它的军屯性质发生了根本性改变。明代建的吴忠堡到清代已坍塌，后来清同治年间又重建吴忠堡。吴忠堡因地处黄河东岸水陆要冲，具有交通便利的优势。旧时黄河没有通衢大桥，黄河东西交通运输主要靠水路河运。吴忠依托黄河，设有大型码头两座，商贸得以快速发展，其繁华程度和影响力逐渐超过其他军堡。吴忠堡虽属后建，却后来居上超过灵武和金积。由于它占据古灵州优越的地理位置，得"水旱码头"交通发达、秦汉渠灌溉之利，1949 年以后，吴忠用作县域名。吴忠先是人名，后演变为地名。在吴忠堡命名的 500 年后，这个小小城堡成功逆袭，成为宁夏回族自治区的地级市，成为银川平原一颗耀眼的璀璨明珠！

叶升堡。明置，属宁夏卫，即今宁夏青铜峡市叶盛镇。洪武九年（1376），明太祖朱元璋派遣军士在银川平原屯垦戍边，并迁徙约 6 万人充实宁夏各地。以如今的银川平原为中心，以百户或千户为单位，一个个军屯的堡寨星罗棋布地分布在银川平原。至于堡或者寨，就以最高长官百户长或者千户长，再或者最高驻守长官的名字命名。这也是宁夏地名的一大特色，比如李俊堡、蒋鼎堡、翟靖堡等。

叶盛镇原名叶升堡，明洪武九年（1376）筑堡，以驻守副将叶升名字命名。叶升，今安徽合肥人，派他镇守此地，是因为此地重要，处在黄河西岸银川平原的腹地。上游有小坝和大坝，是引黄灌溉的重要之地，境内更有惠农、唐徕等多条水渠经过，地理位置十分重要。这些戍边的军士和家属，他们除了承担戍边的任务，还按区域开垦土地，自给自足。

20 世纪 50 年代中期，有人把"叶升"错写为"叶盛"，造成"升"与"盛"混用的现象。2003 年，宁夏回族自治区地名办将"叶升"改为"叶盛"，沿用至今。境内有宁夏第一座黄河公路大桥"叶盛黄河大桥"跨越黄河东西两岸，1969 年 9 月开工建设，1970 年 12 月 26 日毛泽东主席 77 岁生日之时，大桥竣工通车，为宁夏经济发展发挥了巨大作用。叶盛镇地三村盛产大米，清朝康熙皇帝亲征噶尔丹坐镇宁夏，曾将叶盛地三大米钦点为筵席主食，吃后赞不绝口，称为"珠粳米"，成为贡米。

张政堡。明置，属宁夏左屯卫，即今宁夏银川市兴庆区掌政镇。掌政的得名由明代驻堡最高职位长官张政的名字谐音演变而来，并且它是宁夏镇城东第一堡。明洪武九年（1376），耿忠奉明太祖朱元璋之命戍边，任宁夏指挥使，创立了宁夏卫。"立宁夏卫，隶陕西都司，迁五方之人实之。"等到明朝在宁夏镇立稳脚跟，接着根据防守和运输保障需要扩张戍守，于是"增宁夏前卫，宁夏左屯、右屯、中屯为五卫"。在设立五卫的时候，掌政镇的前身张政堡出现。张政是耿忠手下的百户长之一，他被分到左屯卫。左屯卫有 14 个堡，它们其实驻扎防守宁夏卫东面、黄河西岸沿岸的这些区域。张政领兵的筑堡在如今的掌政镇。

清雍正二年（1724）设置宁夏县，辖 24 堡，含张政堡。民国时期，张政堡在永宁县置县前曾先后隶属于宁夏县、贺兰县。1941 年，宁夏设置永宁县，张政堡归永宁县管辖。由此可见，从明朝洪武二十五年（1392）设置张政堡算起，至 1949 年，张政堡建置存在了 550 多年。

1949 年后实行乡镇体制，改张政为掌政，称掌政乡，取人民群众执掌政权之意。1958 年后实行公社体制，称掌政公社。1960 年划归银川市管辖；1984 年基层乡镇体制改革，恢复掌政乡，仍隶属于银川市。2002 年 11 月划归银川市兴庆区，称掌政镇。

（撰稿：张艺明）

长城的构筑

因地取材筑城墙

　　"万里长城万里长，长城外面是故乡。"1933年的长城抗战震惊中外，"誓与长城共存亡"成为抗日将士们的共同誓言。《长城谣》以其独特的艺术感召力，激起了亿万中国人民的爱国热情。长城凝结着中华民族几千年的智慧与力量，是世界古代史上最伟大的军事防御工程，是中华民族的象征。

　　长城是中国乃至世界少有的一种跨越广阔地域的带状实体建筑。万里长城绵延不断，穿越祖国的大好河山。长城沿线地理情况截然不同，有高山峻岭，有河流大川，还有沙漠戈壁、黄土高原，长城建设距离长、规模大，为了避免长距离运输，节约人力、物力、财力，修筑长城多因地制宜、就地取材。它在建造方面的最大特征就是因地制宜，并随着周围环境的变化而采用黄土夯筑、石块垒砌、劈山就险、自然山险、深沟高垒等多种形式。不同的建造技术是其独特性所在，也是长城的重要文物属性。在沙漠中还采用红柳枝条、芦苇与砂粒层层铺筑的结构。在今甘肃玉门关、阳关以及新疆境内还保存了2000多年前西汉时期的这种长城遗迹。随着社会生产力的发展，制砖技术不断提高，明代砖制品产量大增，所以明长城不少的城墙内外檐墙都以巨砖砌筑。在当时全靠人力施工，在靠人力搬运建筑材料的情况下，采用重量不大、尺寸大小一样的砖砌筑城墙，不仅施工方便，而且提高了效率，提高了建筑水平。其次，许多关隘的大门多用青砖砌筑成大跨度的拱门，这些青砖有的虽然已严重风化，但整个城门仍威严，体现出当时砌筑拱门的高超技艺。

夯筑。长城在平地用黄土夯筑。所谓的夯土版筑是指我国古代修建墙体时常用的一种技术，也叫夯筑或夯土技术，具有很悠久的历史，在4000年以前的龙山文化遗址中就有存在。

夯土建筑技术在建筑技术发展史上具有重要意义。在砖瓦等建筑材料出现之前，夯筑技术对城墙、宫殿、陵墓的兴建发挥过非常重要的作用。即使在砖瓦出现后，建筑大型建筑物仍需采用夯筑技术。经过夯筑的土层除了密度大、有较高的强度外，还具有一定的防潮效果，不仅可以用于修筑长城、城墙，而且可以作为木构建筑的基础。固原市境内的长城无论是建在山上、山下，还是沟边、河岸，都因地制宜、就地取材，用黄土分层夯筑而成。长城取土多在城墙外侧，形成了外高内低、外陡内缓的特点，长城残存高度2~15米，基宽7~10米，顶宽2~3米，夯土层0.1~0.3米。战国秦长城在宁夏南部穿越3县（区），这里属黄土高原的核心区，没有杂质的黄、褐色土遂成为主用夯筑材料。明代长城夯筑虽多用黄土，但因经过区域有沙丘、山阙、沟壑、岩崖，诸多墙体混有较多的沙砾材料，如北长城"由沙湖西至贺兰山之枣儿沟，凡三十五里，皆内筑墙，高厚各二丈"。从残存坍塌成斜坡的墙体遗迹来看，就属黄沙土夯筑。陶乐长堤在红崖子乡王家沟村残存一段长331米的墙体，建在南北走向的沙梁之上，利用黄沙土及少量石块混筑，墙体最宽处42米，窄处23米，顶宽8米左右，高4米。西长城下河沿段、胜金关至黑林的中卫黄河北段、赤木关至胜金关段、扁沟至赤木关段的土墙，为黄土夹杂沙粒、砾石夯筑。"头道边"多用黄土夯筑而成，部分段落用黄土和红土混合夯筑而成。盐池县的高平堡，因其城墙筑造的材料里当地的红色砂岩料占比较多，因此城墙呈红色，民间俗称为"红城城"。石嘴山市大武口区郑关沟西北侧山坡缓坡上现存一段长106.1米的墙体，顶宽0.4米，底宽3.9米，残高2.7米（东）、3.3米（西），用夹杂着青灰色小石粒的黄土夯筑而成。"深沟高垒"兴武营"以其土沙相半，不堪保障"，沿边内外修壕堑各一道。

使用夯筑技术筑墙建长城、长安城、洛阳城、汴梁城、南京城、北京城……乃至中国土地上大大小小的平遥古城、交河故城、高昌故城、楼兰古城、花马池城等。还没算我国民居，长城内外，大河上下，从北向南，从东到西，北方民居、陕甘宁土窑洞、福建土楼、广东碉楼等，都采用夯筑技术。在漫长而瞬逝的历史长河中，人们因地制宜、就地取材，分别完成了不同时代、不同地区的黄土夯筑长城。

堆筑。在我国现存的长城遗迹中，只有隋长城采用了堆筑法。其在盐池县境内残存约25千米，残高多在1~2.8米，残宽5~13米。外侧有浅沟，宽5~9米，深0.6~1.5米。土质主要是当地红色含沙土、红色含砂黏土、含沙黄土。从考古发掘剖面分析，构筑方法主要就是堆筑法。呈中高两边低的弧形土层堆筑，没有夯实，虽堆积层次较为清楚，但不见夯层夯窝。堆筑的土层厚度不一，最厚层达145厘米，最薄层为18厘米，且厚度不均匀。因为盐池县北部普遍存在厚1~10米的粉砂岩地层，自下而上绝大部分为疏松的浅红色粉砂，胶结不良但可以成团粒，其上表有0.2~0.6米的紫红色板结砂岩或粉砂岩层，硬度比下部稍高，上下部分整合，当地人称之为"红石板"，颜色接近褐色的又称为"羊肝土"。

堑险。堑险是构筑长城防御体系的重要一环，其特点就是"因地形，用制险塞"。现代历史地理学家史念海先生首先把堑引申为修筑长城的一种方法，意为掘、铲削、堑削。在长城防御体系中，堑应该既是名词，即自然天险，又为动词，即挖掘、铲削、堑削，也就是人造天险。在我国现存的古长城遗迹中，采用堑山劈险方法比较普遍，特点明显，

从而形成了自然山险、人工堑险、掘开壕沟等多种堑险形式。一是山险与山险墙。宁夏境内现存的明长城遗迹，通过田野考古调查，墙体总长792925.11米，其中山险墙92561.7米，山险248919.01米，所占比例很高，可见这是组成长城墙体的主要形式。《九边考》载："弘治十五年，总制尚书秦纮奏筑固原边墙，自徐斌水起，迤西至靖虏花儿岔，长六百余里；迤东至饶阳，长三百余里，即今固原以北内墙也。""尚书秦纮，奏起陕西八府民夫，铲山挑沟，设险以备胡。"在山势绵延地段挑堑铲崖，略加铲削，用力不多即可设险防守。二是挑挖壕堑。位于长城主墙体外侧的壕沟，一般是修筑长城时就地取材，同时也是长城防御体系中的一道堑险。它既便利了长城修建时取材，又人为增加了长城的绝对高度，增强了长城的防御能力，在阻挡进犯者攻破长城防线时发挥着重要作用，所以后期修筑的长城，尤其是明代，特别重视其外侧壕沟的挑挖，形成了一道人工堑险。嘉靖九年（1530），"尚书王琼令镇守都督刘文领军八千，于下马房东乡石沟，挑挖壕堑三十里五分，深、阔各二丈五尺……颇堪拒虏"。北长城以遮平虏城者，"由沙湖西至贺兰山之枣儿沟，凡三十五里，皆内筑墙，高厚各二丈，外浚堑，深广各一丈五尺"。"头道边"

墙基外侧挖深 0.5~1 米的浅沟，浅沟宽约 4 米，浅沟外 4~7 米远处有深 2~3 米、宽 10~21 米的防护壕堑。三是"狗拉壕"。实际上"沟拉壕"更易理解，是沟与沟之间的人工壕，把深沟堑险连接为一体，属于人工堑险。这是宁夏境内长城遗迹中比较独特的修筑方式，仅用于明代固原内边的修筑。固原内边从陕甘宁三省交界处开始，西端以同心县与环县交界处的老爷山为界，位于今盐池县境内的杏树湾山险墙与李家畔山险墙之间，长仅 210 米。系在山梁上人工挖掘沟壕，连通两侧自然沟壕，当地人称"狗拉壕"或"沟拉壕"。

砌垒。砌垒是修筑长城防御体系惯用的方式之一，一般在长城经行的山崖间、关隘、阙口处使用，大致可分为垒砌、包砌两种类型。垒砌是指用石块垒成的墙体。这种方式在长城遗迹中较为普遍，在一些山区及山谷地区，由于采集黄土受限，就地取材使用石块、石片垒砌长城墙体成为必然。阴山地区的汉长城就是最好的例子。明长城在贺兰山上的墙体，在山坳处、平台上及山顶等处以较大石块两面垒砌，中间杂以黄

土及小石块填塞。旧北长城的扁沟山脚下至扁沟半山坡陡崖段，属垒砌石墙段，长 2209.7 米。这段石砌墙，在扁沟山前处因地震造成墙身上下错位达 1 米左右。西长城下河沿段在山沟峡谷跨越处皆采用山石垒砌，山口墙（挡路塞）两端连接在山体陡崖之上，距离不长。包砌是指在坡度较陡的山坡面直接用石块紧贴山体砌筑形成陡壁，在陡壁内侧与山体坡面的空隙填塞黄土及小石块，顶部形成平台。中宁县境内贺兰山山间的明长城就采用这种方式。

深沟高垒。明嘉靖九年（1530）十月，三边总制尚书王琼上书朝廷"宜于花马西北至横城堡通计一百六十里尽为挑挖（壕堑），庶无空隙"，并于嘉靖十年（1531）实施，即现存的"头道边"，习惯上称之为"深沟高垒"。"深沟高垒"遂成为这段长城修筑的基本方式。"深沟"指沟更深，就是把长城墙体外侧的壕沟挑挖得更深；"高垒"指墙体垒得更高，就是把长城主墙体垒筑加高。而且在沙土易圮处，将墙身增高到二丈有余。嘉靖十六年（1537），在兴武营附近的长城由于"土沙相拌，不堪保障"，又由总制尚书刘天和"沿边内外挑壕堑各一道，表长五十三里二分，深一丈五尺，阔一丈八尺"，现保存较为完整。

品字坑。明长城外侧的品字坑是长城防御体系中的一道人工堑险，因其排列成"品"字而得名。仅存于宁夏明长城，即在地势比较开阔平坦、便于敌骑驰骋的地段挖出 1 米左右见方的深坑，一般遮盖隐蔽起来，用来防止或延缓进犯者的骑兵，俗称绊马坑。实地调查时，在灵武市临河镇横山村长城外侧以西 1300 米处发现了大量排列规整有序的品字坑。虽已被风沙填平，但在地表上的遗迹十分清楚。这些品字形绊马坑，距长城边墙约 50 米，均于长城并行。品字坑南北共 3 排，前排和后排相互对直，中间一排与前后排相互错位，形成"品"字形。

（撰稿：张艺明）

深沟高垒

  深沟高垒，即紧靠盐池县城北侧的一道明长城，因采取"内筑墙、外挑壕堑"的修筑方法而得名。又因夯土层中有大量胶土掺入，雨后呈紫色，故名紫塞，俗称"头道边"。

  "头道边"为嘉靖年间兵部尚书、陕西三边总制王琼上奏朝廷，由副使齐之鸾具体筹划，各游击将军、总兵官分段督修，从嘉靖十年（1531）

修至嘉靖十四年（1535）秋。墙体相距约 300 米筑方形敌台，墙体内侧约每 15 千米置城障。嘉靖十六年（1537），兵部尚书、三边总制刘天和沿边墙内外各挑壕堑一道。隆庆四年（1570）五月，三边总督王之诰调宁夏、延绥兵修葺，是明时宁夏东路最为重要的防御工事之一。深沟高垒从兴武营以东 500 米处与河东墙分离，向南移 5~10 千米，向东经高沙窝、王乐井、花马池等乡镇，在东郭庄以东交于陕西省定边县。盐池境内长 68 千米，为宁夏境内明长城中保存最好的一段。

康熙三十六年（1697）二月，康熙帝亲征噶尔丹。二月十七日由榆林抵安边，沿着深沟高垒长城，于二十日由宁夏总兵王化行迎至花马池，二十一日经高平堡至兴武营。

王琼、齐之鸾与深沟高垒。 嘉靖七年（1528），正是鞑靼入侵最为频繁的时候，王琼出任三边总督。嘉靖八年（1529）初，鞑靼万余部众屯兵花马池以北的柳杨堡。王琼急调官军分守旧安边营和花马池，又调宁夏、固原等 3 万余明军驻守安定堡、兴武营、灵州等地防御。其中，宁夏游击梁震率兵驻花马池。四月十二日，鞑靼部 80 多骑从兴武营大川墩入境，被总制军门千户方良辅、参军云冒领兵堵截。

是年秋，王琼总督府移驻花马池，靠前指挥防御。为了提高明军防御作战能力，王琼指导诸将习演"摆墙拒战之法"，即"摆边"战术，就是将各镇士兵战马分布在鞑靼诸部有可能攻入的地方，有效组织军事防御。而鞑靼诸部要攻入的地方就是有水草的地方，花马池一带边墙外只有锅底湖、柳门井，兴武营外有虾蟆湖，定边营外有东柳门井等几处井泉，其他地方皆无井泉饮马。而这一带沙丘凸凹，蒿草深没马腹，数百骑或可逶迤而行，大队人马便难以通行。因此，鞑靼诸部大举南下必由花马池一带有水草处结营而入，或自兴武营、清水营入。于是王琼决定置军夫沿沟垒守之，以墙为障蔽，教演墙下战敌之法，是谓"摆边"。

明军的布防使鞑靼部不敢贸然入境，但也不时觊觎。王琼决定采取烧荒的方法，断绝鞑靼部马匹草料，扼其内侵。九月十九日，王琼令延绥、固原、宁夏3镇兵马从定边营到横城堡一线300里同时越边烧荒。其中宁夏游击梁震从兴武营起向北烧荒80多里。烧荒虽然缓解了鞑靼部入塞窥视的压力，但却并不能从根本上解决边防问题。

嘉靖九年（1530），王琼在巡边踏勘形势时，发现花马池南部萌城一带地势险要，可做防御屏障，于是调令固原总兵刘文率明军8400多人，修筑自萌城西响石沟至下马关、平虏所、红古城、海刺都、西安州线的边墙，长125里。

嘉靖十年（1531），王琼在对宁夏黄河以东边防要塞的巡视中发现原余子俊、徐廷璋修筑的河东长城，其中兴武营以西的边墙由于土质好，虽经50多年，墙体基本完整；而兴武营以东的边墙，因是沙土夯筑，许多墙体已经完全坍塌，于是上疏朝廷，请求重修河东墙。朝廷允准，王琼令按察司副使齐之鸾具体负责督办修筑边墙事宜。

齐之鸾，字瑞卿，号蓉川，安徽桐城县人，明正德六年（1511）29岁时考中进士。嘉靖八年（1529）任陕西宁夏佥事。宁夏从红山堡的黑水沟到陕西定边的南山口、花马池一线，原有堡垒。该地为沙漠地区，少土缺水，所修堡垒经常坍塌，前后有不少驻守官员都因此获罪丢官。齐之鸾也曾因这事弹劾过王琼。

齐之鸾调任宁夏后，王琼任总兵镇守榆林，齐之鸾正是王琼的下属。明代河东长城修建十分艰苦，特别是花马池地区少土缺水，土质坚硬，工程进展缓慢。齐之鸾亲临长城工程现场，反复勘察，在当地掘出泉水，用木枧引泉水润解坚土，加快了长城修筑的进度。原限5个月完工，只施工3个月即将城堡筑牢，并让功于王琼。王琼也由衷地佩服齐之鸾。

这次王琼主持修筑的河东墙，对横城到兴武营一段坍塌情况不严重的地方只进行了加固恢复，兴武营以东的旧边墙弃之不用，重新修筑了一道直接从花马池穿城而过的新边墙。新边墙距旧边南移5~10里。凡在沙土地方，都从别处取来黄土和沙土拌和修筑；在墙体外侧，深挖宽、深各 2 丈的壕堑，因此这道边墙又称为"深沟高垒"。

深沟高垒长城始筑于嘉靖十年（1531）三月，九月竣工。整个工程采取分段包修的方式。横城堡至花马池段分为 5 段，分别由 5 位将领带兵修筑。清水营附近的黑水向东至毛卜剌堡为第一段，由参将史经领 2000 士卒修筑。毛卜剌堡向东至兴武营为第二段，由都指挥吴吉、郑时率领 300 防秋兵修筑。兴武营向东至安定堡为第三段，由征西将军周尚文率领 1000 人修筑。安定堡向东至红石崖为第四段，由参将王玑率领 1200 人修筑。红石崖向东至盐场堡为第五段，由游击将军彭械、指挥穆希周率领 5000 士卒修筑。安定堡是第三段的终点、第四段的起点，修筑将领或为周尚文或为王玑。修筑完成第二年冬、第三年二月、第四年七月，鞑靼吉囊部连续 3 年掠花马池和固原。攻掠固原必经花马池，而经过花马池就要挖掘长城，挖掘长城就不止 1 处，安定堡一带长城边缘沙丘缓漫，被挖掘或直接越过势所必然。

深沟高垒从嘉靖十年（1531）春三月到秋九月，用了半年时间构筑成 1 道深 2 丈、口阔 2 丈、底阔 1 丈 8 尺的沟堑，将挖掘出的土在沟堑外垒起 1 道高 1 丈、宽 3 丈、收顶 1 丈 2 尺的堤垒。在堤垒是沙土容易毁圮的地方，在深堑内 3 丈的地方修筑了 1 道边墙，墙高 2 丈，底宽 2 丈，顶宽 1 丈 2 尺，墙上垛墙高 5 尺。每里设周庐、敌台各 1 座，皆设 20 人戍守，在定边营每里盖 1 个铺房，宁夏境内每 5 里盖 1 个铺房。

深沟高垒工程是一道人畜难越的封闭式工程，为了便于边里边外联系，在宁夏境内清水营、兴武营、安定堡和花马池营设了 4 个关门，其他几个关均以营名称呼，每一座关隘下的关门都可直通塞外，成为明王朝连接鞑靼各部的窗口。

（撰稿：侯凤章）

独特的"狗拉壕"

"狗拉壕"是宁夏盐池县境内一段长城独特的构筑方式。这段长城从甘肃定边县饶阳堡古城向西南行进，当地老百姓把这段长城俗称为"狗拉壕"。据老百姓讲，明朝将军在麻黄山上修筑边墙的时候，身边用铁链拴着一条金毛犬，人们在修筑饶前塬的烽火墩时，金毛犬突然带着铁链向李记畔、冯记沟跑，它身后的铁链子拉出一道长长的壕堑。

其实，这道壕与狗没有一点关系。明朝初年，北方草原的蒙古逐渐分裂为瓦剌和鞑靼两部，其中鞑靼一部返回河套地区。成化初年，小王子（麻儿可儿）、孛来、毛里孩等也先后进入河套地区，并逐渐骚扰内地。成化十年（1474），守御在河套地区的延绥、宁夏两镇在河套腹地修筑了河东墙进行防御。但是驻牧在边外的鞑靼各部为了越边抢劫粮食、牲畜，每年的秋收季节都要结队挖掘破坏河东边墙，经下马关南下抢劫。弘治十四年（1501），鞑靼铁骑从花马池侵入，在孔霸沟大败明军，进入平凉抢劫。明孝宗以秦纮久著威名，起用秦纮为户部尚书兼右副都御史，总制三边军务。

秦纮是从基层一步一步干起来的官员，景泰二年（1451）考中进士，初授南京御史，因性格刚直，被权贵忌恨，贬为湖广驿丞。因其才能出众，被推荐历任知县、知州、知府、巡抚，又被诬告下狱。抄家时，家中只抄出几件破旧衣裳，宪宗皇帝得知，不仅没有治罪，反而嘉奖他纸币一万贯，改任他为河南巡抚，又调任宣府巡抚。宣府是九边重镇之一，秦纮上任后，修城堡、练士卒，整顿军备，主动迎战入侵的鞑靼小王子，由此升为户部右侍郎。但不久秦纮得罪首辅万安再次遭贬。后在吏部尚书王恕的推荐下，升任左副都御史，监督漕运。秦纮秉性耿直，多次触动权贵的利益，弘治十一年（1498）不得不托病辞官。

弘治十五年（1502），在家赋闲的秦纮闻听命，不顾76岁的高龄星夜驰抵固原，担负起总制三边，镇守西北的重任。他到任后，首先察看了延绥、固原、宁夏三镇的形势；到战场祭奠了阵亡将士的英灵；上奏其录用为国捐躯的指挥朱鼎等五人，抚恤战死者的家属，逮治了败将杨琳等四人之罪，更换守将；挑选壮士，重申号令，使军心大振。

他发现固原人烟稀少，城池湫隘，就将小盐池的食盐运到固原销售招徕商贾，使繁荣经济。时间不长，固原商旅日集，人口大增，且一年获利四五万两白银。

但固原以北到河东盐池一带原本人口稀少，由于靠近边塞，鞑靼骑兵经常侵犯抢劫。从固原到豫望、骡子川、狮子川、石硖口、韦州，有约10万顷土地荒芜，韦州以北到花马池也有上万顷土地无人耕种。从西安、陇东进入宁夏盐马古道做生意的商人也因安全问题不敢穿行于大小盐池。

荒芜的土地，寂寞的古道，给人以悲凉的萧瑟之感。看到这种情况，秦纮上奏朝廷，决定用售盐所获的资金，从花马池向西到小盐池沿线，每20里修筑一座小堡，每座城堡周长48丈。每堡屯兵500人，一边戍边，一边垦荒种地。军人不足则自内地募人，每年可得粮50万石，完全满足官军所需。

弘治十六年（1503），秦纮不顾宁夏巡抚刘宪的阻拦，修筑了花马池到小盐池的小堡，派驻军士维护花马池腹地的治安，使古老的盐马古道恢复了生机。

在后来的戍边管理中，秦纮修筑野狐井小堡、铁柱泉堡、泥阳堡、盐池古城、小盐池堡，有的进行了扩建，有的在其址旁新建了城池，有的依旧是那座小堡。如今500多年过去，这些曾守护花马池安全的城堡虽然残破，轮廓依然完整可寻。

成化以来，明军在固原、延绥镇边境的防御由临洮、巩昌、甘州、凉州的边军轮番替换，远道而来的戍边军士风尘仆仆，生活极不习惯，朝廷在移防时也花费颇多。秦纮上任后，令临洮、巩昌等各镇兵士返归本镇，重新选拔能长期留驻的知兵宿将防守固原、延绥和宁夏边地，人以戍为家，军以将为命，不再轮番远戍。

秦纮整治沿边镇堡后，又查勘了榆林神木堡黄河至甘肃兰州黄河之间的地形地貌，发现从今白玉山、麻黄山到固原1000千米的地带，东西山势联络，沟壑纵横，逶迤相接，有十分之六七的地段沟壑峭壁，稍加铲削，筑墙立营就能设险扼守，形成一道防御线，可阻挡北方敌人南侵。

弘治十五年（1502），秦纮利用黄土高原山壑相连的地形，"奏起陕西八府民夫，铲山挑沟，设险以备胡"。在花马池南部山区修筑第二道防御线。《九边考》载："弘治十五年，总制尚书秦纮奏筑固原边墙，自徐斌水起，迤西至靖虏花儿岔，长六百余里，迤东至饶阳，长三百余里，即今固原以北内墙也。"在固原以北内墙的修筑过程中，从徐斌水到靖虏花儿岔600里修筑了边墙。东段的线路始于延绥镇管辖的定边营南山口，向西南经石涝池堡、饶阳堡，越过打虎店沟进入宁夏地区饶前塬的杏花湾（今陕甘宁三省交界碑），向西南经李记畔、李记山、甜水堡，最后进入环县与固原卫交界的响石沟，这段边墙长150多千米。再由响石沟向西经固原卫所辖的下马房关、徐斌水堡、红古城堡，靖虏卫管辖的干盐池、打拉赤，经青沙岘到达靖虏卫的花儿岔，全长318千米。

固原北部内墙东段位于黄土高原地区，山峦与沟壑交织，形成一道道天然屏障。修筑这道边墙时，秦纮充分利用这一地区的地形地貌，在山崖峭壁处劈山铲成陡立状，使骡马不可攀登；在平漫平原挖掘沟壕进行阻拦。其中从饶前塬杏花湾到李塬畔西一段，虽有沟壑，但浅窄可越，就在这一段挖掘了一道沟壕。几百年过去，这道沟壑逐渐遭到填塞破坏，只留下一道明显的痕迹，被当地群众称为"狗拉壕"。

固原以北的内墙修筑后，在宁夏河东地区形成有河东墙和固原内墙两道防御边塞，再加上花马池到小盐池有一道 20 里一堡的军事连营，对抵挡鞑靼骑兵越边起到了一定的防御作用。为确保将士们更好地依靠边墙进行有效防御，秦纮又创制了名为"全胜车"的战车，战时可以御敌，平时可用于运输。这种新型战车颁行诸边，使西北边务大为整饬。

秦纮担任三边总制三年，在陕西三边防御线上修筑城堡14000多所，垣堑 6000 多里，使山西三边地区的边防有了很大改善。史称秦纮"在事三年，四镇晏然，前后经略西陲者莫及"。

但是，弘治十八年（1505）初，鞑靼大举进犯，围困灵州等处。年底，又自花马池、清水营两处拆墙攻入，从下马房响石沟直至固原、隆德县、静宁州、会宁县抢掠后，由西安州出境，使固原镇遭受了一次重大损失。接任三边总制的杨一清，为加强下马房至靖虏卫一线的防御工事，又接修边墙 40 里。继杨一清之后唐龙接修 40 里。嘉靖五年（1526），秦纮修筑的固原北部内边墙体低矮、壕堑浅平，已"倒坏填塞，套虏节年过花马池，由此深入不能阻隔"，三边总制王宪又接修边墙 57 里，并在下马房山沟奏筑小城一座，周环一里，欲调军守之而未能实行。此后，从嘉靖九年（1530）到嘉靖十六年（1537），几乎年年修筑下马关以西边墙，逐渐形成了今天的边墙。而固原北部内墙花马池段，因藏于山峦沟壑之中，损毁较少，直到今天铲削、挖掘的印痕还十分明显，成为花马池境内形制独特的一段边墙。

（撰稿：刘国君）

砌垒成塞

　　"万里长城永不倒"是大家都耳熟能详的一句歌词，凝结着中华民族众志成城的长城精神，流传甚广。由于万里长城的存在，域外的少数民族不敢来犯，为长城两侧各民族的繁荣发展带来了稳定。为何这座宏伟的建筑从未倒塌？特别是西部地区的长城多是夯土筑城，如何能延续千年、绵延万里？

　　宁夏自古以来就是北方游牧文化与中原农耕文化交流融合的一个重要地区。境内的一处处古长城关隘及障塞烽燧遗址，规模宏大、迂回曲折，虽历经沧桑，却依然屹立，其原因在于长城的修筑采用了"顺应自然，用险制塞"原则，关城塞堡、瓮城敌台接山跨河，布局巧妙，以达"一夫当关，万夫莫开"的效果。基本方法是利用地形，因地制宜，就地取材，选择在两山沟谷之间、河流转折处或平川往来必经之地，修筑关城隘口，控制险要交通，不仅最大限度地减少了工程量，节省了资金，而且能使城墙更为坚固，达到阻挡敌人的效果。

　　已有2000多年悠久历史的长城是几代人智慧的结晶。砌垒成塞是修筑长城防御体系惯用的方式之一，一般在长城经行的山崖、关隘、阙口处使用，大致可分包砌和垒砌两种类型。

包砌是在坡度较陡的山坡面直接用石块紧贴山体砌筑成陡壁，在陡壁内侧与山体坡面的空隙填塞黄土及小石块，顶部形成平台。古代没有水泥，用于砌垒长城的砂浆是由沙子、碎石粒等材料组成，其间加入大量糯米水调和，比石灰、砂浆还要坚固。用糯米熬成粥，再混合石灰、砂石搅拌成泥浆砌墙，砌出来的墙非常牢固。宁夏地处黄土高原，长城墙段多为黄土分层夯筑，仅在贺兰山北端个别地段是用石头垒砌的。明长城在中宁县境内的贺兰山山间就采用了这种方式。坡较陡处，直接以石块外侧砌石，紧贴山体一面则直接以黄土及小石块填塞，顶部较平。坡较缓处，先以石块在坡面上砌出一个石基础，然后在基础上再两面砌石，中间填以黄土及小石块。石嘴山市惠农区红果子镇有段石墙，长约1000米，就是用此法筑成的，墙体是在山脊低洼处用石块垒砌，中间用黄土夹杂小石块填塞。经过几千年的风吹雨打，有些已经风化消失，有些则只剩下了一些夯土和低矮破损的城墙。

垒砌是用石块垒成的墙体，这种方式在宁夏境内的长城中使用较普遍。石砌墙段内，多压有松树干枝，以达到加固墙身的目的。明长城在中宁县境内的贺兰山山段，在山坳处、平台上及山顶等处以较大石块两面垒砌，中间以黄土及小石块混杂填塞。旧北长城的扁沟山脚下至扁沟半山坡陡崖处属垒砌石墙段。西长城下河沿段在山沟峡谷跨越处皆采用山石垒砌，山口墙两端连接在山体陡崖之上，距离不远。胜金关至黑林，即中卫黄河北段，就是用毛石干垒，缝隙间夹杂粗砂石粒、碎石块及黄土，壁面较平整。胜金关五号敌台是垒砌方法的典型体现，位于镇罗镇胜金关村东北，修筑于山体之巅，用大小不等的毛石块垒砌而成，平面呈圆形。墙体采用较大或较规整的石块垒砌，缝隙间则用小石块支垫，墙体两侧垒砌较为规整。

旧北长城俗称红果子长城。该段长城是明代早期修筑的宁夏北长城的重要组成部分，其走向计始于红果子沟口北侧，向东行进，过包兰铁路，到石嘴山市四中，经下营子公社宝马东、尾闸公社下庄子到达黄河西岸，长15千米。红果子沟口北侧的山上有烽火台墩一座，与此墩台相连迤西的一段石基土筑城墙。正障内外相通的红果子沟谷之口，向山里逶迤而去，连接墩台迤东有500多米的长城，为石砌墙段。这段长城两边用石头垒砌，中填碎石、土沙。

还有一种是半斩半砌方式，主要修筑方法是利用山势因地制宜，在坡度较小的地方，将山坡削为陡壁，在坡度较大的地方，则铲出台面以石垒砌关墙，在顺着沟谷的两侧亦有设施。明朝在贺兰山诸口除修边墙而外，不仅设关、设墩，而且在重要的沟口还由里而外地设关墙2~3道，并且是修复旧的，逐渐增设新的。这段长城在今归德沟至韭菜沟，简泉农场以西沿贺兰山自南而北的一段，至红果子沟口均有遗迹。其中以归德沟迤北的墙段保存较为完好，其余多为石砌墙基，夯土筑墙。南宋之前，中国的城墙都是用夯土建造的，到了明清，才开始广泛运用砖石和糯米石灰修筑建筑。

长城的修筑历经千年，终于成为一个壮丽的建筑奇迹，蜿蜒曲折地延伸在大山和深谷之间，如同一条巨龙盘踞在中华大地之上。长城的墙体由坚固的石块和土堆组成，巧妙地结合自然地形，形成一道坚不可摧的防线。人们游览长城并讲述着关于长城的传说和英雄故事，那些保卫边疆的勇士们用自己的生命守护家园。这些故事让人们明白，长城不只是一道物质屏障，更是一条精神纽带，凝聚着中华民族的血脉与记忆。

（撰稿：杨丽华）

堑山成险

"一夫当关，万夫莫开"，因地形用险制塞的核心思想是充分利用地理优势，合理布设防御或进攻力量，从而在战事中增加自己的优势，削弱和消减敌方的攻击力量，达到保护自己或攻击敌人的目的。长城作为军事防御工程，是人工构筑的军事防御体和自然险阻的有机结合。修建长城、设置关隘就是要选择易守难攻的地方，通过修建高大、坚固而连绵不断的长城墙体以加强自然险阻，达到有效防御的目的，有效保卫生存空间。

"因地形，用制险塞"就是指修长城时要选择有利地形，因地制宜地进行设计和施工。长城的走向、建筑的体量、选用的材料等，都要根据所经之处的战略重要性和地形的不同特点，按实际情况灵活确定。中国北方分布着一系列的山脉，历代长城基本上修建在这些山脉的山脊上或这些山脉南北邻近地区的重要位置，长城和外侧河流沟谷、纵横的险峻高山，成为防御敌人的屏障。

利用自然山体的险阻筑城设防，可以收到事半功倍之效，故"因地形，用险制塞"是历代修筑长城所遵循的一条重要原则。

宁夏贺兰山的西长城就是利用贺兰山的险峻地形修筑的。这条长城沿山脊内低外高而筑，"赤木关"建在宁夏通往阿拉善的山口之处，既能控制险要，又可节约人力与材料。沿线山体磨石口、插旗口等各沟口的明代长城也是沿山脊修筑。因山脊本身就好似一堵大墙，再在山脊上修筑长城，就更加险峻。这种建在山脊上的长城从外侧看，非常陡险，但内侧却相对平缓低矮。这样既可以提高防御能力，又利于士卒上下。

　　山险墙、劈山墙也是利用自然山险或将悬崖绝壁劈削而成的。山险墙是用高原的险阻、嶂壁为墙。明代宁夏固原内边很多部分就是利用黄土高原高山谷口修筑的山险墙。劈山墙是利用险峻的山岭，顺山势加以人工劈削。固原内边的麻黄山一段就是劈山墙。

　　置关建塞，修筑烽燧、堡戍等，也要选择地形，因地而建。宋代《武经总要》载："唐法，凡边城候望，三十里置一烽，须在山岭高峻处，若有山冈隔绝，地形不便，则不限里数。"说明修建烽燧也要利用地形，建在高山之上，便于瞭望。

　　董耀会先生指出"因地形，用制险塞"是历代修筑长城普遍采用的指导原则之一。以险制塞原则，可以说是长城修建的最重要的原则。中国历代军事家都非常重视利用地形和险塞。《孙子》曰："用兵之法，有散地，有轻地，有争地，有交地，有衢地，有重地，有圮地，有围地，有死地。"《吴子·论将》曰："路狭道险，名山大寨，十夫所受，千夫不过，是谓地机。"都强调利用自然地理的险要构筑军事防御体系。中国的著名关隘，如函谷关、萧关，或者长城上的嘉峪关、长城关、娘子关等，体现了据险设防的价值，又强调了通过若干关隘协同设防、共同构建防御体系的战略意图。因此，关隘的分布，就不只是考虑一个关口的问题了。

　　由于巧用地利，在长城建筑中创造出许多奇迹。山海关建筑城垣一侧深探入海，另一翼则延展上山，把山、海与城三者建设为浑然一体的防御体系。长城西行进入高原戈壁，在宁夏穿越黄河时，横城堡、宁河台、小龙头长城墙体、长堤被综合系统利用，形成一道人造与天然互相补充的军事设施。以险制塞的空间规划原则保证了该段长城防御作用的有效发挥。在平原、戈壁、沙丘地带则垒墙、筑城，使长城在平坦的旷野中延伸。马建军先生指出："宁夏有不同时期修筑的长城遗迹，可见墙体近两千里，辅助设施有两千多个。修筑方式多样，因地制宜，采用黄土夯筑、砂石混筑、石块垒砌、劈山就险、自然山险、深沟高垒等多种形式，还有品字形窖、壕堑、苟拉壕等颇具区域特色的构筑方式。"在历代长城的修建中，可以看到很多这样的做法。从对现存长城遗址的调查中可以看到，巧妙选择有利地形修筑城墙的例子各地有很多。比如八达岭东南的东三岔和西三岔长城，就没有修建八达岭那样的坚固城墙。在山势非常险峻，敌人根本无法直接上去的那些陡峭地方，无须人工修筑墙体，古人巧妙地利用山险，甚至采取铲削山崖的办法以增加山险。《明宪宗实录》载："巡抚延绥右副都御史余子俊奏：延庆边疆山崖高峻，乞役山西、陕西丁夫五万，量给口粮，依山铲凿，令壁立如城，高可二丈五尺。山坳川口连筑高垣，相度地形，建立墩堠，添兵防守。"

在长城防御体系中，以险制塞原则不只是长城墙体的布局和构筑原则，形成防御体系的敌台、烽火墩等的选址建造也同样依照。宋代《武经总要》载："唐法，凡边城候望，三十里置一烽，须在山岭高峻处，若有山冈隔绝，地形不便，则不限里数。"说明修建烽燧也要利用地形，建在高山之上，便于瞭望。在深沟高垒的兴庆区五虎墩、盐池八步战台等，特别强调了以险制塞的原则。《明经世文编》中的《薛恭敏公奏疏·覆议蓟镇事宜疏》也提到："凡两山断处，皆筑有敌台，设有火器为可夹击。"烽火墩、敌台修建在军事要冲地带或覆盖该区域视域的山顶等制高点，烽火墩、敌台建筑与山险共同构成严密的防御体系。

长城选址的因地制宜还有一个重要的方面，就是强调对水资源、土地资源的控制和利用。"深沟高垒"，据余子俊始设之意，盖不专于扼塞而已。谓虏逐水草以为生者，故凡草茂之地，筑之于内，使虏绝牧。中宁胜金关将长城修建在陡峭的河岸之上，也是一个很好的范例，使临河的长城墙体更为易守难攻。

（撰稿：张艺明）

"品"字形坑

河东墙下有 44000 个"品"字形坑，这是明弘治九年（1496），右
佥都御史张祯叔任宁夏巡抚后派兵开挖的。张祯叔离任后，继任巡抚王
珣继续派兵开挖。"品"字形坑挖成后，鞑靼骑兵不敢靠近长城。

边墙是一套系统的防御工事，单独的一道墙无法起到有效的防御作用。成化十年（1474），徐廷章范瑾修筑的河东墙仅仅是一堵边外长墙，而这堵墙的全部功能是在其后，由历任总督、巡抚逐渐完成体现的。

徐廷章修筑的边墙完全依照余子俊筑边的形制，无论边墙的宽窄高矮，还是在墩台、敌台的布局规格，都基本相同。成化十年冬，新修的河东墙阻拦了鞑靼骑兵的劫掠步伐，被迫退出河套。宁夏徐廷章及守御官兵却不能放松对边塞的防御。成化九年（1473）冬，在延绥巡抚余子俊的协助下，修筑了清水营至花马池边墙，修筑了用于防御的战台墩，每一里半筑一墩，距墙约5米。每墩下方10丈、上方6丈、高1丈5尺，上盖土房1间，四角用板遮护，略宽于上方，向下剜有箭眼，三面筑有短墙，在战台墩北侧，以1∶2的比例架成簸箕形桥与边墙相连，两边筑有短墙，用于瞭敌避射，在墩中空处设陷阱。这种建筑形式使驻守在边墩的军士在临战时很快就能进入边墙参战，又能居高临下地及时观察敌情。

成化十年（1474），延绥、宁夏边墙修筑完成。陕西纪功兵部郎中刘洪在对边墙的巡视中发现，延绥镇安边东西三四十里的边墙外，守御参将岳嵩设壕堑陷阱增加边墙的防御能力，提出仿照安边岳嵩在边外设置陷阱。宁夏镇守太监王清也提出为防止蒙古兵复入，请兵部议行令副总兵王玺与游击将军祝雄领兵会同花马池、高桥儿等处参将守备等官，在这两处设伏扼险。兵部右侍郎滕昭在巡视中也提出："敕谕延绥宁夏镇守巡抚总兵等官严督参属加意防范，仍遣卒侦察其入寇。"

成化十四年（1478）秋，鞑靼小王子部10万之众掘墙进攻，河东墙多处被挖开豁口，花马池、盐池堡、宁夏城、固原城遭受劫掠。当年冬天，在宁夏劫掠数月后，鞑靼小王子从黄河踏冰越过黄河扬长而去。面对鞑靼小王子的强势进攻，成化十五年（1479），朝廷对河东墙进行了一次较大规模的修补，对单薄的墙体加宽加高，将花马池营提升为花马池守御千户所，增加了花马池的防御力量。

同时，根据镇守宁夏太监龚荣的奏请，于成化十五年（1479）十一月，宁夏巡抚贾俊役使一万人沿黄河外修筑了横城堡至黑山营的"沿河边墙"（今称陶乐长堤），以防止鞑靼骑兵在冬季结冰时渡河。

修筑沿河边墙，宁夏城镇河东地区全部采取边墙防御，解决了无墙抵御的问题。但是鞑靼小王子进入河套后，采用集中兵力挖掘边墙墙体的方法，不时侵入宁夏。成化十八年（1482）春，鞑靼部众3万余骑挖掘边墙围攻灵州，六月又袭扰清水营。

鞑靼骑兵的不断侵入，使延绥、宁夏两镇不得不在定边、花马池派驻大量军队，增加了管理和指挥官员，加重了两镇的财政负担。弘治九年（1496），右佥都御史张祯叔任宁夏巡抚，派人对花马池、定边营的边墙进行考察，决定仿照安边营岳嵩的做法，采用在墙外设置陷阱，派人在河东墙外挖"品"字形深坑。"品"字形坑呈不规则排列，内置铁蒺藜和尖刺等用以防御外敌的骑兵。张祯叔离任后，继任巡抚王珣继续在河东墙外挖"品"字形深坑。从张祯叔到王珣，两任巡抚在河东墙外共挖"品"字坑44000多个，使鞑靼骑兵不敢靠近。

一堵墙很难抵御数万骑兵的挖掘、冲撞，河东墙修筑完成后，明朝防御将领、官员各出奇招，依墙采用综合防御措施，有效地护卫了塞内，但是由于河东墙是就地取材修筑，许多地方外面用黄土夯筑，墙内夹填的是红砂石土，且墙体单薄，虽经成化十五年（1479）的加宽加高，也难经敌军的破坏和风雨的侵蚀。"沿河边墙"也因黄河毁坏严重。

正德元年（1506）五月，杨一清总制三边军务，他对宁夏河东边墙进行了一次详细的考察，发现修筑32年全长300里的河东墙，沿边设有墩台71座，旧筑边墙高1丈，连垛墙3尺，底阔1丈，收顶3尺5寸，内除垛墙根1尺5寸，只剩2尺，因墙体狭窄，官军难以摆列拒敌。边墙外的"品"字形坑，每个深8尺，口阔1丈，底阔4尺，但也多被风沙填塞平漫，只存形迹。边墙里除兴武营、清水营、毛卜刺、红山儿4堡切近边墙、易于护守，其余大小城堡俱离边地远。总体看来，河东墙壕堑窄浅、墙垣低薄，墩台稀疏，无法用以防御抗敌。再看黄河岸边的"沿河边墙"，全长185里，只在河西有15座瞭望墩台，有36个墩台都被河水泛毁。

看到眼前几乎不起作用的宁夏河东防御体系，三边总制杨一清决定重新修筑河东墙和沿河边墙。他计划从宁夏黄河以东横城堡向东修筑，但是施工过程中，由于工程艰险、计划不周，引发民夫哗变，仅修成40里即告放弃。杨一清新修的40里河东边墙因靠近横城堡，被称作横城大边。

（撰稿：刘国君）

雄关烽燧今犹在

雄浑的下马关

宁夏长城四大关堡之一的下马关古城，为明代固原内边长城的重要关堡，虽历经沧桑，仍屹立于韦州盆地南部。西靠城沟河，临近小罗山，东与固原内边长城相接，北通韦州城，南通豫旺（平虏千户所）城，地理位置十分重要。

史载，明弘治十五年（1502），于下马关处修迹墙 15 多千米。嘉靖九年（1530），筑城楼营房，悬榜"重门御暴"，初名长城关，秋防之用。万历五年（1577）重修。清代设平远县，为治所。南、北两面设门，南门外筑瓮城，南门额有"万历五年"和"万历九年二月"款两方石匾，分别书"重门设险""橐钥全秦"。现存城址保存较好，但包砖大部分被拆除。北门损毁严重，南门及瓮城形制尚存。西墙为清代补筑，墙体单薄，时代特征明显。城址平面呈"凸"字形，西墙长 576 米、墙体基宽 4 米、高 9 米。南墙长 475 米，南瓮城为砖包城，东西长 41 米，南北宽 36 米。东墙长 475 米，北墙长 502 米。

西汉武帝时，在今下马关和韦州一带设置三水县。明代，下马关初名长城关。明代以总制防秋，必先于此下马，故易名下马关。雄浑壮阔的下马关古城承载着多民族交往交流交融的厚重历史，体现着中华民族走向统一、走向复兴的长城文化，传承着一段红色记忆和一种革命精神。

下马关，明初为庆王牧业之地，初名下马房，曾置关门，但无人据守。弘治十五年（1502），三边总制秦纮主持在宁夏镇和固原镇交界地带的韦州下马房之东、西挖掘壕堑一条。嘉靖五年（1526），总制王宪在下马关奏筑一小城，周一里。嘉靖九年（1530），王琼于下马房关盖城楼营房，拔军守之，悬榜于楼上，曰"重门御暴"，初名长城关。这里初设守备，兵寡力弱，不足防堵。嘉靖十年（1531），王琼迁固原盐引批验所于此。万历二十年（1592），升设参将，增募军丁，仓场备设，辖墩塘 14 座。

有了固原内边这道长城，下马关的名字就有了出处。每年八月，草长马肥的季节，鞑靼、瓦剌部都会不断南下骚扰抢掠。固原镇总兵亦前往下马关秋防。起初，名下马房，只是长城的一处豁口，长城边上还没有修筑城堡。嘉靖以后下马关的名称发生变化。由于关城的修筑，下马房改名为下马关堡。堡是下马关长城边上修筑的城堡，实际上已经有了下马关的称谓。改名后，盐池花马池处的长城关成为唯一以长城关命名的关口。下马关在清光绪三年（1877）置平原县，属固原直隶州，由固原提标派守备一员、把总二员、外委二员分驻。城内有县署、守备署、儒学署等机构。1913年隶宁夏道，易名镇戎县。1936年遭匪焚毁。1940年划归盐池。

由于得天独厚的地理位置，下马关古城扼守在南北交通要道之上，不但成为古代边防重镇，而且是现代战争必争之地。1936年，到达陕北的中央红军为了巩固和扩大陕甘革命根据地，决定组成中国人民红军西方野战军，向陕甘宁一带进行西征。西征红军历时半年，在宁夏同心、盐池和固原地区取得了辉煌胜利。

1936年6月11日，红十五军团七十五师兵临下马关城。经过半月的围攻，6月27日晚发起强攻将守敌围歼在城内。红军攻克下马关，解除了西征部队的后顾之忧，打开了根据地与宁夏的通道。此后，红十五军团将指挥部设在下马关城南门的箭楼上。

红十五军团驻扎下马关期间，帮助地方成立豫旺县委和苏维埃临时政府机构。豫旺县苏维埃政府成立后，组织群众发展生产，支援红军，动员大户捐粮捐款，宣传党的民族政策，积极开展革命工作，得到各族群众的支持。1936年8月26日，随红军西方野战军西征的美国记者斯诺应徐海东军团长邀请，来到豫旺县城下马关采访红十五军团。斯诺对徐海东的个人经历非常感兴趣，与徐海东谈了整整一天，他在《西行漫记》中专门写了一章《红色窑工徐海东》。斯诺在其中写道："我一页又一页地写了许多同徐海东及其同志们的谈话的笔记，其中有国民党军队在鄂豫皖对老百姓所犯罪行的日期、地点及详细情况。但是我无法重述我所听到的最残暴的罪行。这些罪行不仅无法形诸笔墨，而且在那些不知阶级战争中阶级仇恨的可怕深度的天真怀疑派听来，很可能是不可信的。"斯诺也通过这些事实，认清了中国红军的力量。

斯诺在十五军团驻地下马关地区待了 5 天。他说："我在十五军团待了 5 天，发现时时刻刻全都是极为有意思的。"斯诺还在徐海东的陪同下，前往驻扎在红城水的红七十三师前线阵地参观采访。1937 年 10 月，斯诺《西行漫记》正式出版。《西行漫记》不仅记录了考察所得的第一手资料，而且深入分析和探究了"红色中国"产生、发展的原因，对中国共产党和中国革命做了客观的评价。作者从多个方面展示中国共产党为民族解放而艰苦奋斗的牺牲精神，瓦解了歪曲、丑化中国共产党的谣言。

红军西征在下马关地区播下了革命火种，留下了"红色窑工徐海东"的革命佳话，使下马关这座古城中又承载了一段红色记忆。登高远望，仿佛看到了那个金戈铁马的战斗岁月。

往事越千年，曾经的长城边塞小镇，因被红星照耀而生机勃勃。万里长城永不倒，下马关古城巍然屹立在西北大地上，展现出雄浑的身姿和中华民族的英雄气概，成为弘扬长城精神、传承中华文明的载体。

（撰稿：冯海英）

蔚为壮观的长城关

　　长城关是我国长城沿线唯一以"长城"命名的关隘，是宁夏境内长城四大名关之一。

明嘉靖十年（1531），王琼修筑了蔚为壮观的长城关。2018 年，重修长城关，400 多年的旧貌焕然一新。

明正统八年（1443），朝廷设花马池古营于花马池盐湖旁，调西安等卫官军更番操守，称作宁夏东路。成化十年（1474）修筑河东墙时，花马池营被隔于边墙之外，成了孤悬寡援的孤城，天顺年间改筑到现址，仍称作花马池营。弘治六年（1493），宁夏巡抚韩文奏置花马池守御千户所。明朝初期的宁夏是一个实行卫所兵制的庞大军事机构。千户所是一个统兵 1120 名的正五品单位。初置花马池千户所只是一个有名无实的军事机构，直到弘治七年（1494）八月，根据宁夏守臣的奏请，才增设花马池守御千户所正副千户各 1 员、百户 10 员、所镇抚 1 员、吏目 1 员，设立 10 个百户所，分驻在城池周边，一边协助守城防御，一边军屯自给。

在茫茫原野上，一座孤城，虽有千人把守，但相对于数万骑兵的鞑靼军队来说，这座孤零零的城池无法抵御。成化十年（1474），徐廷章、范瑾修筑河东墙，欲将鞑靼骑兵隔于墙外。但修筑的河东墙距离花马池城 20 多里，城与墙的距离过远，虽有墩堠传递信息，但起不到作用，常常是刚看到燃起的烽烟，鞑靼骑兵已围到城前。

正德二年（1507），杨一清实施修边计划，奏改花马池守御千户所升为宁夏后卫，下辖花马池、兴武营两个守御千户所。辖安定堡、杨柳堡、铁柱泉堡、野狐井堡，领烽堠 30 个。因级别提高，编制有所增加，调西安、庆阳、宁夏多余军 5202 人（实到 1814 人、马 594 匹）驻防花马池。

区区千人很难应付数以万计的鞑靼骑兵。花马池、兴武营守御官员和士兵严重短缺，只能补充西安等 8 府准备退役的南方老弱军士、京卫剩员以及有罪谪戍者。再加上杨一清"筑边用费靡广"一案，宁夏两任巡抚和官吏 200 多人受牵连，或劾或罚，连病死者都不能免。

防御官兵士气低落，给鞑靼骑兵可乘之机。正德四年（1509）十一月初五，三边总制才宽调总兵官曹雄和副总兵杨英在花马池防御，探知鞑靼兵马有 5 座帐篷搭建在边外柳条川,才宽率领士兵前去"捣巢"。他们追到柳条川捣毁敌巢后,一下涌来数倍骑兵,才宽持勇追击到瀰羊泉,鞑靼骑兵越战越多。才宽在一处沙窝遇到伏兵,被箭射中面颊。副总兵曹雄、杨英闻讯奋力救援,才宽从瀰羊泉退到大鼠湖,但终因伤势过重战死沙场。

正德年间,延绥、宁夏在河套地区从积极进攻转为被动防御,然而残破的河东墙不仅不能发挥作用,反而成了牵制明军的累赘。

此时,鞑靼小王子达延罕不断挖掘边墙越边。

正德九年(1514)十一月,鞑靼小王子部 3 万余众攻掠花马池,抢走牧马、官马 532 匹,花马池参将尹清在追击途中中流矢战死。

正德十年(1515)一月,鞑靼小王子部 2 万余众由花马池挖开边墙12 处攻入,袭掠固原等地。

正德十年七月,又有 2 万余众从花马池杨柳墩到青羊井墩挖开边墙16 处入边,深入到平凉等地。

正德十年八月,10 万余鞑靼骑兵从花马池入固原,联营而行,马队长达 70 多里,肆行抢杀,沿途城堡被抢劫一空。宁夏、固原、平凉等地百姓联名启奏,要求罢免宁夏总兵官潘浩,都御史边宪,太监张昭、廖堂,都督侯勋,侍郎冯清等,择贤能者代替。

明军抗击鞑靼的主要战术是捣巢和截杀,面对数万之众,千余人的明军根本无能为力。在民情激愤下,明王朝只是调整了一下守御,拓建被劫一空的盐池城。

正德十六年(1521)十二月,延绥巡抚姚镆向朝廷提出筑三山堡、定边营等处边墙。这段边墙是杨一清计划筑边的一段,搁置 10 多年后,再次被提起。看到姚镆的奏折被朝廷批准,不到一个月,宁夏巡抚王时中的奏折也递到了嘉靖皇帝面前,要求对宁夏河东地区添筑的横城、红山儿、毛卜剌、柳杨、安定 5 堡中没有常成之兵的 3 堡,也像延绥城堡一样，添筑营房，以备游兵驻扎。

红山儿、毛卜剌、柳杨3堡从建堡以来只有空堡，连成兵的营房都没有。每到秋粮收获、牛马肥壮之时，鞑靼骑兵便过边劫掠。嘉靖元年到嘉靖七年（1522—1528）可谓岁无宁秋。

嘉靖六年（1527）十二月，鞑靼一部1.5万余骑，从花马池攻破边墙后，经韦州、下马关、打拉池，与另一部鞑靼合兵扰掠靖虏堡。两路鞑靼骑兵因人马众多，粮草不继，遂北退还军，到柳杨堡后，竟驻扎柳杨堡，且一待就是一年。

柳杨堡在河东墙之内，距花马池只有20里。面对极具羞辱性的挑衅，手中缺少将领的嘉靖皇帝在嘉靖七年（1528）二月只好起用了年逾七十，已"还籍为民"的王琼。

王琼早年因治理漕河业绩显著，得到朝廷赏识，官至户部尚书、兵部尚书，后因正德皇帝去世立嗣一事，王琼和大学士杨廷和发生矛盾。结果杨廷和等迎立嘉靖皇帝朱厚熜，王琼因"交结内侍"被谪居绥德。嘉靖六年（1527）春，诏令"恩准"王琼"还籍为民"。

王琼重新担任兵部尚书，总制三边军务。王琼也是修筑边墙的积极支持者，认为"防边莫善于守，莫不善于战"。上任后，安抚处理完吐鲁番诸事，嘉靖八年（1529），他从固原走到豫旺时意气风发地写道："我独征师三万骑，扬威塞上虏尘清。"六月，王琼来到花马池与定边交界的石臼儿墩，北望河套，叹息"险以守峙，收以险固也"。他决定修筑从定边营南山口经横城，再沿黄河北上到贺兰山山嘴墩，另从平虏所五岔渠到贺兰山枣儿沟，全长328里的北防大边，随后绘制《设险守边图》。并于嘉靖九年（1530）七月，会同延绥巡抚都御史寇天叙、总督军饷御史刘天和、巡按御史王仪会奏，自定边营至花马池营，挑挖横堑50多里，防护盐池，以通盐利。修筑定边段的边墙是王琼最早开始的一段试点工程。边墙修筑后，鞑靼骑兵无法越墙侵犯盐湖，王琼遂决定修筑宁夏段的边墙。

成化十年（1474），徐廷章修筑的河东墙已经57年，墙体被鞑靼兵挖掘了无数缺口，张祯叔、王珣挖掘的品字坑早已被黄沙掩埋。杨一清在河东墙的基础上修边也仅仅修筑了40里。这一次，王琼决定撇开河东墙，在沙漠与草原的结合地带，以堑为主，墙堑结合，修一道"深沟高垒"大边。由于河东墙距离以前修筑的花马池营、安定堡、定边营太远，"贼至不即知"，新修的边墙紧贴这几座城堡而过。

王琼曾任礼部尚书，账目极清，他用了一年时间对修边做了细致的规划，选用两名助手齐之鸾、张大用。齐之鸾负责宁夏境内工程，张大用负责延绥境内工程。

因花马池为"喉襟总要"，每年三边总督亲临防御，在花马池修筑的这个关则为长城关。关门外有一块平整的地方，是蒙汉会晤、商品交流的场所。

长城关距花马池城北门60步，坐落在深沟高垒墙体上，关楼"高台层楼，雕革虎视、凭栏远眺，朔方形势，毕呈于下"。长城关修筑完成，王琼在长城关楼上举办落成宴，右金都御史宁夏巡抚胡东皋巡视到此，他称赞"天险不是过矣"，并为长城关题写"朔方天堑"4字。

在长城关落成之日，负责修筑长城关的齐之鸾兴奋地写下《奉侍晋溪公落成长城关楼》一诗：

丹薇层楼面面开，苍生重奠朔方台。
城冲井鬼缘云去，堑走龙蛇绝地来。
野外车厢农刈获，河边间谍寇惊猜，
落成其拜共经济，日暮何妨更百杯。

高台层楼的长城关成为花马池最高且最宏伟的建筑。农历九月九日，王琼带着驻防在花马池的文武官员登上长城关。他远眺塞外，写下《九日登长城关》一诗：

危楼百尺跨长城，雉堞秋高气肃清。
绝塞平川开堑垒，排空斥堠扬旗旌。
已闻胡出河南境，不用兵屯细柳营。
极喜御戎全上策，倚栏长啸晚烟横。

深沟高垒为花马池有效防御起到了决定性作用。由于王琼修筑的这道防线重点在堑不在墙，他离任三边总制后，唐龙接任，继续修筑墙体，直到嘉靖十四年（1535），才联通横城到花马池360里的长城。在现存的38首描写长城关的诗文中，多数是明代戍边将士写下的，最晚的一首是清雍正年间任宁夏都司任举写的《长城关秋望》。

（撰稿：刘国君）

襟山带水之胜金关

　　胜金关是宁夏境内长城四大名关之一，因地形险要，胜过金陡潼关而得名。

　　青铜峡大坝至中卫城以北的卫宁北山沟宽岭秃，海拔百米左右，蒙古骑兵不受地形的阻碍，可长驱直入。蒙古游骑时常出没于此，甚至抢掠中卫城郊。地处中宁北山南麓、卫宁平原中部丘陵地带的胜金关，傍山临河，地势十分险要，如若攻下胜金关，再无险可守，蒙古骑兵可直达中卫。

　　明弘治元年（1488），参将韩玉鉴于胜金关战略地位重要，为加强长城戍卫，抵御西北方游牧民族入侵，在此建造关隘。胜金关与赤木关、打硇口（大武口）、镇远关合称为宁夏四大关隘。

　　为什么将此处关隘称为胜金关呢？有三种说法，前两种说法是传说，第三种说法则有据可查。

　　第一种说法是，相传很久以前，这里是河滩地，并无山头，在离此不远处盘踞着一条金龙，而黄河南岸有一条青龙。两龙各据一方，起初相安无事，后来金龙产生了独霸一方的想法，于是两龙经常相斗。有一年黄河发大水，淹没了南岸，金龙趁机赶走了青龙，从此兴风作浪、祸害百姓。人们无计可施，只好祈祷上苍垂怜，拯救生灵。人们的虔诚感动了太白金星。他来到人间，拉断龙体。自此黄河两岸出现了两座高耸对峙的山头，成为西北边陲的重要屏障。因在此处战胜金龙，故而得名胜金关。

第二种说法是，相传在这里战胜过金兵，故得名胜金关。

第三种说法是，明《读史方舆纪要》载，中卫卫宁北山虽是天险，但地势缓和，无大险可凭，当时镇守宁夏中卫的将领认为，如果修筑观音口、镇关墩到黄河北岸 90 千米的边墙，广武、玉泉营、大坝等地就能安守。于是西路中卫参将韩玉奏请朝廷修筑胜金关这段长城，用来驻守防御。《嘉靖宁夏新志》载："在城东六十里。弘治六年（1493）参将韩玉筑，谓其过于金徙潼关。"而得名。

胜金关位于胜金村东侧 1.6 千米处，建于西侧山体之上。其墙体为土墙夹杂碎石块夯筑而成。如今，山嘴的西坡较为缓冲，因而从山顶至山脚，依山势筑有关城，迄今仍有遗迹可寻。关城遗址为方形，边长约60 米，现存北墙、南墙东端和东墙，城墙残高 1~4 米，西墙损毁。高大的烽燧屹立于山巅之上，四周有较高的围墙（又称之为"坞"），围墙外侧借山势，经过人工削劈形成悬崖陡壁。胜金关关堡与烽火台共同构成胜金关的防御体系，是保卫中卫古城的东大门。

胜金关不仅地势险要，而且风景优美，北面峰峦迭起、沙丘交错，南边是滔滔的黄河水。

胜金关前的公路与长城完美平行，车辆运送美食：黄河水浇灌的水稻、戈壁滩喂养的牛羊、中卫的红枣、腾格里的沙葱、吴忠的油香、额济纳的蜜瓜……长城文化与黄河文明交相辉映。夕阳西下，残存的烽火台伫立在山巅，依山傍水，好似一位耄耋老人，向大家诉说着往昔。

（撰稿：胡娜）

一夫当关、万夫莫开之三关口

　　三关口是宁夏境内长城四大名关之一，因地形重要，号称"一夫当关、万夫莫开"。

　　贺兰山三关口（古称赤木口）位于贺兰山中部，东北距银川45千米，

银川至巴彦浩特公路过三关口，是阿拉善高原进入宁夏平原的咽喉要道。这里山脉蜿蜒曲折，地形雄奇险峻。贺兰山十分陡峭，但三关口处平缓，关口地势十分开阔。因此在明代，蒙古鞑靼和瓦剌等部经常从阿拉善台地进入贺兰山三关口。明朝统治者不得不在贺兰山东麓修筑诸多防御隘口，巩固边防。明代宁夏镇"西据贺兰山之雄，东据黄河之险"，加上多道长城的修筑，增加了游牧民族入侵的难度。

三关口，顾名思义就是设置三道关隘之意。因地处险要山口，有西控大漠、扼咽喉要道之险。明嘉靖十九年（1540），都御史杨守礼与总兵官任杰奏请朝廷，拨专款 4 万两银子修筑贺兰山沿山诸口，三关口是当时修筑的重点之一，仅一次修关就派了 4000 多名军夫。平常这里驻守一名游击将军，统千军以防之。修长城，筑关隘，绵延纵横的长城与墩台、烽火台左右联属，后几经重修、增筑，墙体绵延山峰之巅，山陡壁峭，颇有"一夫当关，万夫莫开"之势，使胜金关、三关口（古称赤木口）、大武口（古称打硙口）与镇远关成为明代宁夏镇边防非常重要的 4 条"御敌之路"。

城墙大多以黄土夯筑，但贺兰山北端的个别地段用石头砌垒。贺兰山三关口向东南延伸的一段，其土夯城墙保存较为完整。三关，即从东向西，设头道关、二道关和三道关。从防御形式和来敌方位看，关墙的顺序应该是从沟内向沟外排列。

头道关在距沟口 5 千米处，此地山势开阔，是"缓口可容百马"之处。中间关门已荡然无存，关口两侧拐弯处各筑一座跨墙方墩台，南北关墙与长城连接，北关墙顺山梁向西延伸，南关墙伸向东南。在其东南百米处，有一个被破坏的缺口，专家在其剖面上发现了二次夯筑的痕迹。由于贺兰山"山多沙砾而少土壤"，第一次夯筑以风化的碎石和黄沙土混合夯筑，因此易倾塌。第二次修筑时，杨守礼命官兵挖掘山崖沟谷，务必找到黄土以夯筑。但又一个难题摆在他的面前——缺水，于是命士兵自造水车百余辆，前往距离此处10多千米的金塔墩（今平吉堡西）运水。经过此次大费周章的建造，第二次加筑的墙体异常坚固。

二道关在距沟口2000米处，目前仍能看到烽火台和石砌长城。

三道关在沟口，是最后也是最为关键的防线。此关被两山相夹，山谷狭窄，一水中分，山险壁峭，十分险要，颇有"一夫当关，万夫莫开"之势。筑关时曾依山砌有石质长城和深沟各一道，现已辟为大道，公路穿关而过。

相传，三关口长城建成后，明廷派重兵把守。为找到进入中原的突破口，蒙古骑兵被迫南行20千米，到北岔口，才可长驱直入。明王朝为巩固边防，在北岔口长城转折处横竖筑建4道防御支线长城，各山顶、沟壑均有军事设施。石砌、土夯、斩坡、壕沟、墩台、烽燧、关隘和城堡等，构成一个严密的军事防御网络。

今日的三关口虽已是残垣断壁，但不失当年之雄奇险峻。微风拂过，仿佛看到了当年金戈铁马、烽火狼烟的战争场面……

（撰稿：胡娜）

有宁夏"八达岭"之称的北岔口长城

　　一提起长城，人们首先想到的就是北京八达岭长城。宁夏境内的北岔口长城，当地人俗称"老墙"，是目前宁夏乃至河西走廊明代长城建筑形制保存最为完整的部分之一，为北方黄土夯筑墙体的典范，有宁夏的"八达岭"之称。2020 年，国家文物局公布的第一批国家级长城重要点段名单中，明长城北岔口段位列其中，是近年关注度比较高的一段明

长城遗址。

北岔口长城始建于明成化十年（1474）。不同于八达岭长城的踏阶而上，北岔口长城由于地处边塞之地，坐落于青铜峡市以西约50千米处的贺兰山南麓营子山上，整个山体呈南北走向，西临内蒙古自治区。贺兰山山势在此骤然下降，两条相距不到3000米的沟谷从阿拉善左旗草原一直通向宁夏平原，形成两道长8000米的峡谷。穿过两个峡口，一片广阔的冲积扇——宁夏平原映入眼帘，黄河近在咫尺。未到山下，便能看见北岔口长城的大致轮廓。

长城，是一个巨大的人造防御工事，大多依山川地形，就地取材，往往将自然险阻与人工构建的军事防御体系有机统一成为一个结合体。借助地形变化修筑墙体，往往可起到事半功倍的作用。司马迁在《史记》中以"因地形，用制险塞"形容秦长城的修建。高大的山体本身就是阻挡敌军入侵的屏障，很多长城的建造便利用了这一点，沿着山顶和山脊等建造长城，最大限度地发挥高山的隔绝作用，同时还可获得居高临下的开阔视野。在地势更为陡峭的山坡，甚至不需要专门建筑墙体，利用山险或者削凿山体，便可有效抵御敌人。

在营子山，用石块垒砌的墙体和黄土夯筑的墙体，依山势走向纵横交错，其中土筑长城2道，石砌短墙5段，部分墙体高达10多米，顶部宽阔，女儿墙高2米多，可并行5人。这些墙体都沿着贺兰山时而起伏、时而盘旋，宛如一条巨龙横卧在山间，矫健伸展，蔚为壮观。在部分墙体中还夹杂着松树的枝干，用以增加长城墙体的强度。

有时候，我们通常简单地将长城理解成一堵墙，其实墙体仅仅是长城防御体系中最为基础的元素，需要同时配备敌楼、关城、墩堡、营城、卫所、烽火台等多种防御工事，组成一个体系庞大、规划严密、设施完备、由各级军事指挥系统层层指挥、节节控制的一张超级国家防御网。经过历代不断地增建完善，北岔口段的明长城除完整的墙垣外，还有残存的烽火台、关隘、城堡等，组成了一个完整的军事防御体系。

除了上述配套设施之外，北岔口长城还保留了作为长城排水系统的排水涵洞。在营子山东侧山脚下的土筑长城上，在每 2 个山水沟处都建有 1 个过水涵洞，用来排泄山洪。长约 8 千米的城墙之下，发现了 3 处 4 孔尺寸基本一致的方形涵洞。涵洞由青条石搭成，部分涵洞为满过水涵洞，洞顶部被洪水冲刷的痕迹依稀可见，至今仍发挥着重要作用，以保障长城不被山洪冲毁。

过水涵洞为我们展现了明代劳动人民的排水技术与聪明智慧，已成为镌刻在大地上的不朽铭文，真实记录了这里悠久厚重的政治、军事、水利历史文化，为研究明长城重要的实物资料。

和煦的阳光泼洒在峻伟的城墙上，矗立了几百年的长城在沧桑中又多了几分妩媚。在长城上凭风而立，想象着 500 年前两军对峙的场景，闭上眼睛，仿佛听见了"贺兰山下阵如云，羽檄交驰日夕闻"的阵阵号笛，"夜半火来知有敌，一时齐保贺兰山"的惨烈厮杀。如今，北岔口古长城边竖起了一排排风车，似流星划破时空，现代化的贺兰山风力发电场与古老的长城峰燧在这里交融成景，展现着长城特有的文化和魅力，成为古峡大地上独特的旅游景观，让众多前来参观的游客流连忘返。

（撰稿：胡娜）

形似五虎伏蹲的五虎墩

    五虎墩是河东长城的一座著名烽火台。五虎墩的得名源于长城。明代烽传系统中，一个烽火墩（烽火台）旁配套构筑 10 个烽燧（附燧），

也就是 10 个放火、点烟的小台子。烽燧用青砖或石片砌筑，也有用黄土夯筑而成的。烽燧的设置以相邻的 2 个烽火墩（或城堡）能够清晰观察到烽火信息为准。五虎墩的烽燧因自然风化和人为破坏，站在横城方向，远远就能看到 5 个一字排列的小土包。由于地势较高，当地老百姓看这些墩子像老虎，便将这个烽火墩取名为五虎墩，希望它们能镇守一方平安。

五虎墩烽火台位于银川市兴庆区掌政镇横城村，紧靠明长城"河东墙"南侧，从银川北门出发，开车走大概 30 千米，就到了五虎墩。随着长城国家文化公园基础设施的建设，从 203 省道小龙头处的旅游道路一路向东可直达五虎墩，有观景平台可观赏长城、大漠、黄河、草原组成的祖国大好河山。

五虎墩是明长城"河东墙"烽传系统中的一个烽火墩，始筑于明成化十年（1474），由都御史余子俊奏筑，于嘉靖十年（1531），在原墙体基础上重新修筑。墙体方形，边长 14 米，残高 9 米，由黄土夯筑，现在由于风化和年久失修，部分坍塌。根据《嘉靖宁夏新志》"横城堡，领烽堠七：马头墩、小平山墩、大平山墩、清平墩、界牌墩、石嘴墩、平湖墩"推断，马头墩为"宁河台"，小平山墩就是现在的五虎墩。

宋代诗人马之纯在《烽火台》写道："此到西陵路五千，烽台列置若星连。欲知万骑还千骑，只看三烟与两烟。不用赤囊来塞下，可须羽檄报军前。如何向日缘褒姒，无事蓬蓬火又燃。"非常形象地说明烽火墩以及烽火如何传递信息。《史记》载，西周最后一个皇帝周幽王宠爱褒姒。褒姒不爱笑。为了逗褒姒笑，周幽王想出了一个办法，就是点燃那城镐的烽燧，把战鼓擂得震天响。按当时的律令，只有敌人来犯时才能举烽燧报警。各路诸侯看到都城举烽燧，都以为有敌人来犯，赶紧带兵前来救援。"诸侯悉至，至而无寇，褒姒乃大笑。"后来犬戎真的来犯，周幽王慌了神，下令点燃烽燧，各路诸侯都认为周幽王又在搞恶作剧，戏弄诸侯，都没去援助驱敌，"兵莫至，遂杀幽王于骊山下"。于是，西周被灭，那一年为公元前 771 年，距今已 2700 多年，说明当时烽燧已用于报警通信。

长城体系中设置了有大量烽燧（烽火台）作为情报传递系统，是最古老且行之有效的消息传递方式。古代边防报警有两种信号，遇有敌情，白天放烟叫烽，夜间举火叫燧，台台相连，传递讯息。一般来说，烽燧都设在居高临下之处，视野非常开阔，在距离很远的地方就能发现敌情，烽燧是主防御体系前出的一部分，距离主防御体系不太远，点燃烽火后防守方会立即做出反应，是出城作战还是据城死守由统帅决定。烽火墩一般设置在峰顶、高冈或易于相互瞭望之处，每隔一定距离（有三里一墩、五里一燧的说法），筑一土堡或高台。

明代长城烽传系统有一套完整的制度。明成化二年（1466）规定："今边燧举放烟炮，若见敌一二人至百余人，举放一烽一炮，五百人二烽二炮，千人以上五烽五炮。"

长城沿线烽火台的设置因地制宜：有的在边墙以外，向远处延伸，以监测敌人来犯的动向；有的设在边墙以内，四周或附近有带围墙的据点，并与关隘、镇所相连，便于及时组织反击；有的建在长城两侧，紧靠墙体，利于迅速调动沿线戍守官兵迎敌。另外还有与王朝都城相连接的烽火台系统，可快速向朝廷报警。

如今站在长城边五虎墩的观景平台上极目远眺，黄河、长城、大漠、草原、水洞沟尽收眼底，遥想当年敌情频繁时，这些烽火墩上应是狼烟滚滚的景象。

（撰稿：张艺明）

"天下第一墩"四方墩

　　中卫四方墩被誉为"天下第一墩"，是国内现存夯土烽火台中规模最大的一座，堪称万里长城第一烽火台。四方墩最大限度地发挥了防御功能，也是宁夏境内保存的最大的一个互市管理机构。

　　四方墩所处的中卫地理位置特殊，处黄河之滨，地势平坦，游牧民族破中卫即可掠夺宁夏全境，进而下萧关、入秦川、制中原，在古代边防及军事史上极其重要。

　　中卫四方墩位于镇关墩城址内。该城址属宁夏西长城中卫段，是长城东西走向转西南走向的转折点。兵营里南城的北墙近处有一座长方形的高大烽火台，就是俗称的四方墩，是一座巨大的土石建筑。底部东西宽28米、南北长40米，高11米，以黄土夯筑而成，烽火台南北各存边关兵营一座，保存完整。中卫四方墩主要用于发送战报、传递紧急军情，建在比较平缓的地区，连接长城和城堡。

　　中卫四方墩所在的镇关墩城址也是长城两边各民族互市的重要场所。互市在明代也叫马市，是长城两侧各民族进行贸易的一个官方市场，它是各民族交往交流交融的重要历史见证。以四方墩敌台为中心，长城两侧各有一个城，一个叫南关堡，一个叫北关堡，统称买卖城。南关堡在长城内侧，北关堡在长城外侧。汉族把茶叶、铁器、瓷器等物品存放在南关堡。贸易繁盛的时候，北关堡能停几百峰骆驼。四方墩承担了管理监督的职能，见证着各民族在此通商贸易、文化交流的历史。在这里，长城不再是一堵墙，而是一座桥梁，承载和守护着各民族向往和平的朴素心愿。

中卫四方墩作为兵争要冲、边塞榷场，不仅演绎着金戈铁马、刀兵相搏的悲壮，也留下了许多古堡、古长城。它们不仅建设规模宏大，令人震惊和赞叹，而且设计科学合理，蕴藏着许多秘密。虽历经数百年风雨侵蚀和人为损毁，但依然不失其巍巍雄壮与历史的厚重沧桑。由于地处腾格里沙漠边缘，风沙掩埋了这段城墙和墩台。2007年，墩台周围的积沙被清理掉，这个明朝边关交易市场才全部露出了真容。

随着中卫市旅游业的发展，大漠边关旅游区建设而成。四方墩及城墙周围的环境风貌得到恢复，并从有利于长城保护的角度出发，将周围的沙漠、湖泊、天然胡杨林以及拍摄过《刺陵》等影片的影视外景地统一规划，进行保护性开发，形成具有代表性和吸引力的奇观，打造宁夏文化旅游的又一张亮丽品牌。

2008年，大漠边关旅游区正式向游人开放，每年可接待游客200万人次。穿越时空的沧桑，亲临这些弥足珍贵的古战场、古文化遗存，能带给你许多丰富的想象和浪漫的感受。

（撰稿：杨丽华）

白土岗子烽火台

　　白土岗子烽火台是宁夏境内著名烽火台之一，是宁夏古代烽传系统的重要组成部分，为传递军事信息的建筑设施，为观察敌情、传递军事信息、防止外敌入侵发挥了极其重要的作用，在古代边防系统中占有重要地位。

烽传系统是军情信息传播的第一道体系，主要由墩台和烽传组成。正统初年，宁夏开始建瞭望台、烽火台等工程，并随着军情的变化，不断完善宁夏三边的防御系统和烽传体系。白土岗烽火台始建于明朝，是高15米的土石建筑，为方锥体，历经战火洗礼和多次修缮，屹立至今，是留存下来的烽火台中外形保存较为完整的一座。

宁夏自古为边塞重地，灵武市石沟驿地区是明代重点军事控制区域，是灵武烽火墩最集中的地区，每隔两三里便有一座。现存烽火墩50多座，主要集中在今临河镇、宁东镇、东塔乡、白土岗乡等地。《嘉靖宁夏新志》明确记载灵州所属地方共计烽堠117座，其中灵州、盐池、清水营、横城、红山堡、红寺堡均有分布。至今仍有石沟驿城址及烽火墩14座，且保存状况较好。

宁夏灵武白土岗乡内现存烽火墩14座。白土岗烽火墩位于白土岗乡东南，修筑在一高地上，是灵武境内保存最好、最壮观的烽火台遗址，墩台高达15米，气势雄伟。正中部有一个圆坑，应为燃放火坑。围绕烽火墩筑有一圈用黄土夯筑成的坞墙，墙体大部分已损毁，仅存南侧一段土墙。坞墙内的房屋建筑已踪迹难寻。据考证，在烽火墩四周修筑的坞墙主要用来堆放燃料，在坞墙内建房可作为守墩军卒的休息场所。

白土岗子烽火台连同其他14座烽火台，沿着石沟驿一字排开，就像一个个威武的哨兵，守护着传递军情、转运军需器、递送公文的重要据点——石沟驿城。

明太祖朱元璋第十六子、庆靖王朱栴就藩宁夏，于建文三年（1401）从韦州移居银川，在宁夏生活45年。其间，朱栴多次途经并宿于石沟驿，还以《石沟驿》为题赋诗一首：

山围城郭野烟中，亭馆萧然对晚风。
山下红尘是非路，星轺日夜自西东。

千年风霜，百年沉浮，静静矗立的烽火台，承载着波澜壮阔的历史和故事，无声地见证了周边区域的发展和各民族生活的变迁。

（撰稿：杨丽华）

长城古堡话春秋

黄河与长城相遇的横城堡

　　"历尽边山再渡河，沙平岸阔水无波。汤汤南去劳疏筑，唯此分渠利赖多。"这首七言绝句是清康熙帝三十六年（1697）春，率师亲征噶尔丹叛乱，于农历三月二十四日宿横城堡写下的《横城堡渡黄河》。通过康熙帝的诗词，我们似乎能感受到历史余温。看到落日余晖中的横城堡，又仿佛听到了它低声呢喃，讲述着堡子里发生的故事 ......

横城堡修筑于东长城西端的黄河尽头，距黄河10多米，是宁夏明长城河东段的西起点，与黄河在这里交会形成挽手之势，民间传说"二龙交汇"。这里在明清时期是屯兵重镇和黄河军事渡口，也是灵武八景之一"横城古渡"。驻足黄河边，远眺贺兰山，近观平缓的河面，堡子南边的黄河渡口和阡陌纵横的灌渠构成一幅优美的山水画，经历了几百年的风雨沧桑，依然保持着它的雄伟身姿和浪漫气息。站在这里，当年旌旗猎猎的战斗情景以及商贾云集千帆驶过的繁荣景象似乎就在眼前。从古代的屯兵之处到近现代的货物集散地，横城堡在历史云烟中变换着角色，虽然妆容已不同于往昔，但是作为一座古城堡，它磅礴雄浑的气势依然在，连同那些故事代代相传。

横城堡呈方形，边长400米，四面城墙为黄土夯筑，外甃以砖，保存基本完好，墙高9米，堡城北墙正中有一跨墙墩台，突出墙面5米，宽10米，东北与西北拐角有角台。堡城门向南开，绕一长方形瓮城，墙面正中修筑一跨墙墩台，突出墙面10米，宽亦10米，这应当为当年修筑的敌楼。城堡四面墙垣就地取材，用红黏土夯筑而成，外表呈棕红色，由于当地口音红、横不分，类似红山堡也称横山堡，该城名称可能来源于此。

横城堡是西北地区现存比较完整的一座古代屯兵军堡，曾是边塞重地，在军事、交通上具有重要地位。明清时期横城堡不仅执行长城防卫的任务，而且控制着横城黄河津渡。清代设有都司驻防，北至边墙暗门一里，出暗门30里有市场，堡西三里就是黄河渡口，还兼辖附近红山、清水二堡，把守着进入宁夏镇城的东大门，位置极为重要，是宁夏城东的屯兵重镇。明代天顺年间，蒙古鞑靼部占据河套，不断进入内地抢掠骚扰，横城码头一带就是其入内抢掠灵州、韦州等地的捷径。沿边一带军民不堪其扰，在成化十年（1474）前后，延绥、宁夏巡抚组织军民，修筑了东西横截河套、长达1800多里的长城防御工程，其中宁夏段长

370里，当时称为河东墙，起点就在横城堡北一里的黄河东岸。正德二年（1507），杨一清组织人力重修河东墙，重点修筑了河东至清水营一带40里的长城，同时在长城内侧码头附近修筑了横城堡，并驻兵300名戍守。横城堡成为灵州守御千户所管辖的22座关寨营堡之一，具体负责横西7墩、横东6墩，共计17里边墙的防守任务。新边墙修成后，坚固完备，宁夏河西道佥事齐之鸾登横城北眺所筑边墙，感慨地说，新建的边墙像高山一样屹立，阻挡了蒙古兵的抢掠。

万历二十八年（1600）前后，宁夏巡抚杨时宁扩横城堡2里，并砖包外墙。清乾隆三年（1738），宁夏府城一带发生大地震，各路城堡毁坏极大。震后陆续重修各堡，横城堡也于乾隆六年（1741）重修，开有南城门一道，顶上有门楼一座。乾隆二十五年（1760）五月，黄河水暴涨冲毁横城堡，灵州知州西岷峨奏请朝廷重新修筑，工程于当年十一月开工，第二年三月竣工，当时花费白银3300多两。

横城堡不仅担负着执行屯兵防卫的任务，而且还是宁夏四大黄河码头之一，控制着横城黄河津渡。北魏时期，薄骨律镇（今宁夏吴忠市西南）将刁雍奉命把宁夏引黄灌区的粮食运往内蒙古沃野镇，为了节约运输成本和时间，就想走黄河水运。他通过清水河把六盘山的木材运到黄河边，就地造船200条，走水路顺黄河而下，单程5日就可抵达沃野，很快将河西囤积的50万石谷粮运到内蒙古沃野镇。黄河水运自此兴盛不衰，横城渡口成为宁夏城东去中原的一大要津。明万历年间为了保护这个渡口，在渡口东岸修建了一座宁河台。

康熙三十六年（1697）春，为了稳固西北边防、剿灭噶尔丹叛乱，康熙皇帝御驾亲征，从安边堡关门入边墙，在定边城、花马池、兴武营、清水营等地各住宿一夜，于农历三月二十四日到达横城。那天晚上，他还接见了一些从京城赶来的重要大臣，共商国是。二十五日，康熙皇帝一行从横城渡口过河再驻跸一日，于二十六日进入宁夏府城。康熙在宁夏府城前后驻跸 18 天，其间首先进行最后剿灭噶尔的丹军事部署，对讨伐叛军阵亡将士进行祭奠和抚恤，后出北门检阅绿营马步兵操练，并登南门城楼巡防并抚慰告谕出征将士，接见当地乡绅父老，训诫各级官员要清廉守法。在得知噶尔丹已服毒自尽后，康熙于闰三月十五日离开宁夏，再次由横城渡口乘船沿黄河水路北行回京。

这次出行，康熙皇帝看到横城堡处于宁盐大道和黄河水路的交会处，又有水运之便，连通四方，便令人在城堡里开设交易场所，以利四方商贾。横城堡逐渐取代清水营，成为一处重要的货物集散地。封建王朝结束后，古城堡和古渡口结束了它们的军事使命，但依旧发挥着水运交通及商贸流通的作用。20 世纪五六十年代，还有古老的羊皮筏子满载粮食、皮毛等货物顺流而下。那时，横城渡口每天有 10 多条木船往来穿梭在河上，将当地的甘草、麻黄、大米、皮货等从河西转运到河东，将河东的石炭、牛羊转运到河西。

1994 年 7 月，银川黄河公路大桥建成通车，连接了掌政与临河乡，结束了依靠船只摆渡的历史，横城古渡从此失去了往日的辉煌。

（撰稿：冯海英）

花马池城的变迁

明代的花马池城曾修筑 3 次。第一次是正统元年（1436），宁夏总兵官史昭奏筑，因城在花马池盐湖旁，故名花马池营。遗址在今北大池东北角，呈正方形，边长 370 米，门东开带瓮城。第二次是在天顺年间（1457—1464），"以城在花马盐池北，孤悬寡援"为由，改筑花马池城（今宁夏盐池县城）。第三次是正德元年（1506）一月，杨一清总制延绥、

宁夏、甘肃、陕西边务，奏请修复横城至花马池的河东墙，明武宗准其奏，由西向东，只修了 30 里，因饮水饮食困难、疾病流行，役夫哗变。杨一清下令停筑，许之筑完花马池城即散。5 天筑完花马池城，民夫遣散。

花马池城墙高 3 丈 5 尺，周回 7 里 3 分。池深 1 丈 5 尺，阔 2 丈。有东、北 2 门，上有楼。东瓮城门南开名永宁，南瓮城门东开名广惠，北瓮城门东开名威胜。城以鼓楼为中轴，分东西、南北两条主要街道。万历八年（1580），巡抚萧大亨甃以砖石。清乾隆六年（1741）有修葺。

明正统九年（1444）置哨马营，弘治六年（1493）巡抚、都御史韩文奏置花马池守御千户所。正德二年（1507），三边总制、左都御史杨一清奏改花马池千户所为宁夏后卫。天启七年（1627）二月丙辰，兵部批复将花马池改为镇。清康熙三十六年（1697）二月，康熙帝亲征噶尔丹。二月二十日驻跸花马池城，在城内文庙题写"万世师表"匾额。雍正三年（1725）改置花马池分州，隶灵州。1913 年置盐池县。2014 年后，盐池县委、县政府保护遗址，多次对花马池城墙进行修葺，恢复修建了瓮城、魁星楼、城楼、箭楼、角楼等。

盐州城下破吐蕃。唐朝的盐州城在哪里，至今没有定论，一说就在今盐池县城。唐代，盐州城屡遭吐蕃袭击。

唐宪宗元和十四年（819）十月，吐蕃节度使论三麾、宰相尚塔藏、中书令尚绮心儿率 15 万兵，以闪电之势，将盐州城重重包围。党项族闻讯，立刻发兵，星夜兼程直奔盐州，与吐蕃兵一起，将盐州城围得水泄不通。盐州刺史李文悦及城内兵民面对强敌毫不畏惧，个个同仇敌忾、人人奋勇参战。吐蕃、党项部依仗人多势众，登飞梯、架鹅车，猛烈攻城。李文悦身先士卒，众兵民奋勇当先、齐心协力，誓与城池共存亡，一次又一次击退吐蕃、党项兵。盐州城下杀声不绝，尸横遍野，血流成河。由于双方力量悬殊，始终不能击退围城之敌。于是，李文悦一面组织兵民昼击夜袭、固守不怠，一面修书飞报灵州，告急求援。灵州牙将史敬奉得信，深感形势严重。

灵、盐二州唇齿相依，盐州破则灵州危，解盐州之围刻不容缓。故急告朔方节度使杜叔良，请率兵 3000 驰援盐州。杜叔良遂拨精兵 2500，史敬奉令兵将带足 30 日军粮，即日起程。兵出 10 多日，史敬奉部杳无音信。盐州李文悦等见救兵不至，连连告急。杜叔良差使往灵、盐一路探听消息，但毫无史部踪影，以为史敬奉率部误入敌营，已全军覆没。吐蕃、党项部围城 30 日，不见灵州援兵，自以为盐州城唾手可得，日夜攻城。一日，城北方向冲出一支兵马，勇猛杀来，锐不可当。围城之吐蕃、党项部背后受到攻击，惊慌失措，顷刻大乱。原来，史敬奉率部出灵州后，采取迂回战术绕道而行，长途跋涉 10 多日，出其不意，抄断敌后。李文悦见援兵到来，开城门率众杀出，内外夹击。吐蕃、党项部腹背受敌，顿时溃不成军，丢盔弃甲，四散奔逃。历时三旬的盐州城保卫战终获胜利。

王琼御戎花马池。明嘉靖年间，鞑靼犯境愈加频繁。剽悍的骑兵肆意到边内掠夺，明军莫敢抵抗。嘉靖八年（1529）春，尚书王琼接任三边总制。王琼到任后，即沿长城仔细视察，认为花马池地势平漫，无高山深沟阻隔，骑兵易于驰突。于是，他调拨宁夏、延绥 2 镇与固原兵丁 3 万，加强花马池至安定堡、兴武营、灵州一带的防线。兵马集结后，王琼组织了一次大规模的巡边游行，带领万名骑兵，从花马池城出发，向东到定边、安边，再返回花马池，往返 300 里，沙尘飞扬，旌旗蔽野，金鼓之声震动长城内外。有人不理解王琼的这种做法。王琼解释说："御戎之道，以守备为本，不以攻战为先。"王琼还不辞辛劳，亲自带兵士演练拒敌之法。为随时掌握敌人的情况，王琼又派遣数十名兵士，深入边外百里进行侦探。这些兵士昼伏夜行，称之为"夜不收"，每 5 日轮换一次。

王琼采取一系列防边措施，鞑靼骑兵很长时间不敢南下侵扰。九月，有一股鞑靼骑兵在距花马池城北百里的地方扎营，企图闯边。王琼得讯，点齐万名精锐骑兵，集合于花马池城下。王琼又向将士们解释说这次出兵的目的，只为宣扬军威，把敌人吓跑就行。王琼下令打开关门，乘夜向北进发。夜深人静，万马齐奔，嘶鸣呼叫之声传至十里外，鞑靼骑兵听到声音，知明军已至，慌忙拔营向北逃去。王琼率兵追赶，鞑靼驻地灶中的灰烬还未凉。自此，沿边 200 里见不到鞑靼踪影，众人无不赞扬总制王琼"守备为本"的"御戎之策"。

康熙射猎花马池。康熙三十六年（1697）二月，康熙帝亲征噶尔丹，他从京城出发，过山西，到榆林，一路沿长城西行，二月二十日驻跸花马池城，在城内文庙题写"万世师表"匾额。

康熙到安边的时候，宁夏总兵王化行（又名殷化行）带领宁夏的官员前去迎接。王化行知道康熙出行非常节俭，从不铺张，可他酷爱打猎。康熙帝到宁夏，王化行决定好好款待康熙帝。王化行原本姓殷，后来随了王姓。康熙九年（1670），他以王化行这个名字考取了进士，现在他想恢复殷姓。按照清朝律令，朝廷命官是不允许随便更改姓名的。王化行到了安边后，面见圣上，就奏请圣上到花马池狩猎阅军。康熙说征服噶尔丹后再说。王化行便陪着康熙到了花马池。

走到花马池境内，康熙帝果然看见野兔从身边窜出，野鸡被惊得飞了起来。晚上，康熙帝一行在花马池城里住下。晚饭御厨给皇上端来的都是酸菜、韭菜等，一丁点儿肉都没有。王化行就奇怪地问侍卫圣上吃得怎么如此清淡？侍卫告诉他圣上一般只吃素菜，要吃肉也都是自己打的猎物。王化行一听，由衷地敬佩康熙帝。晚饭后王化行邀请康熙到营外观赏夜景。一出营房，就把一窝野兔惊了起来。康熙一见就来了兴趣，从侍卫手中要过弓箭，"嗖"的一声，一只野兔就被康熙射中。王化行忙让兵丁点火把，侍卫也牵来了康熙的坐骑、备好了弓箭。康熙帝在众人的簇拥下开始追逐射猎，不一会儿就射中许多猎物。最后大家怕皇上累着，才以明天还要赶路为由，劝康熙回营歇息。随后的几天，康熙走到安定堡、兴武营的时候，天天晚上都要出去狩猎，并对王化行说这是他出京以来遇到的最好的猎场。

9年后的一天，康熙在朝议上对大臣说："宁夏出兵之时，朕带领兵丁于鄂尔多斯，花马池、定边等处行围，每日杀兔数千。一日所获，可作兵丁几日干粮。朕于花马池地方，一日杀兔三百一十八只。"

王化行觉得这次随驾康熙帝在花马池狩猎，应该给康熙留下了好印象。第二年，王化行向康熙写奏折要求恢复自己的本姓，康熙帝破例同意他变更姓名，从此，王化行恢复他的本姓，叫殷化行。

（撰稿：侯凤章）

兴武营的变迁

　　兴武营城在盐池县城西北 48 千米处，明正统九年（1444）由都御史金濂始筑，后由参赞宁夏军务的卢睿增筑。《嘉靖宁夏新志》载："城周回三里八分，高二丈五尺。城池一丈三尺，阔二丈。西南二门及四角皆有楼。"但在金濂始筑此城前已有一座城，荒废为一面墙，俗称半个城。这半个城建于何时、建者为谁已成历史谜团，就连明朝陕西参议丘瑞所

写的《兴武营》也只能慨叹这半个城"相传曾是李王营"。李王，即李元昊，相传这半个城曾是李元昊的行营。但只是传说，不能确定。学界还有一说，认为半个城曾是唐朝六胡州之一的鲁州城，但也有争议。

古人修筑城堡有30里1堡、60里1城之说，因此认为花马池往西走60里是安定堡城，安定堡城往西走60里是兴武营城，但明朝魏焕辑《皇明九边考》，记安定堡城到兴武营是70里，不是60里。那么金濂为什么不在60里处筑城，却要到70里处筑城呢？60里处并不比70里处的地理条件差，一马平川，水草丰美，而他们却选在70里处筑城，一定有原因，或许就是为了利用半个城。

风烟滚滚唱英雄，英雄已去城还在。金濂筑兴武营城已过了600多年，600年前有人就在这里筑城，那应该是什么年代？距离金濂始筑兴武营城已经过了多少年呢？

兴武营城屹立在广袤的盐池草原上，北依浩瀚沙漠，地接内蒙古鄂托克前旗，一望无际的绿草、沙丘在天低云淡处消失。北方少数民族的马队曾从那里冲来，明王朝大军坚守军营，弯弓射箭，常常尸横遍野。兴武营从血与火的战事中一路走来，而今已成疲惫不堪的老人。沧桑的经历让后人慨叹不已。登上兴武营城，天高地远，西山寺、马踏井、河东墙、深沟高垒还守望着这座古城，但一老俱老，老在天地，老在时空，老在人们的心中。

兴武营，宁夏后卫军事防线上的一座重要城堡。魏焕《皇明九边考》载，花马池盐川东西300里地势平漫，兴武营、灵州一带是游牧民族侵犯腹地的必经之路。这些少数民族人本来游牧于河套以北地区，成化年间他们常常进入河套地区抢掠，但抢掠后即刻撤出，不敢驻牧。弘治十三年（1500）后，他们却直接驻扎在河套地区，先有火筛部大举攻入。正德元年（1506）后，应绍不、阿尔秃斯、满官嗔三部进入河套，阿尔秃斯部由吉囊率领，满官嗔部由俺答阿不孩率领。他们往往拆花马池边墙入犯铁柱泉、小盐池，南犯萌城，再犯环庆，西南犯韦州，一路自红城子、郓怀障、透镇、北木井等墩，掏墙入犯毛卜剌、清水营，向南犯固原、环庆，向西犯灵州、宁夏。这时就要由兴武营兵伏击阻挡，花马池兵，环庆、固原兵，灵州、宁夏兵策应。因而兴武营就处在抗击北方少数民族大军的前沿阵地，被称为"灵夏重地，平庆要藩"。万历十二年（1584），巡抚晋应槐甃以砖石。

兴武营先为守备，后于成化五年（1469）改为协同，和花马池分守宁夏东路。正德二年（1507），右都御史杨一清奏改兴武营为守御千户所，属陕西都司，与灵州守御千户所、花马池守御千户所军事地位相同。有户1135，人口3453，设有协同官1名、千户3名、百户6名、镇抚官2名、仓储大使1名，原额驻军1120名、马234匹，由于缺额，又备御西安官军1150名，马、步相当（此数字出自《嘉靖宁夏新志》，与《弘治宁夏新志》《皇明九边考》等志书上的数字不同，盖因时有所变）。

兴武营城内有东西、南北2条街，东西街名靖虏街，南北街名迎恩街。城设官厅2所，协同衙门1所，兴武营守御千户所、兵车厂、兴武仓、草场、社学。还有鼓楼1座，南、西门上各有城楼1座，现俱毁。

兴武营守御千户所的官印现在藏于盐池县博物馆。据说这枚官印是被一位牧羊人在滩里捡到的，后被盐池县文管所工作人员发现购回。但当时牧羊人和盐池县文管所工作人员均不知此为何物，购回磨洗后，发现竟然是兴武营守御千户所的官印。

兴武营城在明代为军事堡垒，清代仍为繁华之地，康熙三十六年（1697），康熙皇帝为亲征噶尔丹部巡行宁夏，于二月二十二日驻跸兴武营，在城内召开过一个军事会议，又出城打猎。雍正三年（1725），省并宁夏后卫，兴武营以其地属灵州花马池分州，1913年至今属盐池县。

清代，兴武营城内设有兴武营都司署，城东有军器局，城西北有火药局。1913年这些机构均被撤销。

兴武营，在 20 世纪三四十年代还是一个很热闹的地方。城里有一个天成源商号，曾经是周边民族经济活动的中心场所。

天成源商号约创办于 20 世纪 30 年代初，是当时银川市八大商号中最大的商号天成西的分号。天成西创办于清朝末年，是山西交城县大圆恒皮货庄沈、郭、丁三家合资开办的。创办时，有资金 4000 块银元，2 间铺面，设在今银川鼓楼西西夏金店处，以销售日用杂货为主。民国初年，逐渐兴盛，铺面扩展为 5 间，改为批发兼零售。经理是李望臣，山西襄陵人。此人经营有方，经营范围由日用杂货扩大为棉布、绸缎、五金、颜料、纸张、糖茶、烟酒、海味、土特产、棉花、烟土等。到 1933 年左右，商号进入最鼎盛时期，岁入银圆 20 多万元，学徒店员达 100 多人。在包头、天津、上海设有庄点，在西安、武汉、郑州等大城市也派员驻庄，购销两旺，信息灵通。在宁夏附近各地设有分号，如灵武县的天成裕、盐池县兴武营的天成源、内蒙古鄂托克旗的天成通等。其中分号以盐池县兴武营天成源最大，除了经营天成西总号的商品，还设中药铺和收购站，收购当地土特产品。每年收购甘草四五十万斤，还有秦艽、柴胡、麻黄、苁蓉等药材，收购羊毛四五十万斤、羊皮近万张，还有粮食、油籽等。另外还经营畜牧业，有骆驼四五十峰、马几十匹、牛六七十头、羊 500 多只。商号的营业员都是从天成西总号派遣来的。

陕甘宁边区时期，兴武营属于盐池县二区（今高沙窝镇）乡管辖。1943 年 3 月，驻防盐池县开展大生产运动的八路军警备七团在兴武营开荒种地，团长黄罗斌即兴写下《兴武营大生产》：

千里冰霜万山寒，赤臂挥锹武营前。

汗水洒湿广漠地，军号频催人未还。

日辟荒地百余亩，小米香味芋头甜。

仓满糜谷百万石，甘草畅销异地欢。

1946 年 11 月 16 日以后，马鸿逵为策应南线胡宗南进攻边区，遣骑兵第十旅十九团侵占盐池县兴武营、大圪塔、天池子、余庄子等地，并派小股部队侵袭牛毛井、聂家梁一带；马鸿宾部三十五旅一〇三团亦同时侵占石家圈、长流墩等地。马部所到之处拷打抢掠、拉牛赶羊，人民无不痛恨。盐池游击队也不时奔袭敌人。鉴于三边形势紧张，八路军警备八团奉命由甘肃合水大凤川调防定边。12 月 3 日，三边军分区司令员郭宝珊率警备八团、骑兵团、新十一旅一团及盐池县警卫队等部队，从盐池县城出发，夜袭击兴武营、大圪塔、余庄子等。经过激战，粉碎马部骑兵九团团部及 3 个骑兵连，毙敌 50 余人，俘敌 130 多人，缴获战马 80 多匹、驼 100 多峰，还有许多武器、弹药、粮食、马料等，取得重大胜利，收复全部失地。之后，三边地委所在地定边城内悬旗三日，万人欢庆兴武营大捷。

20 世纪 40 年代，兴武营城内住户很多，郭宝珊率部奇袭兴武营时，城里正有马戏团表演，马部士兵都在看戏，没有防备。当时城内还有娘娘庙、钟鼓楼等古建筑。娘娘庙上有敌 20 多人首先投降，钟鼓楼上有敌 80 多人却负隅顽抗。郭宝珊部二排迅速组成突击队猛攻，突击队员手持大刀、身背手榴弹爬上钟楼，用手榴弹压住敌人火力，战士下楼搜查，敌人全部缴枪投降。

21 世纪初，兴武营城内已无村民居住，只有打机井开发水浇地，后来为了保护古城，开发旅游业，停止种水浇地，退耕还草。而今，兴武营古城芳草茂盛。盐池县委、县政府已着手将花马池古城到兴武营一线打造成 5A 级旅游景区，应该说古色、红色、绿色条件已具备，但作为旅游景区的其他元素还不具备。我们有理由相信，未来的兴武营一定会成为宁东亮丽的风景。

兴武营，在人民公社化时期属于营西大队管辖，现在属于二步坑村管辖。"万灶炊烟迷汉垒，千群铁骑簇胡关。"俱往矣，古城废垒，不变的时空，最终会流变出新时代、新景象。

（撰稿：侯凤章）

屯守与互市合一的清水营

  清水营古城是明长城内侧沿线的军事防御设施之一，是当时河东长城边事指挥中心。在长城沿线众多的屯兵城堡中，清水营城是一座较大的屯兵城堡。

  清水营城堡北侧靠明长城，东北依灵武市东北方宁东镇清水营村清水河，并因此得名。《嘉靖宁夏新志》载，清水营西逾河至宁夏 70 里，南至灵州 70 里，东至兴武营 60 里，北临沙漠。都御史王珣拓之 2 里，驻官军 120 名，清楚地记录了清水营古城的方位和规模。明嘉靖八年

（1529），巡抚、都御史翟鹏奏请朝廷增官军 510 名，置操守官 1 员、官队官员 5 员、守堡官 1 员。嘉靖十一年（1532），总制尚书王琼奏驻灵州参将，增设官员。后又设兵部议事处，总制三边（延绥、甘肃、宁夏）官员在此议事。至此，清水营城成为当时的河东长城边事指挥中心，清水营城的建制和修建规模相对较大。

城堡原城墙内外两侧均"甃以砖石"，因而气势雄伟壮观。20 世纪 60 年代以前，清水营城原貌仍保存较完整，后因人为因素，现砖石皆被拆除，原砖砌城墙已裸露为土筑墙体，保存较好。城为方形，四角有方形角台，角台实体凸出城墙墙体，比墙体宽而厚实，角台之上的城楼已不复存在，但城基残踪尚存。东城墙有大门，面东而开，城门外套以瓮城。瓮城墙体高大、纵深，其南墙下有门洞面南而开，以古色青砖拱砌。瓮城墙体上尚有城楼建筑痕迹。如今清水营城内已一片废墟，遍布砖瓦、瓷片。

480 年前的清水营古城一度是明代总制三边的重要军事据点。辖领烽堠达 14 座：有双沟墩、苦水墩、柔远墩、镇北墩、宁靖墩、古寺墩、靖边墩、斩贼墩、木井墩、清字墩、定远墩、旧定远墩、庙儿墩、塔儿墩。辖域地界跨今陕西、甘肃、宁夏 3 省区。至清乾隆六年（1741），朝廷重修清水营城，至城高 3 丈，厚 2 丈 5 尺，顶宽 1 丈 5 尺，驻把总。

明代清水营古城不但是总置三边官员军事议事的中心，而且逐渐形成一处较大的牲畜交易市场。暗门内外每逢交易日，马嘶驴叫，牛羊成群，这就是有名的清水营马市。清朝在清水营设驿道，设快马 18 匹，驿夫 10 名，后来疆域扩大，边界稳定，清水营城防务作用日减，其辉煌的历史也日逐衰落。关于明代的清水营马市，形成的主要原因有二：一是各民族交易所需。明代，周边各少数民族的生产力均有提高，马牛驼羊、皮毛等土特产品是明政府和内地人民必须的，而内地的茶、粮食、纺织品、铁器等也为各少数民族所必需，双方都希望以其所有易其所无，建立密切的商业往来关系。二是明廷实行商屯政策的结果。明政府利用食盐专卖权，规定商人把粮食运到边境，交纳入仓，就可以换取"盐引"（贩盐许可证），是为开中制度。开中商人为了获得更多的利润，就雇人在边地屯垦，收获的粮食就近纳仓，换取"盐引"。永乐时期，边粮二斗五至一斗五可支盐一引，"商之利甚厚"，商人皆"勠力垦田，充实边塞"，商屯开辟出的荒田很多，大大提高了灵州地区的土地利用率。

明廷顺应社会经济发展的要求，逐步建立起以茶、马为主的贸易体系。因清水营是明长城中的一座重要城堡，设有南北通道和暗门，在驻军控制下关启。又因其脚下是清水河，河水清澈见底，其水面至20世纪七八十年代还宽约20米，河床平坦，水不过膝，是畜群饮水的良好处所。再加上它处于宁盐大道（今宁夏银川市至陕西定边县）的中段，东边和陕北有驻兵防守的"平安大道"相接，缭墩设置齐全，是明代宁夏境内东西来往的必经之处。所以隆庆五年（1571），明廷在清水营开设马市。清水营成为明代中期西北地区十分重要的商贸场所。

清水营开设马市后，明政府对茶市、马市的交易控制逐步放松，允许一定数量的犁、钵、锅等铁器入市交易；开市时间也由原来每月一次改为每月数次或连续开市10多天。万历元年（1573）后，还允许民间每月开设一次"月市"，每年开一次"牛羊小市"，清水营便成了宁夏、陕西、甘肃和长城以外的商品集散地。朝廷有时也专门拨银两给宁夏，以购买马匹，其中有许多就是在清水营马市交易的。随着自由贸易的发展，各民族参与交易的人越来越多，贸易规模不断扩大，促进了清水营及灵州地区多种经营的发展。清水营马市一直持续至明末。到了清初，因横城处于宁盐大道和黄河水路的交会处，又有水运之便，所以逐渐取代了清水营。

（撰稿：杨丽华）

花马池营属的三大城堡

花马池营下属安定堡、柳杨堡、铁柱泉三大古堡，是长城河东墙沿线的著名城堡。

花马池升为宁夏后卫，设花马池营和兴武营 2 个守御千户所，其中花马池营下属 3 个堡寨：安定堡、柳杨堡、铁柱泉，领有烽堠 30 座。

安定堡、柳杨堡、铁柱泉都是名动宁夏边塞的古地名，这些古地名已载入史册。读明史、清史，这些地名常常出现在浩瀚的史料中，它们的出现总是与某些战事有关。

安定堡在盐池县城西北30千米处，属王乐井乡牛家圈村管辖，曾是深沟高垒（俗称头道边）沿线上的重要城障之一。深沟高垒环绕古城东、西、北3面，鞑靼部多次由此破长城入塞，虽置操守官分守，驻兵马500员，但难抵强敌铁骑，其战事之惨烈，史书多有记载。清康熙三十六年（1697），康熙皇帝为平定噶尔丹西巡宁夏，曾在这座古城住过一夜。而今古城一片荒芜，城墙残高5~7米，顶部残宽4~5米，包裹城墙的砖石已被拆除，四隅角台无影无踪，南门瓮城已成土丘。一条柏油路从东城墙外穿过，一条砾石大道从南城墙外穿过。东梁头上的烽火台依然在丽日晴空下守望着古城，西北山梁上的烽火台疮痍洞开。

其实这座古城的前身并不在这里，而是在今花马池镇李华台村张家台自然村。那里有一道长城叫河东墙，俗称二道边，那道长城比深沟高垒长城早50多年，始筑于成化十年（1474）。东起陕西府谷县，西至宁夏黄沙嘴（今宁夏灵武市北横城之北黄河渡口），在张家台村筑一城，名安定堡。奇怪的是这座城竟然筑在长城之外，极不利于防守。过了50多年，王琼筑深沟高垒时将其移到这里。山形地势（东南为山，西北为山，中间有约1.5千米的川道）决定了长城到这里必须有一座坚固的城障防守，所以安定堡城紧紧依偎在长城之内。东墙紧靠长城，长城在城东北角形成直角向西拐去，因此北墙也紧靠着长城。古城与长城都已颓圮废弃。

今游安定堡，沧桑填胸怀。"危垣迢递枕雄边，势压金城铁壁坚。"（傅钊《咏河东墙》）此处"铁壁坚"，乃在于古城西南方约2000米处还有4座战台，即四步战台、六步战台、七步战台、八步战台。4座战台紧靠长城内侧，一字排开，相距不过500米，与安定堡遥相呼应。遥想当年，在这约4平方千米的土地上，长城、城堡、战台构成了多么宏伟的景象！长城上暖铺相连，城堡里兵马集结，站台上严阵守望，防守与进攻，拼搏与厮杀，每时每刻都是紧张的气氛。

安定堡城作为深沟高垒长城第三段的终点和第四段的起点，修筑将领或为周尚文或为王玑。修筑起来的第二年冬、第三年二月、第四年七月，鞑靼吉囊部连续 3 年掠花马池和固原。攻掠固原必经花马池，而经过花马池就要挖掘长城，挖掘长城就不止一处，安定堡一带长城边缘沙丘缓漫，被挖掘或直接越过势所必然。

日月晕去，山河固在，安定堡城经历的一切都烟消云散。古城在风蚀雨淋中日渐衰败。城南 2000 米处有一个村子，名安定堡村，传承安定堡城名的历史责任竟然由它承担起来。

安定堡城向东走 30 里有一堡子，名高平堡，这座堡子东距盐池县城又是 30 里，正所谓 60 里一城、30 里一堡之屯兵堡寨。高平堡在红谷梁东南坡下。红谷梁地名来源于山梁上的一道山沟，沟崖为红石，原名红石崖，今名红谷梁。其实这道山梁不仅山沟为红石，整个山梁都是红石、红土，高平堡是用红土建起来的一座城堡，四面城墙皆呈紫红色，所以人们又叫它红城城。高平堡即筑在长城边上，当然是防守边地的驻军之城，由操守官领之。操守官为明朝在边镇城堡等带领兵丁的守堡武官。高平堡官军原额步兵 202 名，实际驻军 85 名、马 33 匹。传说城内有一地道通向石山字村，为清同治年间躲藏匪患的地窖子。

柳杨堡位于盐池县城北 12.5 千米处。明弘治七年（1494）由制臣秦纮筑。筑堡之前，这里有一座烽火台，名为杨柳墩，城筑起来后名为柳杨堡。附近还有一座烽火台，名为石臼墩。先筑烽火台后筑城，是因为这里是北虏南进之路，顾祖禹《读史方舆纪要》卷六十二载："嘉靖寇从此入，官军败之。寇退走，伏兵又败于青羊岭，岭在卫（卫治即今盐池县城）西北边墙外。"嘉靖八年（1529），鞑靼万余骑屯兵柳杨堡一带。王琼调兵万余人分守安边营和花马池，又调宁夏、固原 3 万兵马在兴武营和灵州防守。九月，鞑靼部攻掠灵州，被守军击退。十月，王琼令东自定边西至横城的守军3万多人同时越过河东墙烧荒，将边墙外野草全部烧光，断绝鞑靼部马草。王琼《北虏事迹》载："一日，十余骑夜至墙下（河东墙）下，墩军拒之。一贼先入，为守墙指挥杨琼所杀。又一日，贼二十骑夜至柳杨墩下，拆墙入，守堡官领步兵用神枪击之，一贼坠马，守堡官下马争割首级，一贼从后射之，伤。贼扶死者驮马上疾走出口，步兵追之不及。是后再无一贼至墙下者。"

嘉靖十年（1531），王琼上奏朝廷重新修筑河东新边墙，并向南移10~20里，一直延伸至花马池，即深沟高垒。深沟高垒筑起后，将柳杨堡隔于长城之外。

万历二十九年（1601），黄嘉善巡抚宁夏，经常驻帐花马池，靠前指挥。鞑靼首领著力兔率万余骑兵来犯杨柳墩，花马池守将马孔英紧急向黄嘉善报告。黄嘉善觉得此时调固原、延绥兵马已经来不及了，但还是向驻守固原的李汶发出了支援的急报。黄嘉善一面命令将士们全力备战，等候李汶援军；一面派人准备了酒肉，让副将给鞑靼骑兵送去。著力兔不明就里。副将对著力兔说，黄将军已恭候多时，送些酒菜好让鞑靼部众吃饱安心上路。听了这位副将的话，著力兔认为黄嘉善一定做好了准备，于是吃饱喝足后就带着大军撤退。等到著力兔反应过来时，李汶带领援兵已赶到花马池，著力兔懊恼不已。

柳杨堡一带水位高，土质好，明代生态植被很好，因杨柳成荫，所以城堡以杨树、柳树命名。

1936年盐池解放，柳杨堡隶属陕甘宁边区盐池苏维埃政府领导，为北区管辖。1947年马鸿逵部占领盐池时，柳杨堡所属地区亦被占领。1949年8月光复，属一区。1958年公社化时，属城郊人公社。1976年公社体制调整，从城郊公社分出，成立柳杨人民公社，辖柳杨堡、皖记沟、东塘、冒寨子、李记沟5个生产队，56个生产队，39个自然村。1984年改为柳杨堡乡。2003 年盐池县撤乡并镇，柳杨堡乡合并到花马池镇，柳杨堡为行政村。

走进柳杨堡，杨柳依依，旧城废弃，农舍俨然，村道宽敞，农田环绕着村庄。夏天的柳杨堡，在一片翠绿中升腾着淡淡的雾霭。原公社机关遗址、供销社遗址、学校遗址在雾霭中静静地传递出以往的繁华信息。盐柳公路穿村而过，车来车往，好生繁忙。村民们安静地生活在自家的院落里，云影掠过村庄，一派祥和。

盐池草原，古城遥相对望。县城西南 90 里处是铁柱泉。铁柱泉地名的来源说法不一。一说，泉水清如铁色，涌如柱状，故而名之。还有一说，当地汉族为了阻止胡人南来饮马，曾用毛毡裹缠石碌填塞泉眼无效，改用铁水浇铸，"铁铸""铁柱"相谐，故而名为铁柱泉。蒙恬率秦军北却匈奴 700 里，在这里筑神泉障以抵挡匈奴。唐代著名边塞诗人李益路过这里写下《盐州过胡儿饮马泉》：

绿杨著水草如烟，旧时胡儿饮马泉。

几处吹笳明月夜，何人倚剑白云天。

从来冰合关山路，今日分流汉使前。

莫遣行人照容鬓，恐惊憔悴入新年。

明弘治十三年（1500），三边总制秦纮在这里首筑城堡以抵御鞑靼部南侵。秦纮，字世缨，单县（今山东单县）人。弘治十四年（1501）秋，鞑靼部族大举进犯花马池，在孔坝沟大败明军，直逼平凉，西北告急。朝臣保奏秦纮，说他用兵有术、指挥有素，可比老将廉颇。宪宗起秦纮为户部尚书兼都察院右副都御史，总制陕西三边军务。

明嘉靖十五年（1536），都察院左都御史兼兵部左侍郎、三边总制刘天和视察铁柱泉，喟然长叹："御戎上策，其在兹矣。可城之使虏绝饮，固不战自惫。何前哲弗于是图哉？"于是命宁夏总兵官王效和按察司佥事谭阍负责，在秦纮首筑的基础上再筑新城。次年筑成，于东城门楼上书"铁柱泉城"匾额，并"置兵千五"，招募当地百姓共同防守。宁夏镇人管律应邀撰写《城铁柱泉碑记》："去花马池之西南、兴武营之东南、小盐池（今惠安堡镇老盐池城）之东北交会之处，水涌甘列，是为铁柱泉。日饮数万骑弗之涸。幅员数百田又皆沃壤可耕之地。北虏入寇，往返必经于兹。"万历三十五年（1607），巡抚黄嘉善甃以砖石。

刘天和（1479—1545），字养和，号松石，历任南京礼部主事、金坛县丞、湖州知府，总理河道，总督陕西三边。嘉靖十五年（1536）任兵部侍郎，后升为兵部尚书。刘天和政绩昭著，明人何乔远在《名山藏》中称其"才而廉"，著有《安夏录》《问水集》等。

嘉靖十八年（1539）秋，刘天和到花马池防秋，登临花马池城楼，赋诗《登花马池城楼》，抒发自己防秋行边的豪情：

> 谁筑防胡万堞城，坐来谈笑虏尘清。
> 三秋号令风传檄，千里声容鸟避旌。
> 剑戟霜寒明远道，鼓鼙雷动满行营。
> 登楼渺渺龙沙地，极目烟销紫塞横。

1936年，盐池解放，铁柱泉属南区（今青山乡）四乡（乡治今古峰庄村）管辖，抗日战争时期，属于四区（今青山乡）五乡（乡治今暴记春村）管辖，直至1958年。其中，1947年失陷，1949年光复。1958年公社化时，隶属侯家河公社暴记春大队，1961年成立马儿庄公社，铁柱泉隶属马儿庄公社管理。1976年调整公社体制时，成立冯记沟公社（从马儿庄公社分出），铁柱泉隶属冯记沟公社管理。今为冯记沟乡暴记春村铁柱泉自然村。

铁柱泉水源丰富。1986年，冯记沟乡组织铁柱泉村民挖带子井一处，建蓄水池一座，可蓄水6000立方米。先后发展水浇地243亩，人均有水浇地1.5亩。1989年，冯记沟乡在铁柱泉村采用集资和政府投资的方法，建设小型水利。购买提水配套设备5套，修防渗渠1260米。是年，实行科学种田，在水浇地试种地膜玉米150亩，实现亩产500千克的产量，农民尝到了科学种田的甜头。

亘古风云，千年战事，铁柱泉穿过历史云烟，废城已老，新村卓然，雨雪纷飞，四季不同。雪中铁柱泉，冰泉冷涩，古城披瑞雪，山川凝峻色。雨后铁柱泉，芳草连天，沃土生壮苗，牛羊富农家。

铁柱泉，古意悠然。

（撰稿：侯凤章 ）

盐池境内的四大古堡

盐池境内现存的惠安堡、隰宁堡、盐池堡、萌城堡，名为盐池四大古堡，在盐池历史上有着极其重要的作用。

惠安堡，盐池县重镇之一，在县城西南 87 千米处。惠安堡划归盐池县管理时间是 1915 年，而之前，先秦到明清，惠安堡一带隶属于多个州县等政府机构管辖。其间，唐朝中宗神龙元年（705），在今惠安堡建立温池县，这是惠安堡历史上有明确记载的最早政区名称。而在明代，惠安堡以及隰宁堡、盐池堡、萌城堡由灵州守御千户所管辖。

"把菊无心频望远，携觞有客共登高。"惠安堡、隰宁堡、盐池堡、萌城堡的修筑时间，仅以明代说，隰宁堡修筑时间最早，成化年间由巡抚、都御史徐廷章始筑，周回一里。弘治十三年（1500），都御史王珣又拓展 2 里许，开南门。

徐廷章即为奏筑河东墙的都御史。河东墙西起灵武市横城堡北 500 米处的黄河东岸，向东经过横城、磁窑堡 2 乡，于张家边壕处入盐池，于兴武营城向东经高沙窝、苏步井到柳杨堡。而柳杨堡以东长城早一年已筑成。这段长城是巡抚、都御史余子俊和三边（陕西、宁夏、延绥）第一任总督王越等动用军卒 4 万余人，从陕西府谷向西修到花马池柳杨堡。余子俊和王越把东起府谷的长城修到花马池柳杨堡就停下了，徐廷章和范瑾认为柳杨堡至黄河东岸一线没有长城阻挡，就为北虏南进留下了豁口，于是奏筑河东墙。隰宁堡早于或晚于河东墙，无具体记载。

嘉靖九年（1530），巡抚、都御史翟鹏认为盐池堡相距萌城驿百里，递运路途较远，"隰宁正在适中，宜添设军站以苏二站之困"，所以在隰宁堡置递运所。

翟鹏，抚宁县（今河北省秦皇岛市）人，自幼聪颖好学，才思敏捷。明正德三年（1508）考中进士，出任户部主事，转任员外郎，明嘉靖七年（1528）升右佥都御史，巡抚宁夏。

隰有二义，一为低湿的地方，二为新开垦的田。今看隰宁堡，正处在惠安堡镇区南面的一处低洼地上，那里地势平坦，土地肥沃，大明驻军既在那里驻防，又在那里耕种。因此隰宁堡中的"隰"字兼有这二义。

王珣拓建隰宁堡，同时拓建盐池堡。盐池堡（今老盐池）原有1旧城，即唐温池县城。王珣将旧城拓2里多。到正德十四年（1519），都御史王时中再次奏筑，拓至4里多，开南、北门。

王珣在弘治十一年（1498）升为都察院右副都御史，奉命巡抚宁夏。巡抚是地方军政大员之一，职责是巡视各地的军政、民政大事要事，实际掌握着地方军政大权。王珣巡抚宁夏，亲历边关，隰宁堡、盐池堡记录了他的政绩。盐池堡因地近盐湖而得名，原名盐池城，史称小盐池。盐湖历史可追溯到西汉时期，隋唐时称为温泉池、回乐池。唐神龙元年（705）设温池县，有盐官管理盐产。唐宣宗大中六年（852）三月，将温池县盐业划归威州（今同心县韦州镇）管理。五代后周太祖显德元年（954），温池县盐产又归环州（今甘肃环县）管理。宋、西夏长期交战，今老盐池盐湖一度成为"斥卤枯泽"。明代称温池县，旧城为盐池城或小盐池，属灵州管辖。

灵州在盐池堡设盐课司、巡检司，惠安堡城修建后，将盐池城所设立的盐课司、巡检司迁至惠安堡城。城内置盐池驿，额定甲军 113 名，百户领之。并设有盐池递运所，额定旗军 100 名，百户领之。嘉靖年间，兵部批准再置兵马 500 名，置操守指挥。城内有庙宇，曾出土 2 只铁香炉，一只为万历四十八年（1620）造，另一只为嘉靖年间造。

盐池堡驿站有一位负责人，叫宋玺（1450—1533），字朝用，就是今老盐池村人，时为小盐池百户、盐池驿站负责人。宋玺的先祖本为江苏常州府武进县人，随朱元璋军征伐，渐而升职，被授予四川茂州卫（治所在今四川省阿坝藏族羌族自治州茂县）百户。宋玺的太爷叫宋杰，爷爷叫宋斌，父亲叫宋升，改授宁夏卫小盐池驿。自此，江苏常州府武进县的宋氏，就宋升这支着籍于宁夏盐池。宋玺在这个驿站带领一班人，为明王朝迎送往来官吏，递转公文，传递信息，兢兢业业，受到往来驿站的公卿士大夫交口称赞。

盐池堡是座神秘的城堡，它的历史至今也没有完全明朗。但作为惠安堡镇的一个行政村，面貌变化今非昔比。所辖老盐池、梁台、李家坝、烟墩山 4 个自然村全部改造为美丽新农村。李家坝自然村是扬黄灌区受益最早的村，1993 年黄河水翻山越岭，首先来到李家坝。而今村民住新房、开小车，农用机械遍布。

萌城，原有旧城，为北宋清远军，明弘治十五年（1502）改为萌城驿。其拓建时间比隰宁堡、盐池堡晚一年。弘治十四年（1501），户部尚书秦纮总制三边军务，驻固原，创修下马关 300 里的"固原长壕大堑"，途经萌城。第二年，即弘治十五年（1502）又筑萌城，周回 1 里 5 分，开东、南门。秦纮总制三边军务时已经是 70 岁的老人，他先到固原，又日夜兼程来到花马池，发现花马池至盐池堡军事防务差，就奏请在花马池以西至盐池堡之间 200 里的地方，每 20 里筑 1 屯堡，屯堡周回 48 丈，每堡派 500 名兵士据守。今盐池县城西南方至惠安堡一线的烽燧即为秦纮总制三边军务时所筑。

嘉靖二年（1523），萌城驿重置盐引批验所。之所以说重置，是因为萌城自古就是盐池所产的白盐输送至甘肃庆阳和陕西关中的重要驿站。驿站不只承担驿递，还要批验盐引。但到明弘治末年，因地方官员权力之争，一度改盐引批验所至庆阳北关。批验盐引路途遥远，盐运由南贩而转为北贩，北部3000里之内尽食私盐，给朝廷财政收入造成巨大损失。巡抚、都御史张润认为盐法之坏百弊丛生，于是上疏奏请在萌城重置盐引批验所。

萌城，即新开筑之城，地名来源于此。萌城自古即为军事要冲之地，直至1937年11月17日，中国工农红军四方面军之第四军、第三十一军与国民党胡宗南部第一师第二旅在萌城附近的仰佛山、魏家山、石梁山展开激战，是为中国革命史上著名的萌城战斗。

惠安堡是嘉靖六年（1527）由巡抚、都御史翟鹏奏筑的。比隰宁堡、盐池堡、萌城驿晚20多年。城周回2里4分，墙高3丈，门楼2座，南北敌台3座。巡抚黄嘉善甃以砖石。惠安堡建成后，灵州在盐池堡设的盐课司、巡检司都迁到惠安堡中，又设盐捕通判、批验盐引所，管理这里的盐产及税收。

惠安堡地名始于明代，因袭了附近惠安村名。惠安村因惠姓人居住而得名。陈永中先生的《惠安堡历史沿革》一文将惠安堡的历史发展过程写得很清楚。

　　清初，政区建制沿袭明制，雍正三年废除卫所制。宁夏设府，府下辖一州四县。一州为灵州，灵州下辖36堡，惠安堡是其中之一。清初，政局未稳，降将吴三桂纠合甘肃等地的降清官员于康熙十二年（1673）发动反清叛乱。甘肃平凉府的王辅臣积极响应，灵州地区的惠安堡等堡寨也落入叛军手中，形势十分危急。宁夏总兵陈福带领大军平叛，进入灵州，先后收复惠安堡、韦州等地。花马池叛军也向清军投降。陈福平定了叛军后移师固原、平凉。康熙十四年（1675）十二月二十二日，陈福行驻在惠安堡，夜间被叛军杀死。陈福在惠安堡被杀之后，灵州局势又动荡起来，提督赵良栋亲临灵州，招抚了20余堡，局势恢复稳定。

　　清代，惠安堡的盐业得到了进一步发展。惠安堡设有盐捕通判官员，专门负责管理盐务。城内街道整齐，人烟稠密，商业繁华。清末，政治腐败，西方列强不断侵略，农民起义不断爆发，惠安堡成为极不稳定的地区之一。居民流散，光绪末年全堡仅有246户1233人。盐业的开采也日渐衰落。

　　《弘治宁夏新志》中没有惠安堡，是因为此时惠安堡还没有建起来。成书于嘉靖二十一年（1542）的《皇明九边考》和成书于嘉靖二十六年（1547）的《边政考》竟然没有隰宁堡、萌城驿、惠安堡，这很奇怪。

　　隰宁堡、萌城驿、惠安堡都不领烽墩，只有盐池堡领烽墩35座，可见明代盐池堡的军事地位。《嘉靖宁夏新志》载，35座烽墩为钮家窑墩、刘和尚滩墩、杏树墩、二道元墩、金家山墩、早次台墩、马子赤墩、欢喜梁墩、硝池铺墩、五里岗墩、大头山墩、界牌墩、坍头铺墩、双山儿墩、平山铺墩、倒水湾墩、小蜂堆墩、大蜂堆墩、唐家山墩、烟堆山墩、耀武墩、刮金岭墩、红山儿墩、靖虏墩、下五墩、宁边墩、陶胡子墩、王伏山墩、杨威墩、平戎墩、镇远墩、破城子墩、暖泉堡墩、石羊山墩、石峡儿墩。

　　瞭望惠安堡镇广袤的草原，烽墩相望。历史创造了惠安堡镇，历史也熏陶了惠安堡人。惠安堡镇人才辈出，俊彦贤才，名耀古堡，可赞可叹。

（撰稿：侯凤章）

兴武营属的三大城堡

　　兴武营守御千户属永清堡、毛卜剌堡、天池子三大城堡。

　　兴武营东 30 里有永清堡，东南 40 里有天池堡，西 30 里有毛卜剌堡，周边有 20 多座烽燧相守相望。

　　兴武营守御千户所到底领几堡？《盐池县志》载："《万历朔方新志》载……兴武营设东路游击府，驻游击将军，分防毛卜剌堡、永清堡（今英雄堡）两个城堡。"但《万历朔方新志》载："兴武营守御千户所，领堡一：毛卜剌，城周一里七分，置操守。"未说有永清保。《弘治宁夏新志》"兴武营守御千户所"条下记有 2 堡：毛卜剌堡、天池寨，而没有永清堡。《嘉靖宁夏新志》《皇明九边考》《边政考》3 本史志只有《边政考》在"兴武营守御千户所"下有永清堡和毛卜剌堡，其他 2 书均无永清堡。但永清堡是实实在在存在的一个城堡，它的管辖归属在一些史书中没有记载，应该是这些史书存在缺漏。

　　《边政考》载，永清堡"官军原额步队三百一十员名"，而实际驻军 254 员，粮草无。《弘治宁夏新志》《嘉靖宁夏新志》《万历朔方新志》《皇明九边考》中干脆没有永清堡的记载。

　　永清堡位于盐池县城西北 37 千米处，北临深沟高垒，居于长城内侧高粱上，呈"凸"字形，开北门带瓮城，四隅有角台。任永训先生实地考证后认为："从建筑结构与形式上分析，西半部建筑在先，东半部为后来拓筑。"如此修建应该是有原因的，但不知原因为何。

永清堡现在称为英雄堡。据说解放战争时曾在此发生过战斗，但在盐池县革命史上无记载。20世纪40年代，这座城堡里还有人居住。而今荒碛废垒，天高草绿，鸟飞兽走，无尽沧桑，空留感慨。

毛卜剌堡在盐池县城西北59千米处，东距兴武营古城15千米，属高沙窝镇宝塔村管辖。《嘉靖宁夏新志》载："城周回一里七分，高二丈三尺。"门南开带瓮城，瓮城又开南门。曾有旗军100名，设操守官1名，守堡官1名，征操马84匹，走递骒2匹。城内设官厅1所，置操守宅1所，仓库1所，草场1处（与《边政考》中的数量不同）。该城堡西连清水营、横城，直抵黄河，肩负着宁夏东路的保卫任务。

毛卜剌为蒙古语，意思是苦涩的泉水。毛卜剌堡在兴武营西北15千米处的洼地，西南1千米是徐庄子自然村。该村以徐姓命名，村子地势高于毛卜剌城。毛卜剌城北是盐碱地，白刺疙瘩一丛连着一丛，这种适宜于盐碱地生长的植物极具抗旱能力。河东墙和深沟高垒两道长城在这里分开，但相距不过15米。两道长城并驾齐驱于古城北边，与古城构成了古代军事建筑的奇观。河东墙北侧即为内蒙古，故毛卜剌城用蒙古语命名，不足为奇。

清代毛卜剌堡内设把总署、火药局，堡外有教场，1913年均被撤销，土地归公。

兴武营东南40里处有一座古堡，名天池子，今属高沙窝镇南梁村。《弘治宁夏新志》载，天池子"城高三丈五尺，周回一里二分。池深八尺，阔一丈。南门一座。成化九年都御史徐廷章奏筑"。但《盐池县志》（1986年版）载，天池子城筑于明成化九年（1473），由巡抚马文升筑。2部志书所记不同。查《嘉靖宁夏新志》《万历朔方新志》，均无天池子堡记载。

如果说天池子堡始筑于成化九年（1473），那么它就比河东墙早筑一年，也就是说当时花马池草原上还没有长城，平沙漫川，几乎没有军事防御设施。于是平虏将军刘聚和参赞军务左都御史王越等奏议："宁夏三路俱当严守，东路平漫尤为要害。其花马池、兴武二营，为萌城、盐池（老盐池）、石沟带之藩篱，而灵州尤为宁夏城喉襟，唇齿相赖。但二营孤悬沙漠，无险可据。今当自灵州之东，兴武之西曰磁窑，又于兴武之东，花马池之西曰天池，宜各添筑一城堡，二堡间仍筑墩四座，以便往来传报，供给刍粮。"巡抚宁夏的马文升接受了刘聚和王越的建议，始筑天池子城堡。城周长500米，形制与磁窑堡同，备御军120名，置守御官操之。

　　马文升，钧州（今河南禹县）人，成化年间擢为右副都御史、巡抚陕西。如果说天池子城为马文升所筑，当在此任。成化十一年（1475），马文升为三边总制。

　　天池子堡坐落在东西近百里的川谷地带，形成一道川河，名天河。城东有一积水池，名天池子。据说西墙上有庙，有题字"龟鼋府第"。相传周穆王赴瑶池会王母娘娘途经此地，于池中饮马，天池子名称由此而来。

　　弘治十一年（1498），王珣升为都察院右副都御史，奉命巡抚宁夏。他到花马池巡边，作《巡视东路》：

骢马行边八月秋，灵州东望翠云浮。

天池一带桑麻地，河套千重沙漠洲。

破虏高名夸小范，御戎上策说成周。

北门锁钥从来重，经略封疆岂浪游。

　　而今天池子堡已成荒丘，寻迹古堡，已无踪影。天池子堡废弃，池水干涸，无"波心荡、冷月无声"之感，无"渐黄昏，清角吹寒，都在空城"之景。但池边花草年年盛开，当为盛世新景！

兴武营领墩21座：半个城墩、暗门墩、硝池墩、碱滩墩、中沙墩、西沙墩、平湖墩、沙沟墩、平羌墩、毛卜剌墩、西碱滩墩、外口广宁墩、平安墩，以上十三墩，今皆拨人守望之者。干沟墩、长岭墩、碗者都墩，以上三墩，设之腹里，今皆拨人瞭望之者。深沟墩、平滩墩、羊房墩、平房墩、东界墩、红寺儿墩、大川墩、圆山儿墩、干井墩9墩，旧设而今弃之者。

兴武营领21墩名来自《嘉靖宁夏新志》，到清光绪《花马池志迹》中已成16墩，个别墩名有变化。

一个墩台名就是一处地名，墩台有古名、有今名，古墩台名是古地名，恢复古墩台名就是恢复古地名，其意义就是续接历史。我们应该鼓励为此作出贡献的同仁。

（撰稿：侯凤章）

红寺堡，中国最大的移民搬迁区

历史上的红寺堡"周环旷阻，有地数百里，水泉四十五处，草木繁茂。寇至每驻牧焉，呼为小河套"。这一带有水有草，不时有蒙古兵锋南下且掳掠驻牧。明成化三年（1467），蒙古兵锋南下攻破开城（今宁夏固原市原州区开城）县城。弘治十四年至十七年（1501—1504），"套虏举众寇固原"，屡屡抢掠平凉、凤翔、临洮、巩昌、隆德、静宁等地，红寺堡沿线成为"往返必经之地"。宁夏镇驻军反击蒙古铁骑的伏击战也在这里进行。这里日渐重要。

杨一清总督固原陕西三边后，于正德元年（1506）三月提出，韦州乃蒙古族出没之地，兵备废弛，"不任保障"。尤其罗山脚下为庆王府坟茔所在，连年"大虏寇辄驻其地"，庆恭王坟近期都被开掘盗窃。杨一清建议要加强这里的军事防御，包括庆王府中护卫派军队屯驻韦州。正德二年（1507）修筑红寺堡旧城，驻军防守。杨一清修筑红寺堡旧城后，曾命参将苗銮驻军红寺堡、韦州、盐池等处，管辖范围较大，加强了韦州、下马关沿边一带的防御。

红寺堡因后期内迁重建，固有新旧城堡之说。在红寺堡城区东南，有旧红寺堡城堡遗址，俗称"寺堡子"。旧红寺堡选址在罗山西麓坡地一处山崮凸出的高地平台上，外围筑以城墙。除地势之外，充分利用了这里的水源。在距离堡城五六里地的罗山西麓沟谷，有数眼泉水汇集，有相对丰富的水源，是旧红寺堡驻军的水源地。旧红寺堡的修筑，从防御角度看，一是防守小罗山南的通道险隘，防堵下马关西进的蒙古兵锋。二是防守大罗山与小罗山之间的通道。今天城堡南墙和南门尚在，城址墩台完好。城墙东、西、北3面已看不出城墙的痕迹，早年被当地农民夷为平地。城堡边上有一个村庄名为"寺堡子村"，红寺堡开发区设立之初，整村迁至红寺堡灌区。

嘉靖十六年（1537），固原陕西三边总制刘天和上奏朝廷，认为杨一清修筑白马城堡（今甘肃环县以西，接近彭阳县），令东路之寇不敢轻易南下。王琼出任总制时期筑马关城，令中路防御得到了加强，边寇也不敢轻易南下。而当前的红寺堡存在安全隐患，需要内迁重建，具体原因是，红寺堡虽当其冲，而堡势孤悬，且外高内下，四面受敌，离水源较远，生活用水必须到城堡西边梁家泉拉取，如果敌人占据了水源，堡子里的人必死无疑。同时向朝廷阐述了重建的意义：在梁家泉新筑横墙两道，将整个梁家泉围起来，设立梁家泉墩，驻军防守，"断朔饮牧之区"。同时，招募军队耕垦，还可以解决粮食问题。刘天和此举并没有得到朝廷的准允，他们不赞成弃旧堡筑新堡。实际上，持否定意见的朝中官员并没有弄清楚红寺堡新边墙、红寺堡新堡与固原内边墙的关系。朝廷没有同意刘天和的奏请，还"夺俸半年"以示惩处。

从后来的实际情况来看，修筑红柳沟新长城的工程量不大，筑墙仅16里多，其余都是利用红柳沟的深沟险谷加以铲削而成，所以费用很小。而迁建红寺堡的工程量相当于修5里边墙。这对于三边总制、宁夏总兵衙门来说是小事，刘天和、任杰有权自行组织实施。《万历固原州志》记载，总制刘天和"复自徐斌水至鸣沙州黄河岸修一百二十五里，增葺女墙，始险峻"，确定修建红柳沟长城和迁建红寺堡。明人方孔炤《全边纪略》载："总兵任杰议于此地修筑新边一道，迁红寺堡于边内，撤旧墩军士使守新边。"新红寺堡修筑并随之西移。

红寺堡内的梁家泉，既是重要的水源地，又是红寺堡新城修筑并内迁的直接原因之一。明人魏焕《九边考》载，嘉靖十六年（1537），"总督刘天和筑铁柱泉、梁家泉等处城堡，以据水源"。当时防御的总体思路是控制水源，花马池东南铁柱泉，又东南梁家泉等，有水源处皆筑墙，"贼无饮马之处，诚百世之利也"。新红寺堡的军事防御，主要是防御两条通道：一是冬天由黄河而来，在鸣沙州过黄河，沿马路泉、倒树泉、红柳沟东进南下；二是由灵武、韦州方向来，以徐斌水至鸣沙长城为中心。

新红寺堡位于红寺堡城区红寺堡镇团结村以南、红柳沟北侧台地上。东城墙地基平直，南城墙、西城墙皆沿红柳沟修筑。红柳沟在西城墙处向西北转折，北城墙外也是一道壕沟，城堡随地形布局，城墙为不规则形状。红寺堡所辖烽堠有黑山儿墩、小罗山墩、阎王匾墩、黄草岭墩、四十里坡墩、韩麻子墩、红寺儿墩、梁家泉墩、红泉墩、沙葱沟墩、苦水井墩、察家崖墩、白疙疸墩等。红寺堡驻军最高军事武官为操守一级。操守，是明代北部九边边境城堡相对基层的防守军官。它的职位低于守备，高于把总，主要任务是守堡。清代有了变化，设把总。

明嘉靖四十年（1561）六月，发生了一次大地震，红寺堡城损毁严重。20 年前，红寺堡实施农田建设，三干渠穿城而过。因为干渠的修建、近 10 年的沟谷整治，城墙基本消失，唯一留存的是东门瓮城的一部分，还有瓮城不远处的烽燧墩台，见证着曾经的新红寺堡城。

（撰稿：冯海英）

镇北堡，中国电影从这里走向世界

一座城市的文化印记，就是这座城市惊艳且鲜明的时代符号。沿着贺兰山一路向东，有一道历尽沧桑、千疮百孔却巍然耸立的夯土城墙，那里便是镇北堡。这里是中国影视文化的摇篮。1981 年以来，共拍摄影视剧 208 部，其中《牧马人》《红高粱》《大话西游》等一部部扛鼎之作都是在这里拍摄，被誉为"中国电影从这里走向世界"。金鸡百花电

影节颁奖词感叹："这里永远留下了中国电影人的光荣与梦想，也翻开了中国电影光辉的一页。"

镇北堡是明代宁夏右屯卫所属屯堡之一，始建于弘治十三年（1500）。堡址坐西朝东，平面为方形，城墙系夯土筑成。西距贺兰山9千米，属于长城沿线的屯兵之所。

沿着时光隧道回到1961年，作家张贤亮在农场劳动时发现镇北堡这处军事遗迹。站上古城墙，眺望巍巍贺兰山，对未来充满了无限憧憬，与此同时，张贤亮把文学创作的目光聚焦到这座古堡上。他把在古堡中感受到的、不屈不挠的、生发自黄土地深处的顽强生命力，写进了他的小说《绿化树》，取名为"镇南堡"，后又通过影视作品推介给世界。从此，古堡迎来新生，张贤亮也第一次提出"出卖荒凉"。在电影圈内，镇北堡成了"荒凉"的代名词。他曾说："荒凉本身是无价的，但只要赋予它深厚的文化内涵，它就是有价的。"

20世纪80年代初期，电影《一个和八个》摄制组走进镇北堡，这片荒凉初涉银幕。随后电影《红高粱》《牧马人》《大话西游》《新龙门客栈》也相继诞生，这里见证了华语电影的黄金20年，从这里诞生的作品是中国影视历史版图上耀眼的一部分，所以古城堡被称为"东方好莱坞"。

今天的镇北堡，步步呈胜景，处处有文化。人们可以去月亮门下领略历史的味道，去周家大院重温儿时的记忆，去清城百花堂回味那些珍贵的电影记忆。行走在西部影城，穿越遥远的曾经，感受旧时光的温情，流连轻歌曼舞的时代，体味纵横江湖的快乐，用脚步丈量古朴的力量和旅游的魅力。在移步换景中体会"旅游长见识，行走即读书"，感受创新旅游带来的奇妙。

夕阳西下，漫步在影城古朴的明清街道，打铁、擀毡、纺线、织布等祖辈们生产、生活的场景在这里一一再现，让人们仿佛穿梭于时光隧道，可以亲身体验古代北方小镇的流年往事。"镇北堡影城给人的第一印象就是震撼的美，它显现出一种黄土地的生命力，一种衰而不败、破而不残的雄伟气势。作为人文历史景观与现代影视艺术相结合的产物，古堡借影视艺术之体，还民俗文化之魂，再现了祖先们的生活、生产和游乐方式，这里已逐渐成为我国传统北方小城镇的缩影。"

镇北堡影城凝聚了太多意象，置身其中，仿佛游弋在梦境与现实之间，剧情与场景一一对应，不知自己身在剧中还是剧外。如今，影城不仅保留和复制140多处在此拍摄过的电影电视场景，而且汇集了50多项民俗项目和非遗项目。人们在这里感叹民间艺人的巧夺天工时，更为古老艺术的传承感到欣慰。

离开古堡的时候，已然被它的残旧斑驳、衰而不败所感染。那岁月故事仿佛在眼前流转，一段接一段，说不穿，道不尽……

（撰稿：冯海英）

守望长城见和平

威震边陲的三边总制

元朝灭亡后，蒙古各部退居草原，长期与明朝南北对峙，几乎与明朝统治相始终。明朝建立后，采取种种措施，集中大量人力、财力加强西北边疆的防御，但边患仍然不能彻底消除。在三边总制制度设立前的10年间，边将关于蒙古掠边造成人畜伤亡的奏报不断送达朝廷，因而有"天下之势，西北为首，而夷虏之患，全陕为最"之说。为加强对该地区的军事防御，明朝在此建立甘肃镇、宁夏镇、延绥镇，史称"西三边"。

甘肃、宁夏、延绥三镇是总兵、监军、巡抚组成的三位一体中央派遣官制度，这一制度看似很完善，实际上是总兵职掌兵权，巡抚职掌行政与监察之权，而内臣（宦官）负责监军。尤其是每镇的三长官还各立一府，并称三节帅，呈三府并立格局。座次以监军居中，总兵居左，巡抚居右，相互制衡，御边作战指挥多有不便。

甘肃、宁夏和延绥三镇在御边时职责的规定也过死，实际上它们各自负责自己辖区的军事防御任务，而无协防其他镇的义务。有镇遭受残元扰掠时，其他镇总兵"闭城坐视"，不率兵救援。而当残元扰掠发生在两镇交界处，各镇便相互推诿，以逃避罪责。至于巡抚，也存在类似现象。遇到战事，各镇各自为战、独立防御、互不支援，致使无法形成联合、协同对敌的强势力量，因此往往战则不敌众，守则难御敌，造成御边战事失利之事多有发生。为了革除宁夏不顾延绥，甘肃不恤宁夏，各拥重兵旁观坐视，偶有出兵御敌，也因寡不敌众节节败退，致使军威不振，边患日重的御边制度弊端，明朝在"西三边"之上创设了三边总制职官制度。

成化二年（1466），陕西地方奏请朝廷"文武大臣内推选文臣一员充总制，武臣一员充总督，常镇陕西，节制三边并腹里军务"，平时提督操练，战时督军作战，"则三边一令，诸将同心，以守必固，以战必胜，而边防可安，边储可省"。成化四年（1468），固原地方土鞑满四率众叛乱，朝廷命右都御史项忠总督固原等处军务，并与陕西监军太监刘祥、总兵官刘玉、巡抚马文升等率四镇兵平定了叛乱。在这次平叛中，总督陕西（固原）、延绥、甘肃、宁夏四镇之兵的项忠是首任三边总督，也正是他第一次对四镇之兵实行了统一节制。成化十年（1474），朝廷命"王越总制延绥、甘肃、宁夏三边，驻固原"。至此，"总督"官职名终于转变成为"三边总制"官职名，王越也成为首任"三边总制"之官，总制府设于固原，固原从此成为九边镇之一，同时也有了"三边四镇"之说。

三边总制是明代创设于西北边防地区的一种官职名称。创设这一官职，其目的是以担任这个官职的官员为长官，力求在军事上确立一个强有力的领导者，实行更为有效的御边制度。三边总制的创设把西北边疆三边四镇的军事、民政、监察、财赋等权力集于一人之手，这对当地御边等重大事务起到了积极作用。三边总制既肩负军事重任，又负责地方民政事务的管理，主要表现在政治、军事、经济等方面。

政治方面，历任三边总制都在一定程度上奉行明朝最高统治者"外示羁縻"，"驭夷狄，本之以大公，待之以宽恕，来则不拒，去则不追"

的政策。嘉靖中后期，蒙古俺答汗势力崛起，要求与明朝互市。明朝先是拒绝，结果双方多次发生战争，造成重大损失。在经历一系列曲折斗争后，明朝改封俺答汗为顺义王，并又授其他蒙古贵族官职，同时同意互市。这些措施的实施取得了很好的政治效果，正如明代史籍所载："俺答三世受封，疆场无牟者四十余年。"明朝还通过"茶马互市"等活动加强同边疆民族的联系，而三边总制对"茶马互市"的控制、管理、经营也颇为有效，其中最有名的是杨一清。正德、嘉靖年间，杨一清两次出任三边总制，力修马政制度，恢复金牌之制，规定由官方专管茶马贸易，严禁私贩，禁止不法商人垄断茶马交易，确保军需民用。历任三边总制对陕西"招商中茶，招番易马"极为重视。嘉靖年间（1522—1566），三边总督王以旂在延绥、宁夏开马市，总督喻时在甘州建茶马司。隆庆初，三边总督王崇古曾在一年间"市马七千余匹，为价九万六千有奇"。三边总制戴才、石茂华、李汶、徐三畏等，均在互市中功绩卓著，故都加衔进职。

军事方面，三边总制都重视练兵、制造兵器、修筑边墙、合四镇之兵协同御敌。三边总制设置后，将各自独立御敌的甘肃、宁夏、延绥和固原四镇辖区统一为一个地域广大的军事防御区，并形成由总制府、卫、所和营堡等构成的严密防御体系。历任三边总制都认为，御敌之兵不在"众"，而在于"精"。"精"就要进行练兵，尤其注意"防秋"训练演习。总制王琼还曾"令诸将操演摆墙拒战之法"。在三边总制辖区内，对兵器的制造和使用也很重视。秦纮在出任三边总制时，曾用名为"金胜"、长"丈四尺"的双轮车，推着冲敌，有时还载上火器、弓弩或刀牌作战。三边总制为防御蒙古诸部南下扰掠，曾持续不断地命令戍兵修筑长城、挖掘壕堑、削坡为崖等，从而在北部沿边形成"城外有壕，壕外有窖，窖外有栅，明窖暗窖，各尽其地，木栅土栅，各因其便"、具有较强防御功能的人工防御屏障。在三边总制治边期间，各镇协同作战问题也得到较好解决，三边总制创设后，在西北边疆沿边军事防御中所取得的成效是明显的。

在经济方面，历任三边总制都在长城沿线大力开展屯田活动，就地解决军粮问题。明朝统治者和边防将领都明白"食者，兵之命也。足食之道，屯田为上，输挽次之"和"边城攻守之策，钱粮最为急务"的道理，所以在长城沿线，以卫、所为单位，按照兵卒"三分守城，七分屯田"的规定，在各要害处组织屯田活动。由于明代在三边总制辖区长期进行屯田，在就地解决军粮方面取得了很大成绩，所以杨一清曾赋诗称颂道："击壤有歌农事足，折冲多暇虏尘空。"除以上事务外，总制官还负责兴水利、施赈济、抚流民等。

三边总制多为经世致用之臣，能在当时条件下，尽量发挥自己的能力。如杨一清、秦纮、唐龙等，在任期间能全面经营边防，整顿兵备。有些擅于指挥作战，立下战功，如王越、王琼、刘天和贾应春等。有些擅于外交，处理番务，管理互市，如戴才、郜光先、石茂华等。他们大刀阔斧地建设边镇，造福一方。而有些则无甚建树，甚至贻误军机，屡被弹劾，引来物议。总之，陕西三边总制作为明朝防御体制中的一环，加强了中原王朝与边疆民族的联系，稳定了边疆社会秩序，巩固了明朝对西北边疆的统治，改善了西北各民族的关系，对西北边疆管理产生了重大影响。

（撰稿：冯海英）

九边重镇之宁夏镇

　　宁夏镇作为明代九边重镇之一，镇守着宁夏北部地区，发挥着军政合一的职能。

　　1368年，明朝建立后推翻了统治中国97年的元王朝，但蒙古贵族在北方的实力依然很强。在修筑长城的同时，明朝沿着万里长城陆续设立九个军事重镇，九镇分段防守，称为"九边"或"九镇"。这九个军事重镇自东往西依次为辽东镇、蓟州镇、宣府镇、大同镇、山西镇（太原镇）、延绥镇（榆林镇）、宁夏镇、固原镇（陕西镇）、甘肃镇，各镇设总兵。其中宁夏镇管辖范围东起花马池，西至中卫、靖远，全长约1000千米，宁夏总兵驻宁夏卫（今宁夏银川市）。

　　宁夏历来是西北边陲重地，是中原农耕文化与草原游牧文化的过渡地带，这里"地险固，田肥美，屹为要会"，在整个中国历史的进程中，由于这里农牧皆宜的自然环境和战争频繁的政治环境，使宁夏在政治、军事方面的地位尤为重要。宁夏镇在地图上看，好像一个楔子向北插入，跨在黄河河套西部南段的两岸。清顾祖禹在《读史方舆纪要》中论述宁夏镇长城地理形势时称其为"关中之屏蔽，河陇之嗓喉"。

　　宁夏镇的设立，经历了从设卫到设镇的演变过程，也显示了明朝政府的重视。为加强北部边地的长城防御，洪武九年（1376），明朝将元代的宁夏府路城改为宁夏卫城（今银川市），迁移 5 万人到此。明成祖朱棣即位后，以右军都督府左都督何福佩征虏前将军印，任宁夏总兵，统一指挥西北全境军事。宣德（1426—1435）初，改以镇守宁夏总兵专挂"征西将军"印，负责宁夏镇军事事宜。宁夏镇上隶于陕西都指挥使司（后改由陕西三边总督节制），下管宁夏卫、宁夏前卫、宁夏后卫、宁夏中卫、宁夏左屯、宁夏右屯、宁夏中屯、灵武守御千户所、兴武守御千户所、平虏守御千户所、韦州群牧千户所。军事防区相当于今宁夏贺兰山及甘肃景泰县以东，盐池县以西，石嘴山市以南，同心县及甘肃靖远县以北地区。

　　明代的宁夏镇城是在元代宁夏府城的基础上设置的，在正统年间（1436—1449）曾经历过一次扩修。据《嘉靖宁夏新志》载，扩修后的宁夏镇城城池高 3 丈 6 尺（10.19 米），基阔 2 丈（5.66 米），护城河深 2 丈（5.66 米）、宽 10 丈（28.3 米）。镇城有 6 个城门，东为清和门，西为镇远门，北为德胜门，南为南薰门，西南为光华门，西北为振武门。城墙四角均建有角楼，城门之上各建城楼。清和门、镇远门、光华门、振武门之外建有月城，南薰门、德胜门外建有关城。南关门称昭阳门，北关门称平虏门。各门有炮铳，镇城内有藩王府邸、帅府、总兵官府、副总兵官府、游击府、都察院、按察司、监收厅、宁夏卫府、宗学、文庙、褒节祠、奎星楼、营房、药局、马营、校场、宁夏仓、兵车神机杂造局、养济院、受降馆、天使馆、皇华馆、驿站、宁静寺、报恩寺、清宁观等。

　　根据文献资料记载，宁夏镇驻军分为正兵、骑兵、游兵、旗兵、甲兵等，人员最多时达 6.1 万多名，战马 6500 匹。这些驻军的任务十分繁重，不仅要守护长城、同敌作战，而且要种田自养，也就是朱元璋所说的"养兵百万，不费百姓一粒粮"。宁夏镇有黄河之便，通过数十年的水利建设，修复了旧有的灌溉系统，屯田成果相当可观，有"天下屯田积谷，宁夏最多"之说。嘉靖年间（1522—1566），宁夏镇屯田总数达到 1.5 万余顷，夏秋两季征收粮食达到 2916.5 万斤。宁夏镇的军事屯田对当地的农业经济发展起到了积极作用，也为防御北方少数民族提供了后勤保障。

宁夏镇依靠绵延千里的长城以及雄伟的贺兰山、滔滔不绝的黄河进行防御。不过明朝中期在放弃河套平原、退守宁夏后，失去了对鞑靼防御的缓冲地带，特别是宁夏镇东部的灵武、盐池首当其冲，加之嘉靖时曾在宁夏抽调军队前往北京戍守皇陵，导致宁夏兵员大减。万历年间，实存营军 2 万余名，他们中的青壮年又往往被军官私藏起来作为私兵，留下屯田的老弱士兵负担日益加重，很多士兵不得不选择逃亡。宁夏镇的军事防御情况转危，蒙古兵屡次突破宁夏镇防线南下固原、平凉劫掠。景泰元年（1450）正月，瓦剌进犯宁夏，抢掠人口及卫军屯、驿递、苑马寺牛羊不计其数。天顺三年（1459）正月，鞑靼部 2 万余人入边抢掠。天顺五年（1461）一月，鞑靼部攻掠平虏城（今平罗县城）。成化二年（1466）七月，鞑靼毛里孩部攻掠花马池，向南直至固原、开城、静宁、隆德诸地。开城、广宁苑官马被掠 1600 多匹。弘治六年（1493）五月，鞑靼小王子攻掠宁夏。弘治十三年（1500 年），鞑靼小王子又以 10 万骑从花马池、盐池进攻，掠固原。正德十年（1515）九月，鞑靼 10 万余骑从花马池入固原，肆行抢杀。嘉靖六年（1527）秋，小王子数万骑进攻宁夏。嘉靖十二年（1533）二月，鞑靼吉囊部袭扰宁夏，攻掠花马池，又掠固原。嘉靖十三年（1534）八月，鞑靼吉囊部再度袭击花马池，经铁柱泉南下攻掠固原。嘉靖三十九年（1560）四月，鞑靼都剌儿台等攻掠宁夏河东，进犯灵州，被守兵击退。嘉靖四十年（1561）十一月，鞑靼右能部 2 万余骑攻掠宁夏铁柱泉、固原。

宁夏镇的军事防御压力直至隆庆五年（1571）才得到缓解。是年，在内阁大臣高拱、张居正等人的筹划下，明朝与蒙古达成了对俺答汗的封王、通贡和互市的协议，在长城沿线开放 11 处边境贸易口岸。自此，明朝与蒙古之间结束了长达 200 年之久的敌对状态，确立了和平贸易关系，宁夏及各镇边境在此后的 70 年里没有发生大的冲突，直至明朝灭亡。

（撰稿：杨彦彬）

九边重镇之固原镇

固原镇作为明代九边重镇之一，镇守着宁夏中南部地区，是三边总制府驻地，节制宁夏、甘肃、延绥三镇。

固原位于宁夏回族自治区南部，北视河套，南倚平凉，东接庆阳，西连白银，六盘山为脊柱横卧南北，地理位置十分重要，是关中的门户，自古以来就是纵横东西、贯通南北的交通枢纽，是古丝绸之路的重要驿站，更是兵家必争之地。

战国时期的秦国就在固原境内筑有长城，西汉元鼎三年（前114），在这里设置安定郡，郡治高平就是今天的固原城，故在以后的2000多年间，历代王朝在这里都有重要建置。北魏改高平为原州，北宋又改为镇戎军，金改镇戎军为镇戎州。到了元代，固原地区的行政治所设在开城，使固原在近百年间几乎成了一座废城。到了明代，随着边关战事的紧迫，固原再度风光起来。

明初，平凉、固原均处明朝内地，并无多少边患。正统（1436—1449）以后，西北边防形势渐趋紧张，经常有蒙古骑兵沿清水河谷或今202省道一线袭攻固原等地。正统十四年（1449），蒙古各部经固原大举入侵平凉，明王朝遂于景泰二年（1451）七月，下令兴工重修固原城。

次年闰九月，迁平凉右卫所于固原城，设守御千户所，并在开城设开城守御千户所，以加强固原地区的防御能力。成化二年（1466），鞑靼攻破开城县。成化三年（1467），县治和千户所被迫迁往原州故地，即今固原市。成化五年（1469），升千户所为固原卫。大致就在此时，将"古原州"或"故原州"转音定名为"固原"，取"固若金汤之古原"之意，此乃固原得名之始。

固原卫上隶陕西都司，下辖西安州（治在今海原县西安镇）、镇戎（治在今固原市七营镇境北）、平虏（治在今同心县预旺镇）三个守御千户所。成化五年（1469），固原兵备佥事杨勉增筑固原城，建楼铺城门二：南曰"镇夷"，东曰"安边"。

随着固原城池的加固和扩大，固原古城在军事建制上的高光时刻到来。

明成化十年（1474）一月，朝廷任左都御史王越为第一任三边总制，统一指挥延绥、宁夏、甘肃三镇军务。总制府设在固原，三边总制自此始。固原一跃成为西北规格最高的军事重镇，成为西北军事指挥中心。清代学者刘献廷在《广阳杂记》卷一中是这样形容固原三边总制府的："明三边总督，军门为天下第一，堂皇如王者。其照墙画麒麟一、凤凰三、虎九，以象征一总制、三巡抚、九总兵也。"足见三边总制府军门的威严和气派。

《明史·兵三》卷九十一载："元人北归，屡谋兴复。永乐迁都北平，三面近塞。正统以后，敌患日多。故终明之世，边防甚重，东起鸭绿，西抵嘉峪，绵亘万里，分地守御。初设辽东、宣府、大同、延绥四镇，继设宁夏、甘肃、蓟州三镇，而太原总兵治偏头，三边制府驻固原，亦称二镇，是为九边。"明初，在北部边境先设辽东、宣府、大同、延绥四个军事重镇，后又在宁夏、甘肃、蓟州设三镇，同时因为太原驻总兵府，宁夏、甘肃、蓟州三镇总兵府治固原，所以太原、固原"亦称二镇"，也可以称为另外两个军镇。随着弘治十八年（1505）镇守陕西总兵官真正移驻固原，固原地区在实际意义上成为"固原镇"。至此，明朝长城沿线的战略要地划分为9个防区，分段防守，称为"九边"或"九镇"，其中宁夏境内有两镇：宁夏镇（设于今银川市）、固原镇（设于今固原市）。

固原三边总制府作为大明一朝西北地区最重要的军事机构，从设立之日起至明亡共有61人历67任总制，其中贡献最大的要数杨一清。杨一清（1454—1530），字应宁，先祖为云南安宁人，14岁举乡试，成化八年（1472）入进士。曾以副使督学陕西8年，弘治十五年（1502），由南京太常寺卿擢升都察院左副都御史，督理陕西马政。此后杨一清又先后于正德元年（1506）、正德五年（1510）、嘉靖三年（1524）三次出任陕西三边总制。时人评说他是"四朝元老，三边总戎，出将入相，文德武功"。

"四朝元老"说的是杨一清自成化八年（1472）由进士入仕，历经明成化、弘治、正德、嘉靖四代皇帝。

"三边总戎"更好理解，杨一清在1506年至1526年20年间曾三次担任三边最高军事长官。

"出将入相"说的是杨一清担任三边总制乃武职，是将军头衔，曰"出将"。他在三边总制上卸任后凭功"加太子太师、特进左柱国、华盖殿大学士"，应该是他的"入相"。

"文德武功"，先说武功。

明永乐年间在全国设立两个专门管理养马事业的机构，甘肃、陕西苑马寺。苑马寺下设监，监下设苑，宁夏境内设长乐（固原）、灵武二监六苑，其中固原设有一监二苑。历史上的固原六盘山地区，森林茂密，水草丰泽，尤其固原北部地区，土地空阔，宜于放牧，具有发展畜牧业的良好条件，加之固原设三边总制，固原地区所产之马主要供给三边军用。但是到了弘治年间，由于马政日渐衰落，官马盗失、牧军潜逃、草场被侵占日益严重，弘治十五年（1502）以"都察院左副都御史"之职起用杨一清专门督理陕西马政，诏敕："陕西设立寺监衙门，专职牧马……近来官不得人，马政废弛殆尽，今特命尔前去彼处……"国家马政已经废弛殆尽，任命杨一清前去督理，朝廷对他寄予厚望。

上任后，杨一清走遍宁夏的马监、马苑，甚至连马厩都一一看过，经过一年多的实地调查，他拿出了可以兴旺马政的可行之计：增马种，增牧军，修马营城堡，惩马政贪污，追回草场扩大养马基地。史载杨一清督理马政之初，查得宁夏二监六苑原有草场133770多顷，而实有草场66880多顷，其余被人侵占；原额养马军人1220人，实有745人，其余均外逃未补；实有牧养儿、骒、骟马并孳生马驹2280匹。在实施了既定方案后，二监六苑实际清理出草场荒地128470多顷，拨补、招募、改编军人2343人。除此之外，杨一清还通过银卖、茶易、追补、孳生等办法增加马匹数量。至正德元年（1506）十二月，实有马并驹11807匹，也就是说经过四年苦心经营，除供应三镇军马使用外，杨一清管理下的马匹数量比以前要多出9547匹。单从数据看，杨公为国家之马政鞠躬尽瘁，换来了"草场地复，牧军增数，城堡相望，苑厩罗列"的马政兴旺局面。

如果说杨一清在督理马政中功劳卓绝，那么在三次担任三边总制期间更是做到了《明史》记载的"其才一时无二"，曾受到"温诏（情词诚挚的诏命）褒美，比之郭子仪"。

弘治十七年（1504），陕西三边总制秦纮离任，各镇总兵失去统一指挥，一时边防松弛。大漠以北的游牧民族经常分道侵入，围灵州，掠固原，扫隆德，直接威胁关中地区的安全。正德元年（1506），杨一清以右都御史职衔第一次总制陕西三边。到任后，他立即着手充实军伍，部署兵力，布演阵法，提高战士的作战能力。第一次任三边总制虽在任仅一年时间，但为了加强防卫力量，他创设宁夏后卫，立兴武营守御千户所，改灵州守御千户所，直属陕西都司，创设平虏、红古二城，"以援固原"。他还亲自到延绥定边，宁夏花马池、兴武营、清水营、灵州（今宁夏灵武）一带，逐一阅视边墙、城堡、墩台，发现均已年久失修、破损不堪，于是调集9万人筑定边营至横城300里边墙。此时，风云突变，形势发生巨大的变化。以刘瑾为首的宦官集团一手遮天、把持朝政，杨一清不满刘瑾专权，不肯依附于刘瑾，差点儿被刘瑾逮捕下狱。朝廷将杨一清调回，第一次总制三边结束。

时隔3年，正德五年（1510），因驻在宁夏（今银川市）的安化王朱寘𫓧举兵叛乱，朝廷第二次任命杨一清总制陕西三边军务，协同总督军务的太监张永，共同前往宁夏平定叛乱。杨一清到陕西后，得知宁夏兵变已经由他的旧部平定，在处理宁夏安化王之变的善后工作中，他采取"只诛首恶，不究胁从，有功者录用"政策，使宁夏社会秩序迅速恢复，人心稳定。他还奏请朝廷免去宁夏一年的赋税，减少民众徭役，缓解人民负担。杨一清还与张永合谋，除去扰乱朝纲之阉贼刘瑾。杨一清性情豁达，为人谦逊，史载他于时政"最通练"，在第二次出任三边总制时，《明史·杨一清传》载："起偏裨至大将封侯者，景景然不绝。馈谢有所入，缘手即散之。"很多权贵都攀附杨一清，上门送礼的人络绎不绝，但他"馈谢有所入，缘手即散之"，他把所得之物分给戍边的基层官兵，这也充分证明他"最通练"、有智慧，难怪《明史》要为他立传，让他流芳百世。

嘉靖三年（1524）九月，土尔番侵犯边境，十二月，明世宗以三边总制缺人，诏杨一清再次任三边总制。此次总制三边，距其第二次总制三边已经过去15年，他已是一位71岁的老人。虽年老，但他并未因此而贻误强国之策、富民之道。到任后，即呈《为条陈盐池开中事疏》"复请乞商开中，又请仿古募民实塞下之意，招徕陇右、关西民以屯兵"开中。开中法是实行以盐、茶为中介，招募商人输纳军粮、马匹等物资的方法。明代多于边地实行开中，目的在于吸引商人运粮至边，以充实边境军粮储备。但商人苦于长途运粮颇为耗费，遂于边地招集劳动力开垦田地，生产粮食，就地入仓，于是演变为商屯。杨一清复请召商开中是在考察了前代商屯与商屯法坏后西北边地的实际情况提出来的。他不仅考察弘治以前的商屯情况，而且上溯到汉代的西北边备及军粮供给情况，故提出"仿古募民实塞下之意"，他欲仿古以"招徕陇右、关西民以屯兵"，即招来今甘肃陇山、六盘山以东，黄河以西一带居民来边地屯田，想用商屯与民屯两种形式解决边军粮食问题。可惜此次任职仅一年时间，他的主张未能实现，但杨一清"在其任，谋其政"的使命感和责任感值得今人学习。

再说文德。

史载杨一清著有《关中奏议》《石淙类稿》《石淙诗集》《西征日录》等。《万历固原州志》中收录了杨一清的两首诗：

固原重建钟鼓楼

西阁风高鼓角雄，南来形胜倚崆峒。

青围眱睨诸山绕，绿引潺湲一水通。

击壤有歌农事足，折冲多暇虏尘空。

登楼不尽筹边意，渺渺龙沙一望中。

千里关河入望微，四山烟雨翠成围。

蒹葭浅水孤鸿尽，苜蓿秋风万马肥。

圣主不教勤远略，书生敢谓识戎机。

狂胡已撤穹庐遁，体国初心幸不违。

开府行

旌旗昼拂烟尘开，钲鼓动地声如雷。

路旁群叟暗相语，不道我公今又来。

当年从征玉关道，我是壮夫今已老。

似闻军令尚精明，颇觉容颜半枯槁。

弓刀万骑如云屯，多是当年鞭策人。

部将生儿还拜将，部卒亦复称将军。

自公入朝佐天子，功成身退诚善矣。

胡为乎来复此行，远涉沙场千万里！

圣皇求旧温旨褒，君臣之义安所逃。

不然七十二衰叟，岂任绝塞风尘劳。

黄河水深金城高，我士酣歌马腾槽。

亦知保障乃良策，忍使赤子涂脂膏。

营平经略不无意，定远功名归彼曹。

据考证，明代固原钟鼓楼重修，成于正德癸酉年（1513），《固原重建钟鼓楼》是杨一清第二次任三边总制时写的。"击壤有歌农事足，折冲多暇虏尘空"，在他的励精图治下，北虏已经遁去，农业生产欣欣向荣。"蒹葭浅水孤鸿尽，苜蓿秋风万马肥"，正是他兢兢业业督理之后宁夏马政的真实写照。字里行间体现出杨公的谦逊和报效国家之本心。

嘉靖四年（1525）十一月，杨一清离开固原回京师，《开府行》这首长诗当写于此年深秋时节，基本概述了他三次驻边的变化和对人生去若朝露的感慨，集中描写了三边制府固原雄壮和苍凉的边塞风光。旧地重驻，伤感之情油然而生，特别是对一位征战半生的老人。"当年从公至关道，我是壮夫今已老。"杨一清第一次到第三次总制三边，经历了

20 个年头。当年壮夫，今已老翁，山河依旧，自己却两鬓霜白，不免伤感。一方面觉得年事已高，应该功成身退，不再涉足千里沙场；一方面又觉得国家需要，义不容辞。"不然七十二衰叟，岂任绝塞风尘劳"是他敢担当有作为的民本思想体现。

杨一清在《西征日录》中写道，正德五年（1510）年第二次受命从北京赶赴固原任三边总制，"六月初一日，冒雨至邠州……初三日宿泾州……初四日过白水至平凉……初五日过瓦亭驿，径趋固原……初六日，发固原……暮宿镇戎千户所(今固原七营镇)……初七日至平房千户所(今同心县预旺镇)……初十日，予先行至韦州……十一日会陈于小盐池……十二日至大沙井……"杨一清上任刚到固原，就不顾车马劳顿，马不停蹄地北上视察防务。这位封疆大吏在工作上的雷厉风行是源自他保国安民的初心。

另外《西征日录》中还有这样一段记载："初六日，发固原……暮宿镇戎千户所。沿途皆牧马营堡，牧卒壮老填衢，诉曰：自公之去，我辈疲于力役，疲于科取，不得牧马，马死鞭追急，人无完肤，逊且半，见在者不能存，将尽逊矣。或曰：公初以牧马招我，今百差丛集，较之征戍之兵，顾加苦焉。公来矣，其为我处之。言已哭声震地。"杨一清没有写这件事情的后续，苦心经营的马政，曾经的牧马军人，可悲的现实情况，面对这样的无奈，当时杨公的心里应该是五味杂陈的。从另一个角度看，说明杨一清身为重臣，谦虚谨慎、礼贤下士深得基层官兵的信任和爱戴。

嘉靖九年（1530），杨公走完了他的戎马一生，因"背疽发，卒于家，追谥文襄"，享年 77 岁。

时光不可倒流，历史不能重现。莽莽大原，巍巍六盘，见证着被淹没在岁月长河中的无数英雄豪杰，历史会铭记那些为国家、为民族作出贡献的人！

沧海桑田，如今的固原虽不见三边军门的气派威严，亦没有"苜蓿秋风万马肥"的宏大场面，但蜿蜒的六朝长城、宏伟的须弥石窟、雄浑的丝路萧关、耀眼的火石丹霞、层叠的固原梯田、光辉的红色六盘依然在固原的大地上展现，更是人们向往的文旅胜地。今天在"不到长城非好汉"的长征精神鼓舞下，在习近平新时代中国特色社会主义思想的指导下，百万固原人民砥砺奋进，踔厉前行，实现了脱贫攻坚，走出了独具特色的致富路。今后固原也必将在中华民族伟大复兴的道路上昂首前进！

（撰稿：顾永存）

宁夏韦州群牧千户所

　　宁夏回族自治区吴忠市同心县韦州镇位于同心县东部，罗山绵亘其西，青龙山对峙其东，两山之间形成低洼平坦的河谷川地，东西宽 30 多千米，南北长约 50 千米，甜水河、苦水河由南向北穿境而过，搂山抱

水，水甘土沃，由于其特殊的地理位置和自然条件，自古以来就是贯通中原与大漠的交通枢纽。这里曾是大汉雄兵征伐匈奴的驻扎和给养地，汉代"三水县"故城距离今韦州镇区不到20里。至大唐，"怀柔四荒，亲睦九族"，首位和亲公主——弘化公主与吐谷浑部首领在这里和睦生活，各民族交往交流交融的故事在这里传颂，"安乐州"这个韦州历史上最高规格的行政建制应运而生。之后地名又作"长乐州""威州"。宋夏时期这里设"韦州"，即韦州静塞军，后改为祥祐军。韦州古城正是宋夏时期的韦州监军司治所，古城内的康济寺塔也是宋夏遗物。

古代，马是重要的军事物资，是组建骑兵的核心资源，所以马当仁不让地成为国之重器。尤其到了明代初期，漠北蒙古残余势力犹在，宁夏作为蒙古骑兵南入关中的必经之地，加之气候适宜养马，在宁夏设立专门的养马机构成为历史的必然选择。

《明史·兵二》载："陕西都司（领）宁夏群牧所。"另《嘉靖宁夏新志》卷之三记载："韦州，地土高凉，人少疾病。洪武二十五年（1392），庆王建宫室于此，居之凡九年，徙宁夏。以其益于畜牧，故留群牧千户所官军，专以牧养为事。"从不同时期编修的史书来看，明代早期在韦州设立了群牧千户所，本应归陕西都司或宁夏卫管辖，但由于庆亲王藩封于宁夏，所以宁夏群牧千户所实际上成为庆王私有。

大明王朝在韦州设立群牧千户所专司牧马事务有其必然性。这里"地土高凉"适宜马生存。同时朱元璋把其第十六子朱栴分封到此地做庆王，一来为国蓄马，二来防守边境，震慑漠北蒙古残余势力。洪武二十五年（1392），16岁的庆王到韦州就藩，可谓花季之年就肩挑重担，戍边固边，保国安民。庆王在宁夏共45年，其中在韦州居住9年。在韦州的这9年应该是他一生中最难忘的，《明史》载"王好学有文，忠孝出天性"。作为"才子王爷"，在宁夏居住期间，朱栴著有诗文《凝真稿》18卷、《集句闺情》1卷，并编《文章类选》《增广唐诗鼓吹续编》等5种诗集文汇。朱栴在文化方面最重要的贡献是主持编纂《宁夏志》2 卷，这也是宁夏历史上第一部地方志，开启了河套地区修史的先例，留下了许多宝贵的历史资料。《宁夏志》载："宁夏群牧所，洪武间设，职专牧养王府牛、羊、驼、马。正官有千户，甲军定额一千一百二十名。"充分说明庆王已实际掌控群牧千户所。

据统计，庆王所作流传至今的诗词有 38 首，其中描写韦州的诗词有 6 首，分别是《登韦州城北拥翠亭》《晚登韦州楼》《东湖春涨》《夜宿鸳鸯湖闻雁声作》《朝中措·忆韦州拥翠楼》《临江仙》。这些诗词都表达了对韦州美景的欣赏，同时睹物思乡，由韦州之景勾起庆王对江南家乡的思念。

晚登韦州楼

炊烟几处起荒城，柳外游丝百尺萦。
把笔登楼漫回顾，夕阳流水总关情。

登韦州城北拥翠亭

天际风云起，山椒结夕阳。
园林含珉色，筇鼓动哀音。
边报军书急，南来雁信沉。
病怀与秋思，潺湲苦难禁。

庆王既然好诗爱文，就不失诗情画意的性格，韦州地区至今仍有众多与庆王有关的遗址和故事，如《晚登韦州楼》中的韦州楼遗址犹在，当地人称为庆王观景台。流传的故事中关于马的最多，庆王作为"群牧千户所"的实际掌控人，当然不缺马，尤其自己的坐骑应该都是"神驹"千里马。《同心县志》载，韦州城南高窑子一带，方圆几十里都是沙丘。在这片沙丘中部的低洼处竖着一块大青石，上有3个大字——"马踏井"。旁边有一口大井，井口被4条大青石围着，有2丈多深。井水清澈见底、甘凉解渴。传说这口井是朱栴的坐骑踏出的，所以人们把这口井叫作"马踏井"，又因为这匹马是庆王的乘骑，所以又叫"庆王井"。直到20世纪90年代，石峡子、高窑子、高老庄一带的群众都在这口井吃水。

2007年第三次全国文物普查时，普查队员们找到了"马踏井"遗址，可惜的是，因一次大洪水，刻有"马踏井"的大青石、井台石连同井一起被掩埋了。

正统三年（1438），61岁的朱栴病逝于宁夏镇庆王府（今宁夏银川市），大明一朝11代庆王都葬于韦州古城西北的罗山东麓。朱栴作为第一代庆王，在他就藩期间，支持和帮助地方官和军队修河渠，行屯田，发展农业，大力发展畜牧业，在朝廷需要的时候，他数次进献几千匹骏马给官军做战马，并修庙宇，建学堂，兴文化，普教化，为祖国边疆地区稳定发展做出了贡献。

500年弹指一挥间，历史上的韦州除了留在史书上的文字和伫立在大地上的各类遗址外，曾经的一切都淹没于一次次的夕阳西下。萧瑟秋风今又是，换了人间。今天的韦州虽然见不到成群的骏马飞奔，也没了"马踏井""拥翠厅"，但罗山东麓万亩葡萄园已成为宁夏重要的酒葡萄产地，每年的环罗山越野自行车赛更是吸引了全国自行车运动爱好者，康济寺塔公园成为人们新的打卡胜地，修缮后的韦州古城雄浑依旧，温棚种植使这里四季瓜果飘香，韦州的馃子和羊羔肉大包子成为各路吃货们的向往，文旅融合正在给千年韦州注入新的生命力。扬黄灌溉工程实现了水往高处流的奇迹，当地百姓家家户户足不出户就能喝到香甜的自来水，黄河水不但浇灌出千顷良田，更是流进人们的心里，浇灌出"黄河水甜，共产党好"的心田，坚定了人们感党恩、跟党走的信念。

千年韦州，人杰地灵。一城文脉写春秋，千年古城续芳华。这座千年古城，是散发着文化芬芳的"江南"，更是人们寻求与向往的"诗和远方"。韦州正以崭新的姿态、昂扬的斗志，坚定不移贯彻新发展理念，走文旅融合高质量发展道路，为全面推进中华民族伟大复兴而团结奋斗！

（撰稿：顾永存）

固原镇平虏、镇戎、西安州守御千户所

　　宁夏在古雍州之北境，背山面河，四塞险固。自古储夏蕃屏，华夷杂居，是农耕文化与游牧文化的交会之地，是我国北部的边防前线及边塞要地，素有"关中屏障，河陇咽喉"之称。

　　朱元璋在建立明朝后，为保障边防安全，抵御北方蒙古的军事侵扰，耗时200多年，大规模修筑了东起辽宁虎山，西至甘肃嘉峪关的边墙（即现在的明长城），形成了由城墙、敌楼、关城、墩堡、营城、卫所、镇城、烽火台等多种防御工事组成的严密、系统的军事防御体系。同时，在北部长城沿线先后设立了辽东镇、蓟镇、宣府镇、大同镇、榆林镇（延绥镇）、宁夏镇、甘肃镇、三关镇、固原镇9个军事防守区域，即九边重镇。九边重镇关乎明朝国运，地域广阔，军民众多，是并存于省制之外的另一种行政区。

　　作为明代九边之一，固原镇有着重要的军事战略地位。其地处西北黄土高原中部，丘陵起伏、沟壑纵横、山脉绵延，东顾榆林，西临甘肃，与宁夏唇齿，承担着防蒙抚番双重任务，是整个西北地区军事指挥中心，有"中华襟带"之美称。

　　固原镇在古时属于少数民族聚集地区，明朝设镇较晚，成化年间固原边患日益严重，多次遭到蒙古骑兵入侵。因延边战线过长、兵力分散，朝廷采纳巡抚都御史马文升的请奏，升固原守御千户所为固原卫，并增设驿站，以收集各方情报，协调御敌。之后，朝廷为整治固原地区兵防，升开城县为固原州，增设副总兵与游击等将官，兵部认为既然要按照边镇的标准建制，不如直接在固原设镇，以节省军费，故改设为固原镇，并将靖虏卫、西安守御千户所、镇戎守御千户所、平虏守御千户所、甘州群牧千户所与原固原卫一并划入固原镇防区，固原镇正式形成。

作为防守内线，固原镇由"固、靖、甘、兰"（即固原卫、靖虏卫、甘州中护卫、兰州卫）4卫组成，设总制府，防务由陕西总兵负责，共辖有千户所4个、墩台80多座、隘口10多个、营（堡、关）40多座，自此固原镇成为一个重镇。

平虏守御千户所。平虏所，旧称豫王城，也叫豫望（今同心县豫旺乡），是明朝吸取"屯田制"经验建立的寓兵于农、守屯结合的军政机构，始设于明弘治十八年（1505）。作为固原镇司下辖的四卫所之一，平虏所不仅是北方少数民族南下进入固原内里的咽喉要道，而且是明朝抵御蒙古族进犯的重要关口。作为驻军屯田、农牧兼营之地，平虏所存在161年，经明清两代增修，历经沧桑、饱经风雨，是经济、文化、军事中心，对研究明代军事制度、建衙驻军、驿道交通及明代军事建筑都有着重要历史价值。

明朝中期，朝廷十分重视豫王城的军事基础建设。《明实录》记载，豫王城距宁夏韦州仅百里，东至甘肃环县，西通葫芦峡口，是河套游牧民族进入固原、平凉等地的重要关口，军事地理位置十分重要，而且土地肥沃，宜于耕垦。成化十二年（1476），右都御史余子俊上奏朝廷，豫旺城是军事咽喉要地，建议修筑古城，并添设平虏守御千户所，同时将南北方的士兵按照户籍住所进行对调，让其顺应水土，以免除士兵的跋涉之苦，增强防御能力。这一建议得到宪宗皇帝的批准，但因种种原因，建城设所之事一直拖延，未能实施。弘治十五年（1502），总制陕西军务尚书秦纮受命镇守边防，修筑城池。秦纮认为，统御战争，防患外敌，应当以守备为本，豫旺城作为守卫中原的第一道关隘，作用至关重要，故再次奏请朝廷，修复废城，题设平虏守御千户所。弘治十七年（1504）五月，秦纮调任户部尚书，修城设所之事因离任而止。直到弘治十八年（1505）六月，三边总制杨一清终于完成修城设所，安营下寨，设立了平虏守御千户所，真正实现了委官、建衙、驻军、屯种。

守御千户所是卫所制度中的一种特殊编制，其设置需要有城池、完备的衙门及具规模的军队，在职能上有管军、领土与治民的责任。据史料记载，平虏守御千户所周长 2000 多米，城所采用夯土修筑，所内筑有墩台 24 座，驻军 1162 人，设正千户 1 名、副千户 2 名、镇抚 1 员、百户 10 名、吏目 1 名，及新安仓大使、副使各 1 名。所内有印信 1 颗，百户所印信 10 颗，夜巡铜牌 3 面，新安仓条记 1 颗。可见当时的平虏所已颇具规模，设施齐全，功能完备。

平虏所作为从固原北上到花马池（今盐池）这条"防秋大道"的咽喉，军事地理位置十分重要。每年防秋之时，三边总督会调集大军，过豫旺平虏所，以"扬威塞上"。弘治十八年（1505），时任三边总制的杨一清带兵经过平虏所时，高坐于城楼之上，留下了诗作《豫旺城》：

冰霜历尽宦情微，又上高楼坐夕晖。
野草烧余胡马瘦，塞屯开尽汉兵肥。
沙场估客穿城过，草屋人家罢市归。
不谓荒凉今得此，当年肃敏是先几。

镇戎守御千户所。镇戎守御千户所，古称葫芦峡城，始设于明成化十二年（1476），是固原北出前往宁夏镇的重要军事防御机构，起着对外防止侵略，巩固边防；对内镇压人民，维护统治阶级政权的作用，战略地位十分重要。同时作为固原镇驻军人数流动性最大的千户所，承担着守疆卫土与保境安民的责任。其军镇一级的大军区建制和中足鼎立的军事防御格局，在保障通宁镇驿道畅通和抵御北虏进犯方面发挥了至关重要的作用。

明朝建立后，由于蒙古兵锋不断南下攻掠，朝廷深知军队对巩固政权的重要性，为防御外敌，提高军事防御能力，便在北方要塞设置司卫所，布防重兵，屯田戍守，构成一道坚固的军事防线。镇戎守御千户所正是在这一背景下建成的。明万历、嘉靖《固原州志》载，成化年间，北方草原蒙古兵频繁南下。成化九年（1473），巡抚都御史马文升奏修葫芦峡古城，增设军事基础设施，开设东南两门。成化十二年（1476），陕西巡抚余子俊再次奏修古城池，名为镇戎城，并设置与县平级的镇戎守御千户所，屯驻军队，隶属固原卫。

卫所制度是明代开国皇帝朱元璋和他的军师刘伯温研究创立的一种特有的军队制度。卫以下设千户所，大体以1000多人为1个千户所，设千户等官，管辖10个百户所。明代张雨《边政考》载，镇戎所城池修筑于清水河西岸，地势广阔平坦，建有内外2城，营池筑有墩台19座，内设帅府、察院及大小官厅、操守厅。设有驻扎操守1员，印操首领官全。驻有官军1391名，固原游兵31名，本所守墩者45名，留所551名，马匹292匹，屯田300多顷。镇戎守御千户所设施齐全、体制完备，既管军事，又理民政，既有军队，又有人民和土地，是真正意义上军区过渡于地方行政的"实土所"。

时过境迁，如今的镇戎守御千户所辉煌已过，经过数百年的时光，那个曾经有着显赫地位的营池已功成身退，但壮观宏伟的城址依然清晰可见，夯土的城墙依然坚固。俯瞰近处，蜿蜒起伏的夯土城墙和依稀可辨的护壕形如冈峦。登上城墙，居高临下，遥想当年血雨腥风的景象，城中的将士头戴盔甲，身披战袍，站在蜿蜒的城墙上，英勇无畏地奋力歼敌，坚守一方。

西安州守御千户所。西安所旧为朱元璋第六庶子朱桢（楚王）的牧场，始筑于明成化五年（1469），是固原镇历时最长的千户所，其交通、军事战略地位十分重要，不仅是古代边陲重镇和东段北道"丝绸之路"的必经枢纽，而且是北方骑兵进犯内地的必经之地，素有"甘凉之襟带""固靖之咽喉"之称。农牧皆宜的自然环境和战争频繁的政治环境，使西安守御千户所在明代的百年历史中扮演着重要的角色。

史载明成化二年（1466），蒙古鞑靼部率领军队大规模攻袭平凉、延绥。隔年途经海原，攻破开城，烧杀抢掠，严重威胁北防安全。朝廷急召陕西巡抚、右副都御史马文升同总督项忠、刘玉等进行围剿。马文升在困局中敏锐捕捉到制胜关键，认为固原作为防御蒙古势力的九边重镇之一，地势广阔平坦，资源丰富，战略意义及地位十分重要，应当加强其军事管理。故于成化四年（1468），都督陕西军务右副都御史项中及巡抚陕西右副都御史马文升等人奏请朝廷，建议升固原守御千户所为固原卫，增设西安州守御千户所，隶属固原卫，以期抵御蒙古族进犯。兵部采纳这一建议，遂将平凉右卫管辖的固原守御千户所升格为固原卫，增加驻防兵力，增强其防御能力。成化五年（1469），马文升在古西安州增设守御千户所，开东西2门，筑设东宁、西靖、安南、定北4楼，驻扎明兵1349人（其中骑兵444人、步兵950人），屯田300顷，岁征夏秋籽粒1800石、马草2700车。西安所经马文升大规模修缮建造，面貌一新，并屯田、立学、通商，成为集经济、文化、军事于一体的都会。

西安州古城负有盛名，流芳百世的竹叶诗碑故事就发生在此地。《旧志》载，西安州因西临黄河，地势开阔，畜牧资源丰富，时常受到蒙古瓦剌、鞑靼的入侵掳掠。明弘治十四年（1501），鞑靼部小王子率军攻入西安州守御千户所，副千户王镇率军抗敌，浴血奋战保卫疆土，因兵力薄弱、孤立无援，统领王镇献身疆场。将士阵亡，西安所乡民悲恸不堪，遂上奏朝廷，孝宗皇帝至圣至明，听闻西安州副千户王镇忠勇正义、慷慨有节，便嘉奖王镇，授其忠良将士称号，将其功绩刻碑立传，以供后人传颂，并让王镇之子王缙子袭父职，继任西安所副千户。

明朝中后期，武宗皇帝即位，以刘瑾为首的宦官把持朝政。正德五年（1510），刘瑾巡查三边路过西安州，忌讳王镇与先朝尊台司礼监王振同名，让陈望山将石碑埋于地下。王镇殉职时其子王缙18岁，子袭父职。王缙一生骁勇善战，战功赫赫，在去世后，朝廷专门为他立碑，传颂其卓越战功。明万历元年（1573），时任游击将军、西安守御所千户陈守义在翻建将军府时挖出王镇之碑，于是陈守义撰写碑文，将王镇的碑文刻于其子王缙石碑背面，于万历二年（1574）十二月重新立碑。

桥梓垂青史，王镇父子两代英雄英勇平番、效忠朝廷、明公正义，用生命筑造了一道钢铁长城，捍卫领土安全。西安所也在中华民族光辉灿烂的历史中熠熠生辉。

（撰稿：袁源）

长城故事传千古

才宽罹难兴武营

明朝大将带兵到花马池戍边名为"防秋"。防秋常常会发生战事，才宽就是身先士卒、战死在防秋战场上的一位大将。他也是有明一朝唯一一位战死在防秋战场上的大将。

明代兴武营古城位于盐池县城西北 48 千米处的高沙窝镇二步坑村，城址坐落在明长城"河东墙"和"深沟高垒"两道长城交会处的低洼地带。东到兴武营自然村 500 米，南到西山寺山梁 700 米，西、北两面为河东长城。

唐高宗调露元年（679 年），为了安置内附的少数民族，唐朝置鲁、丽、塞、含、依、契 6 胡州。兴武营一带地属鲁州如鲁县，时为月氏族居住地。

明正统九年（1444），巡抚、都御史金濂奏报朝廷，始置兴武营城，以都指挥守备。成化五年（1469），改守备为协同，分守宁夏东路。正德二年（1507），右都御史杨一清奏改兴武营为守御千户府，领毛卜剌堡，隶陕西都司。城周回三里八分，高二丈五尺，四隅有角楼，有"灵夏重地，平庆要藩"之誉。设协同官 1 员、千户 3 员、百户 6 员、镇抚 2 员、仓大使 1 员、司吏 1 名、典吏 1 名、仓攒典 1 名。原额旗军 1120 名，马

230 匹，户 1135，人口 3453 人。城中原置鼓楼，今仅存方形土筑台基。南门城外有古井一口，俗谓龙踏井。

明代由宁夏抵榆界凡 400 里，面对鞑靼南侵，无高山叠涧之倚，因此花马池、兴武营处布控十分重要。

正德年间，三边总制才宽在兴武营带兵与鞑靼部交战，不幸中流矢身亡。

才宽，河北迁安人，正德二年（1507）二月任右副都御史巡抚甘肃，正德三年（1508）八月改任兵部左侍郎，正德四年（1509）正月升为工部尚书。因不附刘瑾，才宽出任三边总制。才宽上任后，正是驻牧河套的鞑靼部不时越过长城骚扰明朝边界最为严重的时候。才宽把总制府移到宁夏后卫花马池。

才宽对待将士军法严明、赏罚有度，但看到将官们用杨一清创立的一套阵法训练部队，又觉得没有用处，就在住所的墙壁上写了诗句"堪笑书生无勇略，演营习阵日纷纷"，讽刺杨一清的演兵习阵之法。在他看来，只要有骁勇的将领指挥军队作战，有进无退就行了，还用阵法干什么。

才宽还在酒后对守御将领横竖挑剔，斥责参将阎刚、游击将军陈善、都指挥郭溯等人不能杀敌、不会打仗，个个都是酒囊饭袋，还命令他们穿女人衣服在军营游示，羞辱他们。

不久，鞑靼部窜至兴武营一带骚扰，才宽亲临前线坐镇指挥。正德四年（1509）十一月初五日，在兴武营以北驻牧的鞑靼小王子统兵进犯兴武营。才宽闻讯，轻率地下令明军出营拒敌。才宽率军出击后，鞑靼骑兵立即回撤，才宽率军从后追赶，副将曹雄劝阻才宽不可追击。但才宽大骂曹雄胆小怯阵，不听劝阻。

第二天，才宽率明军追至源羊泉，鞑靼骑兵突然蜂拥而至，把才宽部团团围住。混战中明军杀死鞑靼骑兵 10 人，而才宽不幸中箭阵亡，明军仓皇败归。

才宽的尸体被明军将士抢回兴武营，将士们把这位书生将官送回原籍安葬，并在兴武营城东南长城下掩埋他的遗物，做了一个衣冠冢，以示纪念。

才宽死后，时任户部郎中的李梦阳作诗《总督才公捣虏中流矢以诗哀之》以悼之：

仲冬东南天鼓鸣，我军灭胡功可成。

道之将行岁在巳，星落辕门悲孔明。

尚书头颅血洗箭，马革裹尸亦堪羡。

夷门野夫国土流，痛哭天遥夜雷电。

《迁安县志》载："（才宽）坦率直爽，心胸开阔，不拘小节，遇事裁决极快。"关于才宽之死，《明武宗毅皇帝实录卷之五十八　正德四年十二月丁酉条》有这样一段记载。镇西将军总兵官曹雄奏："十一月初五日，总制尚书才宽调臣与副总兵杨英御虏于花马池。自大川墩东空出境，露宿边外。明日，才宽侦知达贼五帐在柳条川，勒兵联络追之，斩首六级、获骆驼牛马二十六、夷器倍之。再战于獭羊泉，贼骑渐多。才宽督官军力战，斩首四级、射死八人。沙窝贼伏突出，射我军，宽中流矢而颠，雄与英以隔远弗及应援。忽闻主将之变，乃合军以退战于鼠湖，追至豊城，斩获倍前数。收才宽尸，结营以还。臣雄将领无状，乞解兵柄，就刑。"得旨："才宽轻率，远涉贪功。然亦赤心为国，所司具祭葬、荫子例以闻。雄尝谏阻，今又获功，并英皆宥之。"于是赠才宽太子少保，谥襄愍。赐祭三坛，有司归其丧，为营葬事。

上述文字提出了几个明代关于花马池及兴武营的重要问题：第一，才宽引兵出境御敌，曾调镇西将军总兵官曹雄与副总兵杨英共同御敌支援，但似乎曹雄与杨英并未前往接应；第二，才宽阵亡后，朝廷虽然给予了一定的褒奖，但同时却给了"才宽轻率，远涉贪功"的定论；第三，没有按约定前往支援的曹雄和杨英无罪获释。

《明武宗毅皇帝实录卷之五十八　正德四年十二月丁酉条》还有这样一段记载，或可说明一些问题："（才宽）其为人跌宕不羁，在州郡时好为长夜之饮，往往至醉然，吏事亦不废。及领边镇颇任权智，遇将吏寡恩，遂及于难。"意思是说，才宽是由于"遇将吏寡恩"，遂及于难。

此外，在《明史·列传六十三·曹雄传》的一段记载中，似乎能够发现另外一些端倪："及总督才宽御寇沙窝为所杀，（曹）雄拥兵不救。佯引罪，乞解兵柄，令子谧赍奏诣京师。瑾（权臣刘瑾）异谧貌，妻以从女，而优诏褒雄，令居职如故，纠者反被责。"

这段文字是说，才宽被敌所杀，曹雄拥兵不救，之后假装向朝廷请求解去他的兵权，又让儿子代替自己到京师请罪。他的儿子到了京师后，不知道怎么就跑到刘瑾的府上。刘瑾惊异于曹雄儿子的相貌，便把自己女儿嫁给了他，曹雄成了刘瑾的亲家翁，于是曹雄"居职如故"。

（撰稿：党英才）

王琼"摆边"花马池

"摆边"是明代在西北边境中常用的一种守边拒战之法。明三边总督王琼就曾在今花马池一带采取"摆边"之法戍边御敌。

嘉靖七年（1528）二月，已经70岁的老臣王琼以兵部尚书兼右都御史提督三边军务。王琼赴任后，巡视险要，有针对性地提出御边防守之策，认为"御戎之道，以守备为本，不以攻占为先，且吾聚兵3万，用费千金，利于连战。若潜师以待，贼或不来，久之师老食尽，兵悉罢散，而贼仍拥至，岂不失策乎"。于是王琼针对宁夏、延绥等地边镇士马各守其地、互不相及，致使鞑靼诸部往往能够轻易窃入，拒之则无人，逐之则不易的问题，提出了将各镇士马分布在鞑靼诸部有可能进入的地方，用"摆边"之法，以拒其入。

所谓"摆边"，即王琼演练的"摆墙拒战之法"。根据《皇明九边考》等史书记载，明代河套千里之地，有数万鞑靼部入居其中，趁逐水草，四散畜牧。如果准备大举南下，则传令诸部，晒干肉，收乳酪，并按约定时间聚众而进。集合的队伍达到两三万人时，夜间火光连绵，望之无际。这时，明军夜不收（明代边防哨探或间谍）在远处瞭望就能够得到准确信息，边防守军随即做防御准备。此外，鞑靼部南下快要靠近边墙安营，必须选附近有泉水的地方。而花马池一带边墙外只有锅底湖、柳门井，兴武营外有虾蟆湖，定边营外有东柳门井等几处井泉，其他地方皆无井泉饮马。而这一带沙丘凸凹，蒿草深没马腹，数百骑或可逶迤而行，大队人马就难以通行。因此，鞑靼诸部大举南下必由花马池一带有水草处结营而入，自兴武营、清水营入者间而有之。于是王琼决定置军夫沿沟垒守之，以墙为障蔽，教演墙下战敌之法，是谓"摆边"。

鞑靼部见明军有备，未敢由此南下，改趋灵州。灵州守将遵照王琼令，"以拒贼出境，保障居人为上策，不以多斩首级为奇功"，并用火器、神枪、大炮、弓箭等将鞑靼部击退，灵州屯堡得以安保。王琼又率军从花马池出兵袭击。"万马夜出，嘶啼之声闻十余里，贼遂起营北遁200里之外无贼踪。"此后王琼又命明军东自定边营，西至横城堡，东西300多里一齐出境。鞑靼各部见"南朝人马硬，不比往时，俱移营往黄河南岸"。鞑靼部远徙后，王琼移师还镇，所过城堡百姓迎拜路旁，曰："凶荒二岁矣，今秋颇成熟，赖公摆边，得收入盖藏矣。"（王琼《北虏事迹》）

不过王琼认为北拒鞑靼部南下，仅用"摆边"之法还不够，须修筑防御工事。他遵用《易经》重门御暴之理，在鞑靼部易入地区挑沟挖堑。具体办法是，从定边营南口，往西北至宁夏横城旧墙，开堑210里，筑墙18里；从宁夏城平虏所五岔渠，西至贺兰山枣儿沟，开堑34里，皆临边设险，谓之"防胡大堑"。挑沟挖堑具有良好的防御功能，自此鞑靼部难以长驱直入，内地得以安堵息肩。

嘉靖二十九年（1550）六月，蒙古部族首领俺答集结10多万精骑兵围京城，在城外抢掠大量财物、牲畜及人口后满载而归，是为"庚戌之变"。"庚戌之变"后，朝廷中的一些人对"摆边"拒敌之法提出了批评。宣大山西总督翁万达上言："主兵摆列，俱沿边界，不屯驻于腹里者，谓兵宜据险，不宜退守，且恐势分则力弱也。"兵部主事刘焘认为："摆边不如合战。"兵部尚书杨博更直接："十指更弹，不如合拳之一击。"戚继光也曾提出："夫摆边之设，须驻重兵以当其长驱，而又乘边墙以防其出没，方为完策。"抗倭名将、蓟辽保定总督谭纶提出："御敌之策者，其意莫重于摆边，尤莫急于设险。"

关于"摆边"拒敌之法，《嘉靖宁夏新志》也有记载："自边墙完工后，具奏尽弃其马，以为减草料之费，息喂养之劳。惟置军夫沿沟垒守之，谓之'摆边'。"至于"摆边"士卒之艰辛，当时宁夏巡抚冯清的《边人苦》描述得较为详尽：

> 历边颇有年，穷边悉可数。
>
> 边患每萦心，边差乱如缕。
>
> 余夫输边粮，壮夫隶边伍。
>
> 边戍岁无休，边征身何怙。
>
> 修边妨耕锄，巡边历沙卤。
>
> 边儿解兵戎，边女废织组。
>
> 边弊茧抽丝，边虐旱思雨。
>
> 逃亡度边关，携扶弃边土。

宁夏名士管律也对这种"筑墙置戍""重门御暴"的修边、"摆边"防守功能持怀疑态度。尤其是对在河东"深沟高垒"筑成后，宁夏巡抚张文魁、兵部尚书兼三边总制唐龙等为了节省草料和喂养之劳，裁撤戍守东边的骑兵，改用步兵沿沟垒巡守的"摆边"做法提出批评："今摆边之谋，一举而五弊存焉：无奇正、无应援，主将不一而运用参差，士卒分散而气力单薄，悉难于节制矣。以五弊之谋，御方张之虏，不赀敌之利者几希？"管律又引用李梦阳《胡马来再赠陈子》中的诗句表达对"摆边"做法的不满："当年掘地云备胡，胡人履之犹坦途。闻道南侵又西下，韦州固原今有无。从来贵德不贵险，英雄岂可轻为谋。"

（撰稿：党英才）

筹边为国的宁夏巡抚杨守礼

"名利一生空自老，是非千载不胜悲。"这是明朝由巡抚宁夏都御史迁升为陕西三边总督杨守礼在戍守花马池时写下的一首诗中的两句。

明代，由巡抚宁夏都御史迁升为陕西三边总督者计有9人，杨守礼是第一个。

杨守礼（1484—1555），字秉节，号南涧子，山西平阳府蒲州（今山西永济县蒲州镇）人，正德十八年（1521）以右副都御史巡抚宁夏。

宁夏三面御敌，是为要边，而关隘多圮废。杨守礼到宁夏上任后，振威武，革贪蠹，浚城隍，增墩戍，整肃边防。修筑贺兰山赤木、打硙等口，恢复北路镇远关、黑山营重防，罢平虏守御千户所守备至临山堡。在任的一年时间中，锐意经略，尽心边务，储粮均赋，兴利除弊，还主修了《嘉靖宁夏新志》。在明代历任宁夏巡抚中，他是一位受到宁夏地方百姓高度赞扬的巡抚，尤其是他修筑赤木口关墙，可谓"利益于宁夏之大者无逾于此"。

嘉靖十九年（1540）春，在一个晴朗的上午，杨守礼偕同宁夏总兵官任杰等一行，前往贺兰山赤木口踏勘。他们从平虏城（今宁夏平罗县）出发，沿贺兰山西行抵达赤木口。杨守礼登高四望，只见巍峨的贺兰山在赤木口处变得平缓开阔，有不少沟谷通向山外，谷口可容百马进出。昔日的关隘已残破不堪，到处是残垣断壁，已失去凭险御寇的作用。他认为有些地段需要砌筑关墙，有些地段可利用天然屏障斩削成直立的峭壁。根据这里多沙少土且无井泉的地理条件，令兵士挖掘山崖沟谷，造水车百辆，从赤木口东北20里处的金塔墩运水，因为那里有流量较大的泉水。另外，他发现山上有很多大圆石，可以用来砌筑关墙，省却开山凿石之苦。经过这次实地考察，杨守礼重修赤木口关墙的决心更加坚定了。

考察归来，杨守礼奏请朝廷拨库银4万两作为修筑关墙的费用。筑关工程于当年五月一日正式开工，都指挥吕仲良督率军夫4000人住在赤木口施工。为防备鞑靼骑兵骚扰破坏，游击将军傅钟、副总兵陶希皋各率千人驻防赤木口内外。施工期间，杨守礼多次到赤木口巡视。一天早晨，他登上赤木口，有感而发，作《登贺兰山修赤木口》：

晓登赤木口，万壑怒生风。

良马犹惊险，衰身欲堕空。

筹边不计苦，净虏岂言功。

沙里三杯酒，出山见月东。

早晨上山巡视，归来已是月上东山，衰身欲坠，酒里掺沙，为国筹边，不计辛苦。

这年六月，他置办酒肉亲自来到工地，慰劳筑关军夫，并作《入山劳士》的诗来表达自己的心志：

冒暑巡行不惮难，筹边为国敢偷安？

蚊虻扑面孤臣血，烽火惊心六月寒。

古塞山灵刚送雨，高城云爽暂停鞍。

君王自有南风调，万里烟尘一望残。

诗中的"筹边为国敢偷安"充分表达了他的心情。他还在山中夜坐，思考筹边之计。

嘉靖十九年（1540）六月初六，鞑靼吉囊部五六万骑自延绥、定边营掏墙而入，大犯环庆，并乘虚攻袭固原、硝河（今西吉县硝河乡）等地，纵横掳掠，杀戮其重。三边总督刘天和部署各路人马阻击。九月初，吉囊部督兵回返，明军追至黑水苑，延绥革任总兵周尚文率兵投入激烈战斗。此时，吉囊次子小十王率劲卒 30 多骑驰入明军中营，旋被明军围歼，小十王身亡，吉囊部众仓皇北逃。在此关键时刻，宁夏巡抚杨守礼与宁夏总兵官任杰、副总兵陶希皋率领精锐之师，在铁柱泉迎击，斩获 440 个首级。忆及本次破虏之捷，杨守礼在巡视归来的路上作诗一首：

庚子十月廿七日，挝鼓扬兵入贺兰。

仙客多情拼我醉，名山有意待人看。

筹边喜见重城固，报国羞称万户安。

分付胡儿莫作恶，霜风烈烈阵云寒。

同年十一月十一日，杨守礼准备率领宁夏镇文武官员前往赤木口巡关，并祭祀贺兰山神，作《再登赤木口》以表其志：

昔日荒落无人迹，此日从容有客来。

为道边城堪保障，不妨尊酒共徘徊。

夕阳挝鼓明金戟，寒雾冲风拂草莱。

寄语长安诸俊彦，平胡还待济时才。

众人也以诗和之，共得 28 首，当时随行的陕西宁夏佥事孟霦详记其事，并作《观赤木口诗序》。杨守礼还曾写《入打硙口》《宿平羌堡》《入平虏城》等诗，读"收拾边疆归一统，惭无韩范济时才""明朝应出塞，鼙鼓万声和""胡笳如在耳，军饷倍关情"等诗句，一个才气敏达、胸怀抱负、为国筹边的治世能臣形象跃然纸上。

嘉靖十九年（1540）十一月，朝廷召回刘天和，杨守礼以功升右都御史，接任陕西三边总督。按惯例，三边总制缺，天子必以朝中威望素著的大臣选任，从当地各位巡抚都御史直接升任，实自杨守礼开始。杨守礼习知边情，对防边胸有成竹，为部下指授机宜。每次他都让功于人，部下乐于为其所用。他认为，防边大计，固守为先，等到蒙古骑兵到来，他的各项准备已就绪。

嘉靖二十年（1541）五月，陕西延、宁、甘肃边报不息，杨守礼上奏朝廷："防守至计，莫如城堡墩台，令四镇镇巡官查勘修筑宁夏、固原边墙，应用军夫宁夏千人、固原五百人，各于正、奇、游及清出军余分拨。"十一月，兵部复杨守礼，令旧任游击仍驻红德城，应援东路花马池等处；增设游击一人，统原议官兵 3000 人驻西安州，应援兰、靖、庄浪等处。嘉靖二十一年（1542）正月，宁夏打硙诸山口修筑墙墩竣工，杨守礼请颁赏效劳诸臣。十二月，起原任都察院右副都御史张珩巡抚宁夏。是年，总兵官李义、杨信接连打败吉囊。当年秋，吉囊所部三万骑抵绥德，游击将军张鹏出兵退敌，总兵官吴英等追至塞外，东路参将周文兵也率兵赶到，几路夹击，打退了吉囊的进攻。嘉靖二十二年（1543）六月，兵部责总督尚书杨守礼遵前旨屯花马池，巡抚路瑛屯固原，悉心经略战守事宜。鞑靼骑兵不甘心失败，连年向山西进兵，朝廷抽调延绥官兵与山西兵马互为掎角，鞑靼转而向西，乘虚直犯花马池。花马池为三边要冲，杨守礼率领众官兵在花马池以逸待劳，准备截杀。他登上花马池城部署兵马，激以重赏，派出精骑直冲虏营，鞑靼骑兵逼近城池，被明军射出的箭和撂下的石块所阻，于是逡巡遁逃。嘉靖二十二年（1543）十月，以破虏之功，进杨守礼太子太保。十二月，升巡抚宁夏都察院左副都御史张珩为兵部右侍郎兼右佥都御史，总督陕西三边军务。

任陕西三边总督期间，杨守礼加固边墙，增筑关堡，调整驻防，屡胜入犯的俺答、阿不孩和吉囊等部，任职三年，朝廷五次降敕嘉奖。

杨守礼积极遵循嘉靖十八年（1539）刘天和确立的总督亲自到花马池部署防秋的制度，每年都要登临长城关。某年六月，他登临花马池城楼，写下了《驻花马池》，表达了筹边卫国的心情。

六月遥临花马池，城楼百里间华夷。
云连紫塞柝声远，风卷黄沙马足迟。
名利一生空自老，是非千载不胜悲。
长安东望三千里，早把平胡颂玉墀。

（撰稿：白永刚）

红盐池一战成名

论才华，他"机事百端，闪倏变幻，出没若神鬼"，文韬武略，驱赶蒙古王庭于国境千里之外。论为人，他"笼络豪杰，人皆愿为之死"。但他无论在生前还是死后都背负了无数骂名，甚至被人归为奸佞。他就是明朝成化、弘治重臣，一战成名的兵部尚书兼左都御史，首任三边总制的威宁伯王越。

王越担任三边总制之前曾担任大同巡抚。大同是成化年间鞑靼内侵滋扰的主要地区之一。王越任职后，"缮器甲，简卒伍，修堡寨，减课劝商，为经久计"。但因鞑靼频繁入边，他的治理政策一直无法实施。成化二年（1466）四月，因鞑靼兵入大同，守军抵御不力，兵部查问后将王越调任宣府巡抚。

成化五年（1469）冬，鞑靼军入河套，延绥巡抚王锐请求支援，朝廷命宣府巡抚王越率师赶赴延绥协防。王越到达榆林后，调兵遣将，分守各个要害，自己在榆林城做支援。这一次，他派出的各路将领都取得了胜利，鞑靼退兵。成化六年（1470），王越率大军回京，可他刚到偏头关，延绥再次告急。兵部弹劾王越擅自还回，令他屯兵延绥为援。王越"姿表奇伟，议论飙举……动有成算，奖励士类，笼罩豪俊……胆智过绝于人"，再次率军击败入侵之敌，王越也升职为右都御史。

成化七年（1471），王越以总督军务头衔专办西北事。当时鞑靼军有数万人，而明军能战斗的只有万人，又分散防守，根本没办法与之抗衡。于是朱永、王越上表条陈战、守二策。宪宗命令诸将以防守为主。

成化八年（1472），朝廷派兵部侍郎叶盛到王越军前议事，王越以士卒衣装尽坏、马死过半，请求暂且休兵，并与叶盛一起还朝。就在王越、叶盛回朝时，成化九年（1473）正月，鞑靼阿罗部由花马池、定边营窜到萌城等处侵扰，宁夏东路参将罗敬、游击将军张翊至三山儿、长流水等处会击之，但是罗敬并不是一个领兵作战的将领，他在追击中屡战屡败，遇到强敌，就拥兵不出。

成化年间，明军抗击鞑靼部的主要方式是利用城堡进行截杀。成化九年（1473）四月，明廷调精兵万人，令宁夏游击将军祝雄领马军 3000人驻守兴武营，任命黄瑀为都指挥分守兴武营。宁夏副总兵都督佥事林盛领马军 2000 人、步军 3000 人及火战车 300 辆，在花马池防御。指挥仇理领马步军 500 人驻守韦州城，以加强防御。只要鞑靼骑兵到达这些地方就出兵截杀，然而截杀的明军以城固守，鞑靼骑兵却是神出鬼没，他们不断攻掠安边营、花马池，由宁夏镇送往花马池营的 50 多万束草，被阿罗部杀死运草士卒，抢去牛畜，把草扔弃在路上。虽然牛畜被追回，但分守在各营的将士奔波在花马池各地，疲惫不堪。不久，鞑靼孛罗忽于趁明廷所调大军没有集齐，各追击军队疲于奔命之机，从花马池、兴武营进入，深入固原、安定、会宁、环庆等，一路剽掠人畜，各营官兵无法防御追剿。阿罗部一个月内就抢劫 4000 多户，杀、虏人畜 364000 多。

成化八年（1472），近万明军被数万鞑靼骑兵拖得溃不成军。

成化九年（1473）正月初四，王越侦知花马池有猛可部 100 多名蒙古游骑入境，赶到花马池，继而率部来到兴武营，得到情报称猛可营帐在境外瀑羊泉地方驻扎。王越立即率军前去捣巢，由于瀑羊泉水草稀少，不适合久驻，明军赶到的时候猛可部已经离开。

搞巢没有成功，王越驻扎在花马池指挥截杀。

王越回驻不久，又接到余子俊的报告，称去年八月乩加思兰率部队从神木堡、大柏油川等处入境劫掠永兴堡至双山堡一带时，在境外设的大营还在，王越闻讯决定到境外搞巢。九月的一天，王越带领总兵许宁、游击周玉率5000明军从榆林出发，经过红儿山和白盐池，两昼夜跑了800里。到达红盐池时，突然狂风大起，遮天蔽日，正是天赐良机。王越以总兵许宁、游击周玉为两翼，自己亲自带兵突击。留守的鞑靼部队没有防备，被打了个措手不及。

王越在击破红盐池之后，迅速赶到韦州，痛击回师的满都鲁军。被击败的蒙古军队仓皇逃出边塞。回到红盐池时发现，这里满目疮痍，到处是被焚毁的帐篷，自己的妻子儿女全被明军杀死。

红盐池之战在明代边防中有着非常的意义，明朝凭借这场光辉的胜利重写了边墙内外的势力格局。这一战，王越采取围魏救赵的战略，直捣敌军后方，有效地阻止了乩加思兰、孛罗忽、满都鲁三部的入境滋扰，迫使鞑靼各部撤离河套，自此20年不敢长居河套，河套地区终于迎来了数年的和平。《明通鉴》这样形容战后的河套局势："自是稍徙北去，不敢久踞套中，亦不敢恃险深入。于是延绥得息肩者数年。"

鞑靼远遁塞外，河套一带免于战火。这年冬天，绥远巡抚余子俊受王越的影响，向朝廷请奏修筑绥州至花马池的边墙和战台，同时沿边墙构筑城堡、墩台。经明宪宗同意，余子俊率领军士修筑清水营紫城寨（今内蒙古清河县境）至花马池的边墙和战台，实现了王越、赵辅筑墙防御的愿望，也使河套地区的屯兵城池防御转变为筑墙摆边防御。

（撰稿：刘国君）

未能实现的修边计

弘治十年至十一年（1497—1498），张祯叔、王珣挖掘品字坑费时费力，在挖掘之初能起到防御作用，但花马池挨着毛乌素沙漠，一年一场西北风，风带沙行，时间不长，移动的沙漠就将品字坑填得只剩印痕。弘治十三年（1500）冬，达延罕复居河套，以 10 万骑从花马池、盐池（老盐池）入，散掠固原。短短三四年时间，品字坑就失去了作用。

自此，没有辅助防护的河东墙孤独而脆弱地裸露在鞑靼骑兵面前。自从小王子达延罕入居河套，宁夏河东地区再无宁日。

弘治十八年（1505）春，鞑靼部 3 万余骑，再次掘开花马池边墙涌入灵武、清水营、兴武营、鸣沙等地，陕西巡抚杨一清从定边带领 2245 名骑兵，和宁夏总兵李祥，设伏在萌城、小盐池、韦州一带，经过三个月的驰聚急奔，才将鞑靼骑兵赶出边墙。然而，十月，鞑靼骑兵 2000 人入境，闻警出战的千户张钦带兵出花马池城 10 里的地方就被围住，交战中战死 27 人。防守花马池的参将霍忠出城救援，行走 3 里又遇伏兵，这次作战造成指挥唐彪、旗军李彪等 160 人战死，而鞑靼骑兵一路向南深入到隆德、会宁等地寇掠。十二月，小王子达延罕再次率部 5 万人从杨柳墩西挖开边墙 20 多处，攻陷清水营，深入到固原、平凉等地。一年中花马池边墙连连被挖掘破坏，使河东墙千疮百孔起不到防御作用。

面对边防连连失守，长期坚守在延绥西路的陕西巡抚杨一清虽然奋力防御，仍然因"先事失防"而没有战绩。杨一清提出"乞赐罢归"，让朝廷给以免职处理。但不等他提出的"罢归"送到皇帝的面前，正德皇帝在正德元年（1506）正月，"命巡抚陕西左副都御史杨一清总制陕西、延绥、宁夏、甘肃等处边务，兼督马政"。杨一清担任陕西三边总制。

杨一清在陕西三边任职多年，对河套地区的边备十分熟悉，知道延绥镇定边营宁塞营以西地区地势宽漫、城堡稀疏、兵力薄弱，若无边墙防御，鞑靼骑兵入侵如履平地，而成化十年（1474）徐廷章、范瑾修筑的"边墙低薄，壕堑窄浅，墩堡稀疏"，若不再修筑难堪其用。就在杨一清想修筑边墙时，兵科给事中潘铎也提出："增花马池之戍为万人，定边、兴武之戍各为三千人……改筑花马池东西三百余里之边墙。"潘铎的奏请当即得到正德皇帝朱厚照的批准。杨一清也提出河套地区防御的策略：一是修筑石涝池至宁夏横城300里边墙，主要采取旧墙增筑高厚，壕堑挑浚深阔，添设墩台、暖铺、小堡，分派官军防守，其中计划在边墙上建盖取暖房900间，用军士4500人守护。二是将花马池守御所改设宁夏后卫，兴武营添设守御所，选定招募士兵更调入伍，食粮操备安插已定，然后择其骁锐给马骑，征附近田地任其耕种。

杨一清这次的修边是做足了功课，算清了账目的。

他建议重修河东边墙，标准为高宽各两丈，收顶为1丈2尺，2面筑垛墙5尺。墙外每里添筑敌台3座，每座相距120步。每年春秋2次修筑，计划用5年时间修完大边。在修边费用上，提出由户部拨银8万两，征调宁夏镇、平凉府、固原州、西安府、汉中府等地军民8万人，分为2班，每班干3个月。每个民夫发给路费银2两，每天发给口粮1升半。另外每2人自备席子1片、橡子1根，搭帐篷挡风雨。每10人自备车1辆，搭帐篷合伙做饭。还对蔬菜、肉类的采购，医生、药物的配备，每月犒劳的次数都做了安排。筑墙所用木料 30 多万根由甘肃大雪山一带采办，顺黄河漂流运送到位。

正德二年（1507）三月一日开工，由横城开始自西向东修筑。然而杨一清虽然计划周密，却遭遇当地罕见的连续性阴雨天气，气温骤降，筑墙军民生火取水困难，风餐露宿，疾病流行，人心怨愤。这时，部分调到花马池修墙的民夫发生哗变，监军为了阻止民夫溃散，对违抗命令者马蹄践踏、包围射箭，形势危急。杨一清闻讯赶来阻止了监军的残忍行为，允诺筑完花马池城后放假 5 日。消息传到朝廷，由于害怕引起大规模民变，加上宦官刘瑾从中作梗，朝廷即令遣散民夫，所拨剩余筑墙经费全部交还。杨一清因正德元年（1506）在花马池等处阅视边兵时双目为风沙所伤，民变发生后即乞恩休致。

后刘瑾以其冒领浪费边疆费用，将其逮捕入狱审查，虽经大学士李东阳、王鏊极力救护，杨一清依然因罪致仕，他计划修筑的边墙，只筑成了 40 里的横城大边。

（撰稿：刘国君）

野狐井与黄嘉善

正德元年（1506），花马池升为宁夏后卫，所领花马池营下有3个堡寨：安定堡、柳杨堡、铁柱泉。过了107年，即万历四十一年（1613），又领一堡寨——野狐井。

野狐井位于盐池县城西南20千米处，属王乐井乡边家洼村。野狐井古城坐落在西高东低的山坡上，东侧有溪流。城址为矩形，边长220米左右，四隅有角台，门面东开，带瓮城，部分瓮城已被沙丘压埋。城墙依然巍峨，外围沙丘淤埋，但残高危殆。城内低洼，城墙尤其高耸。

古城东北高台上有一座烽火台，带坞城，坞城周回60米，门面南开，烽火台筑于北墙正中，残高约8米，保存较为完好。

两城的建筑年代当是明朝，题筑人是总制黄嘉善和巡抚崔景荣。

黄嘉善，《明实录》中有记载，宁夏《万历朔方新志》中有小传，字惟尚，号梓山，明代即墨人，生于嘉靖二十八年（1549），卒于天启四年（1624），终年76虚岁。黄嘉善于万历四年（1576）中举人，万历五年（1577）考中进士。初入仕途，为叶县县令，政绩卓著。万历二十三年（1595）升为山西按察使。万历二十九年（1601）又升为左佥都御史巡抚宁夏。万历三十二年（1604），黄嘉善为兵部右侍郎，仍然巡抚宁夏。

万历二十九年至万历四十六年（1601—1618），黄嘉善在夏镇的花马池（今盐池县）等边地任职近20年。其间，负责用砖石包铁柱泉城、惠安堡城。黄嘉善巡抚宁夏之后又总督三边军务，万历三十六年（1608），和崔景荣负责修筑野狐井城，又主修了今盐池县安定堡城西4座战台（敌台），并撰写了碑文。某年正月初一的夜晚，他写下《元日宁夏题壁》一诗：

> 天涯留滞客愁新，枕上俄惊爆竹频。
> 春到贺兰家万里，青山应笑未归人。

崔景荣，大名长垣（今属河南）人，字自强，明万历十一年（1583）进士。万历三十九年（1611）任宁夏巡抚。一生为官廉洁，刚直不阿，特别是在天启四年（1624）升吏部尚书后，不畏阉党权势，多次回绝魏忠贤的宴请与拉拢，并在官吏设置与任用等方面，同魏忠贤进行了卓有成效的斗争。

故人已去，旧城废弛，登斯城我们还能想起这些历史老人吗？

野狐井，原名野狐岭，盖因此地多狐狸，又有山岭，即以野狐岭命名。后人在南沙窝开一口井，名为野狐井，一度改为野湖井。有湖，有井，有狐狸，生态植被当然很好。

古城外东南墙角有一土坎，坎壁上铁锈斑斑，手触即可得到一粒粒的铁珠，当地人说是打仗时飞入沙丘中的子弹，年长日久都变成铁珠子了。此说非也，这种铁珠子其实是沙土中的一种矿物质。

野狐井村在两城之间的溪流北岸上，农舍高低错落，院墙内外多有杏树，树木葱茏，掩映着农舍，村庄一片幽静。村子东南坡下，溪流环绕的一处平滩上生长着茂密的柳树，柳树一棵挨着一棵，形成巨大的绿团。走进树林，浓荫覆地，阳光穿过树林洒下细碎的光斑，鸟鸣声声，却不见飞影，驻足静思，天高地远，真有"结庐在人境，而无车马喧"之感。

1947 年 3 月，马鸿逵部队进犯三边，盐池县城失守，正在三区（今王乐井乡）进行土改工作的队员李岐山、蒲正仁、录兆贵、郝成鸣没有来得及撤出，就地隐藏在哈巴湖、野狐井一带与敌人周旋。郝成鸣在回忆录《难忘的三个半月》中写道：

（1947 年 3 月某日）下午，队伍（一乡、二乡的干部和民兵）撤到野狐井东面土城旁的草滩上，干部和民兵共有两百多人，除土改工作队和区干部有十来支枪外，其他人都拿的是红缨枪，还有好多拿铁锹、木棒的。接着，各村的老百姓也都拖儿带女，赶着毛驴驮着东西跟上来了。下午三时左右，孙璞带着十几个人从二区撤了过来，鼓励大家到哈巴湖坚持斗争，不要散伙，说完后，他们向南去了。我们当即苦口婆心地动员老百姓先回村去，以减轻队伍人多目标大、吃住不方便的困难。晚上，大家就在（野狐井）草滩上过夜。看见北面田记掌、南面猫头梁、佟记圈一带火光闪闪，摸不清敌人究竟有多少，侵占了哪些地方？

工作队员辗转隐藏在哈巴湖、野狐井一带，得到了许多当地村民的帮助。一天晚上掌灯时分，郝成鸣安全转移到野狐井石占忠家。

我正坐在炕上等吃饭，忽然进来一个宁夏川区人，三十多岁。他看见我，就说："哈，你是个红军！"并且嘟嘟囔囔地说，他过去到盐池时，政府跟他过不去，等等。我一听这不是个好家伙。正在这时，石占忠老汉从外面进来，把那人美美训斥了一顿，骂他忘恩负义，不该跑到家中滋事乱诈唬，等等。那家伙被训得哑口无言，灰溜溜地走了。我怕住下去有危险，又到隔壁石占喜家中。石占喜的老母问我到哪去？我说："到南山里去。"老人家怕我路上饿着，急忙让孙媳妇拿出一些黄米馍馍，给我满满地揣了一怀窝，让我带上。我离开野狐井连夜赶往李渠子，天黑得伸手不见五指，到半路就迷失了方向，只好蹲在原地，等天亮又到了王永昆家中。老王把我领到离家一公里多山沟里的两个小土窑中藏了起来，晚上就回到他家吃饭、睡觉。这样住了三四天后，来了个红山沟的老汉叫左贵林（人称左二）。王永昆便将我介绍给左贵林，要我到左家去隐蔽。吃过午饭，左老汉就带我去了红山沟。左贵林当时年近半百，有一副火热心肠，见到我，就像对待亲人样。为了隐蔽方便，走在路上他给我出主意，叫我改换姓名。他说："盐池城里有一个商人，姓冯，也是陕北人，是我结拜兄弟。你就说你是冯的侄子，来这里做买卖，因打起仗来，不能回去，暂时住我家，是我干侄子。"于是，我便叫他干爹。他还一路安慰我，叫我放心，不要害怕，走到下王庄附近时，看见一只狐狸，老左用吉利的话安慰我："出门的狐子，回家的狼。这是吉兆。"意思是说我不会出事的。

风雨野狐井，正史中有记载，红色革命历史中有记载。地名只是一个符号，地名背后的历史都是劳动人民创造的，记住古老的地名，更要记住创造历史的劳动人民。

野狐井居住的石姓人家和郭姓人家。都是老户，他们一代又一代传承着野狐井厚重的历史文化，我们期待着他们在新时代创造出新文化，过上更加美好的幸福生活。

（撰稿：侯凤章）

长城文化传千秋

"不到长城非好汉"诗句的诞生

　　"天高云淡,望断南归雁,不到长城非好汉!同志们,屈指行程已二万!同志们,屈指行程已二万!六盘山呀山高峰,赤旗漫卷西风。今日得着长缨,同志们,何时缚住苍龙?同志们,何时缚住苍龙。"这首《长征谣》意蕴雄浑磅礴,追忆了"红军不怕远征难"的艰险历程,展示了中国共产党人和工农红军开展伟大斗争、争取胜利的决心。其中"不到长城非好汉"这句诗词,给中华民族的精神象征长城赋予了救国救民,不怕任何艰难险阻,不惜付出一切的牺牲精神。

　　1935年10月5日至9日,毛泽东率领的中央红军途经宁夏南部西吉、原州、泾源、彭阳4县(区)。10月5日,毛泽东、张闻天、王稼祥、博古等领导人带领红军在战国秦长城西吉将台至原州区张易段穿越行进,到达西吉县单家集,留下了体现中国共产党民族政策和抗日主张的"单家集夜话"。10月8日,毛泽东率领中央红军,与战国秦长城彭阳长城塬段并行,沿着秦昭襄王时修筑长城行走的小道,从白杨城一路前行,时而在长城顶端,时而在长城脚下,经杜家沟梁、陡坡、白岔,来到"白杨城以东十里长城塬"。毛泽东夜宿乔家渠乔生魁家,因乔生魁家的崖背地势平坦,窑挖得较小,火炕短,毛泽东就睡在用案板临时支起的床上。夜晚，毛泽东在炕桌上如豆的油灯下，对前一天，即 10 月 7 日登上六盘山，饱览六盘山雄姿，抒怀高歌，豪情挥笔写下《长征谣》的诗句。在长城塬乔家渠窑洞里诞生了"不到长城非好汉"的千古诗句。

秦昭襄王长城，史称秦昭襄王长城，是春秋战国时期秦人与义渠戎等戎狄部族经过长期斗争融合后，于昭襄王时期（前 325—前 251）在西北边界地区修筑的一道防御工事。这道长城西起甘肃临洮河谷东岸，经陇中，在固原地区穿陇山（六盘山）出宁夏，再次进入甘肃陇东及陕北黄土高原，止于鄂尔多斯市东胜区黄河南岸，全长 1700 多千米。宁夏现存墙体 173 千米，单体建筑 156 座，城堡 27 座，均为黄土夯筑。夯筑土墙的建筑材料主要为黄土夹杂黑土颗粒，包括细粒土、沙砾、碎石、小块石和植物枝条，整体上土色花杂，质地坚硬，夯打致密。战国秦长城多数地带沿黄土塬地、沟谷河岸修筑，穿越固原市西吉县、原州区、彭阳县，留下了诸如长城梁、长城岭、长城塬等地名。

长城自构筑的那天起，就成为中华民族大一统的象征，战国秦长城历经 2000 多年，已经完全失去原有的防御功能，当时的金戈铁马、诸侯纷争的战争场面已成过去。长城对中国人来说，是华夏民族的精神体现，是意志、勇气和力量的标志，建造长城的战国、秦汉时期，正是华夏民族快速发展、充满活力的时期，这一时期的华夏民族胸襟开阔、思想恢宏，充满自信和自豪。长城从来没有束缚住农耕民族的手脚，反而成为农耕民族向北方边疆地区开拓的桥头堡。长城的修筑，既体现了华夏民族爱好和平、守护文明的民族特点，又体现了进取奋斗、勇于开拓的民族精神。

彭阳县境内战国秦长城塬上的乔家渠，是毛泽东长征经过宁夏的宿营地之一，今天已经成为党员干部接受革命教育的重要场所。2016 年 7 月，习近平总书记视察宁夏，来到中国工农红军长征胜利会师之地——将台堡，提出了"缅怀先烈、不忘初心、走好新的长征路"的伟大号召。

这是新时代对长征精神的赓续、继承和弘扬。长征精神是中国共产党人革命风范的生动反映，是保证革命和建设事业从胜利走向胜利的强大精神力量，已融入长城文化之中，成为中国人民不屈的信念。

乔家渠毛泽东长征宿营地旧址，目前是宁夏南部重要的红色旅游景点和爱国主义教育基地。2022年，按照国家"两长"公园建设，彭阳县实施"宁夏彭阳县长征国家文化公园建设项目"，重点对乔家渠毛泽东长征宿营地旧址进行加固，新建红军长征体验小道、标识标牌等公共设施，成为机关、社会团体开展红色教育、廉政教育、社会实践的重要场所，同时结合旅游，打造文旅示范基地，促进文旅融合。每到仲夏时节，乔家渠毛泽东长征宿营地鲜花盛开，姹紫嫣红，与墙上的"长征精神永放光芒"8个鲜红大字相互辉映、熠熠生辉，指引着我们走好新时代新的长征路。

（撰稿：李家妍）

从庆王右护卫发展而来的中卫市

　　纵观中国历史上的封建王朝，自秦始皇统一六国，建立起中国历史上第一个统一的多民族中央集权国家，至腐败昏庸的清末，君主专制、集权统治、君权与相权、中央和地方成为 2000 多年来中国政治文化的集中表现。除在政治、军事、文化上加强统治，各朝中央政府对行政区划的设置也十分重视。秦代设立郡县制，通过垂直管理的形式，加强中央对地方的管理，维护着建立之初国家的统一之势。但有时行政区划设置不当也成为导致政权衰败的诱因。汉代基本延续秦代行政区域的设置，以郡县制为主，但后期郡国并行，发生"七国之乱"。唐代采用道州县行政区划方式，使地方藩镇势力坐大，最终爆发"安史之乱"。宋代以路府州县为核心，下设机构纷繁复杂，导致出现"三冗"问题，丧失御侮能力。元代行省制虽相对完善，但却大而不当。

　　明代，由朱元璋在征战过程中所奠定的政区两个基本系统——布政使司系统与都司卫所系统均已稳定。在中原地区为六部—布政司—府—县，边疆地区则是五军都督府—都指挥使司——卫（守御千户所）—千户所。在高层政区层面则为三司分治，其中都指挥使司（简称都司）、布政使司（简称布政司）、按察使司（简称按察司）分掌地方军事、行政、监察之权。明代的三司中以布政使司及下辖的府州县为正式的地方行政区划，即以南京、北京、浙江布政司、四川布政司、山东布政司等为主的 15 个高层政区，通常把这 15 个高层政区称为"两京十三省"，而都司卫所除统领兵员之外，也兼有行政区划功能。周振鹤先生在《体国经野之道——新角度下的中国行政区划史》一书中，将这一军事管理机构管理地方行政的特殊地方行政区划类型称之为"军管型政区"，是极具特色的非正式政区。

追溯都司卫所制度的起源，在洪武三年至四年（1370—1371）各地设置都卫之际，都卫（洪武八年改都司、行都司）一卫一所的基本统辖关系已形成。洪武七年（1374），定卫所兵士额定人数，一千户所为 1000 人，一卫共 5 所，这是此后 200 多年来朝廷规定卫所的基本兵数。洪武十三年（1380），胡惟庸案使朱元璋对于政权的归属更加紧张。在当时的情况下，废除大都府、中书省已迫在眉睫，由此确立以 5 军都督府统领各都司、行都司。都司卫所制度开始成型，并直接影响了明代近 300 年的军事制度。而明朝实行的都司卫所制度，论其实质，就是利用军事手段，对地方政治、经济、文化、军事等进行管理的非正式政区，其中都司为一级机构，相当于布政使司的省一级管理单位。卫则为二级机构，相当于府、直隶州。作为明朝的基本军事制度，都卫所制度的形成源自北方持久的边患危机，是明朝在以前治理边疆行政管理制度与兵制的基础上产生的。卫所当时的主要任务为"有惊则战，无惊则耕"，并同屯田政策密切结合，军食出于屯田，巩固了军队给养，并实行"军籍"制度，即军户世袭，保证了军队的兵源。所以说都司卫所制度，在当时是集中了各朝军制优点的军制，对明代初期的统治起到了极大的积极作用。

明代，宁夏作为"关内之北门，边外之前户"，为兵家必争之地，《读史方舆纪要》称"关中之屏蔽，河陇之上噤喉"，军事位置十分重要，不仅是驻军屯田的天然良地，而且是利用黄河之屏障抵御外敌之地，同时也是抵御蒙古各部落入侵的前沿阵地。洪武初年虽设宁夏府，但是此地争斗不断，归属权频繁更迭。洪武五年（1372），朝廷决定弃地不守，所属地域民众迁往陕西等地。但作为军事重地，宁夏不会被放置太久。

洪武九年（1376）初，明代设立宁夏卫，十七年（1384）又增设宁夏左、右、前3卫，二十五年（1392）又增左屯卫、右屯卫、中屯卫，此为宁夏7卫。

洪武二十六年（1393）后，庆阳卫改为宁夏左护卫，宁夏卫改为右护卫。永乐元年（1403），再置宁夏卫，其余6卫皆已在建文初年废除。永乐元年，宁夏右卫改为庆阳卫，左卫废为庆府护卫。永乐四年（1406），中屯卫并入宁夏卫。宁夏只剩宁夏卫、前卫、左屯卫、右屯卫、中卫，共计5卫。正德年间，庆府宁夏中护卫废，改设宁夏中屯卫，宁夏遂为6卫。后又改花马池为宁夏后卫，随又为宁夏7卫。

宁夏中卫，永乐元年（1403）正月，以庆王右护卫改置宁夏中卫，隶属陕西都司，下辖5个千户所、50个百户所，作为宁夏7卫之一。据《读史方舆纪要》引《九边考》记载，当时北敌入侵宁夏之路主要有以下4条："一曰中卫，险在枣园、柔远、旧安寨诸处；二曰平罗，险在盐山、新兴、灵武诸处；三曰镇城；四曰花马池（盐池），险在定边营、柳杨堡、清水营、兴武营、铁柱泉诸处。"中卫在宁夏4个御敌方向上，在形势上虽不及盐池危重，然而在当时宁夏兵力的部署上，中卫驻军仅次于镇城（银川）。这是由于中卫位于贺兰山尽头，依山临河，扼甘肃、宁夏交通要道，所处军事位置十分险要，乃边陲要路。后接贺兰之固，前有大河之险，左联宁夏，右通庄浪。领屯堡13个：柔远堡（今中卫市柔远镇）、镇靖堡（今中卫市以东）、永康堡（今中卫市永康乡）、宣和堡（今中卫市宣和乡）、宁安堡（今中宁县城关）、威武堡（今中宁县恩和乡）、石空寺堡（今中宁县石空镇西）、枣园堡（今中宁县枣园乡）、常乐堡（今中卫市常乐乡）、镇虏堡（今中卫市镇罗乡）、宁安新堡（今中宁县郊新堡）、控夷堡、古水井堡（今中卫市南约 50 里）。领烽燧 75 座。

中卫古城，元代以前并无建制可考。《续修中卫县志》载，明正统二年（1437），地方最高军事长官都指挥仇廉上奏朝廷，在应理州治所的基础上扩建中卫古城，此为明代中卫古城之始，后不断进行修缮加固。至清代道光二年（1822），知县李棣对古城又进行补修。古城开门 3 个，分别为东门、西门、南门，北为玉皇阁（今高庙），城内西门外分别设有典史署、县署、城隍庙、学署文庙等。西北侧设有督司署、新鼓楼、旧鼓楼。南侧则设有应理书院、文昌阁、应理仓。西门外有财神楼、财神庙、龙神庙等。南门外有社稷坛、光农坛等祭祀场所。都御史杨守礼在中卫曾诗云：

春晚巡中卫，山川别是天。

鸟从花外啭，鱼自水中鲜。

不减长安道，唯多胡虏烟。

何时清远塞，同乐太平年。

明代中卫 10 景"暖泉春涨""羚羊夕照""黄河晓渡""鸣沙过雁""卢沟言语""石空夜灯""黑山晴雪""石渠流水""红崖秋风""漕湖春波"为中卫自然风光之绝色。

关于宁夏中卫建军卫的时间，史志记载多有分歧。《嘉靖宁夏新志》记载应为洪武三十二年（1399）置。《读史方舆纪要》记载为洪武二十二年（1389）移建宁夏中卫于此。但通过史料对比分析来看，应以《明史》和《明实录》记载为准，即宁夏中卫为永乐元年（1403）正月，以庆王右护卫改置宁夏中卫，此为中卫之名之始。

清代行政区划单位基本上沿用明制，省下辖府和直隶州，府下领散州和县。雍正二年（1724），当地巡抚奏请朝廷，将中卫改为中卫县，属宁夏府。乾隆二十五年（1760），中卫知县黄恩锡编修《中卫县志》，前置序言、凡例、图考，内设星野、沿革、疆域、山川、水利、风俗、物产等 10 卷、36 目，全文共计约 10 万字，并将原中卫 10 景增到 12 景。作为中卫历史上第一部地方志书，该书体例清晰，内容丰富，全面反映了中卫的历史沿革、风土人情、自然风貌等。道光十九年（1839），郑元吉任宁夏府中卫县知县，编著《道光续修中卫县志》，凡 10 卷 30 目，全文共计 12 万字，记载了中卫县自明清以来 400 多年的历史文化，具有很高的史料价值和文化价值。

　　明清之后，卫所制度下确定的中卫地域之名并未随着朝代的消亡和地域的变化而消失。2003 年 12 月 31 日，根据《国务院关于同意宁夏回族自治区设立地级中卫市等有关行政区划调整的批复》文件要求，撤销中卫县，设立地级中卫市。中卫市设立沙坡头区，以原中卫县的行政区划为沙坡头区的行政区划，中卫市辖从吴忠市划入的中宁县、从固原市划入的海原县和新设立的沙坡头区。2004 年 2 月 6 日，根据《宁夏回族自治区人民政府关于撤销中卫县设立地级中卫市的通知》，正式撤销中卫县，设立地级中卫市。2004 年 4 月 28 日，中卫市正式挂牌成立。

（撰稿：孙学锋　马勇）

长城保护修缮与文化传承

　　长城是人类历史上最伟大的建筑之一，凝结着古代劳动人民的心血和智慧，积淀着博大精深、灿烂辉煌的中华优秀传统文化。党的十八大以来，习近平总书记高度重视文物保护传承工作，对文物工作和文化遗产保护作出了一系列重要论述、指示批示和重要讲话，为新时代文物工

作指明了前进方向、提供了根本遵循。2019 年 8 月，习近平总书记在嘉峪关考察时强调，长城是中华民族的重要象征，是中华民族精神的重要标志，我们一定要重视历史文化保护传承，保护好中华民族精神生生不息的根脉。要做好长城文化价值挖掘和文物遗产传承保护工作，弘扬民族精神，为实现中华民族伟大复兴的中国梦凝聚磅礴力量。这为持续做好宁夏长城保护传承工作注入了更多动力和信心。

固本培元，强化长城保护制度保障。近年来，在宁夏回族自治区党委、政府的高度重视下，在国家文物局精心指导和社会各界支持关心下，长城保护管理制度建设进入快车道。一是完善基础管理工作。自 2010 年宁夏境内明长城公布为第四批自治区文物保护单位，2013 年明长城三关口段、河东墙段、大水沟段、姚滩段被公布为第七批全国重点文物保护单位以来，宁夏逐步完善长城保护"四有"工作，依法划定公布了长城保护范围和建设控制地带，并将其纳入自治区国土空间规划"一张图"管理。在长城周边统一竖立保护标识碑和保护界桩，建立健全长城记录档案，明确长城沿线段落保护责任单位和责任人。二是规范保护管理机制。严格审核涉长城建设工程项目，组织开展文物法人违法案件专项整治、长城"两线"范围违法建设排查整治等专项行动，对盐池县、惠农区、沙坡头区等县（区）历史遗留的 32 处涉长城"两线"范围建（构）筑物进行拆除整治，确保长城本体安全和历史环境风貌完整。建立文物行政部门和公安、司法机关案情通报、案件移送制度，积极推动长城保护公益诉讼。《宁夏灵武市人民检察院督促保护清水营城址行政公益诉讼案》被公布为长城保护公益诉讼典型案例。探索建立"宁蒙毗邻地区长城保护工作联席会议"制度、文物部门与驻地部队合作保护长城等跨区域、跨部门保护管理机制。三是强化制度规划引领。按照重点工作任务要求，结合长城资源现状，编制完成《宁夏长城保护总体规划》，明确长城保护思路、管理方式、工程措施等，有效指导长城保护管理工作。2021 年

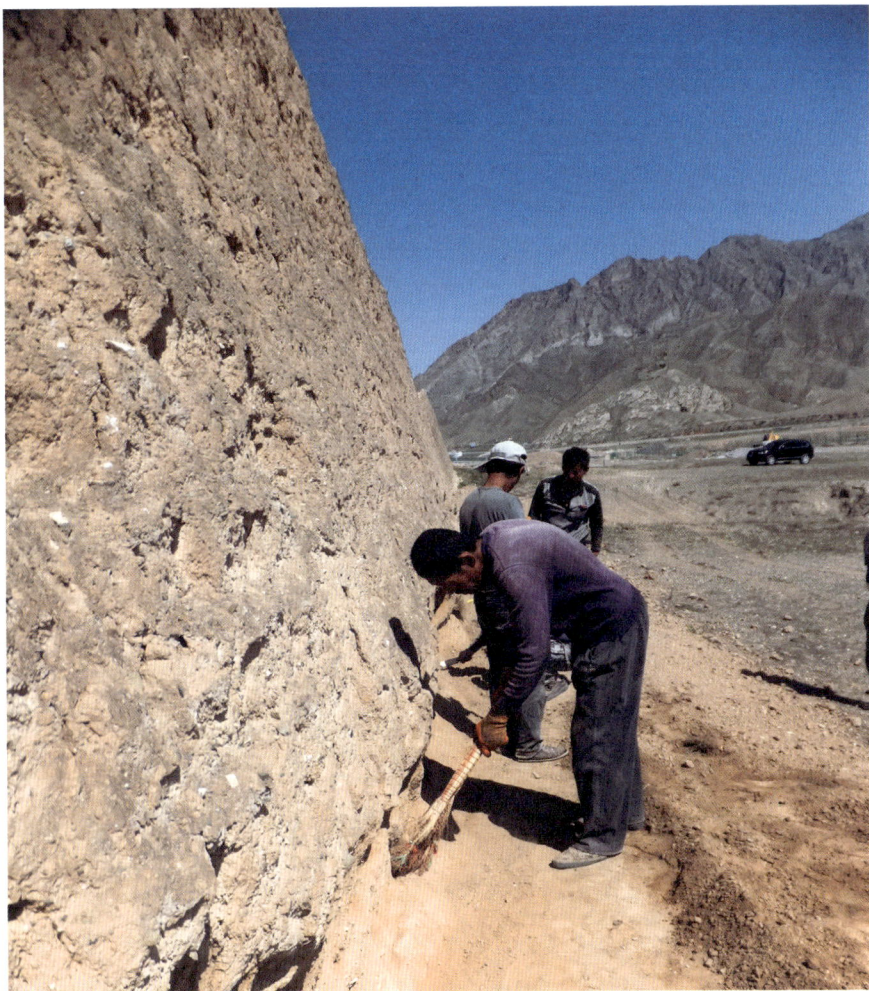

颁布实施《宁夏回族自治区长城保护条例》，明确长城保护指导原则、属地职责、长城国家文化公园建设、5月18日"宁夏长城保护宣传日"等保护内容，以法规制度保障长城保护管理各项工作。

精耕细作，重视长城保护研究阐释。为进一步深入挖掘长城的时代价值内涵，锚定长城历史文化的时代价值谱系，宁夏组织区内外科研院所、高校等研究机构和专家学者，从长城军事工程、历史名人、长城故事、长城沿线民族交往交流交融等，多方面、多层次持续研究挖掘长城文化价值和精神内涵。以《宁夏长城资源调查报告》（5卷8本）为底本，先后完成《宁夏长城访古》《长城宁夏段见证历史上多民族交往交流交融》《宁夏境内长城构筑方式探述》《宁夏境内长城长征黄河三大文化交融发展探述》《不到长城非好汉词句新证》《明代修筑河东长城的新认识》《宁夏明长城地名命名研究》《宁夏战国秦长城布防特征探析》《宁蒙交界地带新发现的早期长城及相关问题》《长城国家文化公园建设与宁夏旅游高质量发展研究》等40多项研究成果，《宁夏：让长城文化绽放新光芒》《古城堡承载的长征红色记忆》等文章，全面阐释了长城团结统一、众志成城，坚韧不屈、自强不息，守望和平、开放包容的文化精神内涵，见证了宁夏地域各民族共同构筑中华民族共同体的历史过程，丰富了铸牢中华民族共同体意识的精神滋养。

保护优先，筑牢长城保护安全防线。保护的最终目的是传承。为解决长城结构安全隐患和自然风化、雨水剥蚀等原因形成的主要病害问题，留存好相对完整的传承载体，十八大以来，宁夏以项目为抓手，持续加大长城保护力度。一是科学实施保护工程。宁夏积极争取专项资金2.2亿元，在严格遵守不改变文物原状和最小干预原则的基础上，通过现场试验、人工补夯夯筑、裂隙灌浆、冲沟治理、排水系统修整等技术措施，相继开展组织实施了30多处长城重点段落及烽火台的保护修缮及局部加固工程项目。现已完成战国秦长城，明长城石嘴山红果子段、兴民村段、银川三关口段、中卫姚滩段、青铜峡北岔口段、中卫胜金关段滑坡及岩体、水洞沟敌台、小龙头段、磨石口长城3段、石嘴山韭菜沟段、赤木口3段和赤木口2号敌台、清水营村长城2段等20多个长城保护项目。正在实施明长城河东墙清水营东城城墙、横城村长城1段、胜金关及1号烽火台、盐池八步战台、盐池县青羊井敌台等7个保护项目。计划实施明长城盐池段长城关段、青铜峡甘泉村段到蒋西村段、灵武市白土岗烽火台等保护修缮项目。二是改善长城周边环境。争取中央预算内投资资金近1亿元，实施盐池、西吉、彭阳、原州区、石嘴山等8处长城基础设施建设项目，修建巡护道路、管理用房，安装防护围栏、标识界桩，整治本体周边环境，进一步完善长城保护基础设施，改善长城周边环境风貌。

服务大局，建设长城国家文化公园。 建设国家文化公园，是深入贯彻落实习近平总书记关于发掘好、利用好丰富文物和文化资源，让文物说话、让历史说话、让文化说话，推动中华优秀传统文化创造性转化创新性发展的重要举措。宁夏于2019年11月成立了自治区国家文化公园建设工作领导小组，统筹推进国家文化公园建设。一是做好顶层设计，明确任务目标。制订《长城国家文化公园（宁夏段）建设实施方案》，提出总体要求和整体安排；印发《长城国家文化公园（宁夏段）建设保护规划》，明确到2023年年底基本建成四类主体功能区，到2025年年底完成全部重点项目和旅游基础设施建设的近期目标，提出构建"一轴、两镇、三单元、四带、六段、十二区、多点"的空间格局，全面展示长城文化景观和文化生态价值。分年度制定长城国家文化公园工作要点，明确年度工作目标和重点任务清单，确保长城国家文化公园建设各项目标任务全面推进。二是积极落实功能区建设保护和配套工程任务。累计争取资金近3.7亿元，实施本体修缮、公共服务基础设施、旅游设施、环境整治等项目30多个，包括战国秦长城原州区段、明长城横城至花马池段、大武口西长城段、中卫姚滩至胜金关段、同心内边长城韦州至下马关段等长城文化旅游复合廊道建设，宁夏非物质文化遗产展览馆建设及长城本体保护修缮项目等，以项目建设全面带动管控保护区、主题展示区、文旅整合区和传统利用区建设，成效显著。截至目前，贺兰口、姚滩、水洞沟、兴武营、战国秦长城、将台堡6个核心展示园及沿线部分特色展示带、特色展示点配套基础设施日趋完善，具备开放参观条件。探索以博物馆和长城本体展示相结合的长城文化遗产展示模式，建成宁夏长城博物馆和战国秦长城博物馆，并免费开放。同时，整合长城沿线资源，建设长城军事防御历史文化游、长城黄河百转千回文明游、长城长征自强不息奋斗游等 6 条长城文化旅游精品线路，20 处长城点段被纳入长城主题国家级旅游线路。推动长城沿线传统村落发展文化旅游和特色产业，银川漫葡小镇、石嘴山龙泉村、中宁黄羊古落、彭阳长城村、同心下马关村等一批长城文化与黄河文化、长征精神相交融的传统利用示范区相继发展壮大。"中卫乡村古道秋季探秘游"等 3 条线路入选文化和旅游部"乡村四时好风光"全国乡村旅游精品线路。

守正创新，丰富长城保护传承形式。让更多人走近长城、看见长城、认识长城、爱护长城，并以各种形式参与长城保护，让长城回归社会，是延续长城遗产生命的最好方式。近年来，宁夏引导社会各界参与长城保护，选聘长城保护员 104 名，让长城脚下的民众守护长城、守护自己的家园。盐池县率先在全国成立县级长城保护学会，建立长城保护志愿巡护队，进一步充实长城保护力量。此外，在宣传推广形式上下功夫，以更易接受、更加生动、更接地气的方式让长城形象深入人心。首先，配合中央电视台拍摄制作《守望长城》纪录片（4 集），联合宁夏电视台制作《宁夏长城》纪录片（3 集），联合地方媒体推出《我和长城的故事》《这里是宁夏》《主播带你去打卡》《记录宁夏》等专栏节目，推出《去宁夏，解锁宝藏世界！》融媒体产品和《宁夏长城故事》口袋书，生动直观地讲述长城故事。编辑制作《宁夏国家文化公园主题画册》，举办"宁夏国家文化公园主题摄影展"，全面展示长城国家文化公园建设成果。其次，指导市县打造"文管所长说文物""古渠与长城的对话"等宣传品牌，举办"爱我中华 护我长城"公益骑行、"弘扬长城文化·讲好长城故事"长城文化展示等特色品牌活动，打磨提升舞剧《不到长城非好汉》等长城主题旅游演艺作品，持续打造长城文化品牌。

长城保护传承工作是一项永远在路上、一代接着一代做的事业。站在新时代的路口，宁夏文博人将秉志承情传技，主动作为，通过持续深入挖掘长城时代价值内涵、丰富创新"长城表达叙事"形式和渠道、不断强化长城参与区域社会经济发展实践等工作任务，充分展示传递长城文化的独特魅力，讲好长城沿线各民族交往交流交融故事，推动长城文化遗产活起来，积极发挥长城保护传承在铸牢中华民族共同体意识、坚定文化自信等方面的重要作用。

（撰稿：张学玲）

最美长城保护员董海宁

　　董海宁是宁夏境内西长城的保护员。2023 年 6 月，董海宁被国家文物局授予"最美文物安全守护人"荣誉称号。

　　董海宁小时候就跟着爷爷在明长城东边的高石墩山坡下养羊。那时候爷爷就告诉他，长城是为了保护家园不被外敌入侵而修建的，每个人都有责任保护它、爱护它。20 世纪，经常有人到长城边采发菜，由于天气冷，那些人会在长城底下挖防寒洞睡在里面。董海宁的爷爷看到就会过去阻止这种破坏长城的行为，董海宁保护长城的意识自那时起便慢慢形成。

　　董海宁巡护的长城段落是宁夏境内的西长城，始建于明成化年间（1465—1487），经历年修葺，形成以墙体、敌台、烽火台、关堡、壕堑等构成的军事防御体系，沿贺兰山东麓由北向南绵延 470 多千米，是宁夏明代时期的一道重要边防屏障。西长城在永宁县境内共 22 千米，此处山体相对低矮，落差不大，墙体以土墙为主，个别地方有山险和石墙。在墙体之外尚有其他土墙、石墙、壕堑作为本体的附墙。墙体充分利用河谷山体地形，土筑、石砌或劈山做险。董海宁的巡护线路长，相关遗存繁杂，保护任务较重。

2017 年，董海宁被永宁县文物局聘为长城保护员，在永宁县长城保护工作站工作。长城对于董海宁来说并不陌生，每一段墙体、每一个烽火台在哪个位置、是什么状态都刻在他的脑子里，但怎样守护好长城、了解长城历史、讲好长城故事，是作为长城保护员的重要职责，还需要不断学习。为做好长城保护员工作，董海宁认真学习《中华人民共和国文物保护法》《长城保护条例》《宁夏回族自治区长城保护条例》等相关法律法规及政策知识，积极参加了宁夏文物局举办的长城保护员培训班，主动找来长城的相关书籍，深入了解长城历史文化，把对长城深深的热爱之情投入到工作中，用尽职尽责、不怕困难的工作态度坚守在保护长城的第一线。

西长城永宁段在宁蒙两省交界处，307 国道过三关口进入内蒙古。三关口、磨石沟是长城的重要关隘，贺兰山与长城融为一体，景色壮美，这里成为众多游客、户外爱好者停车驻足、观光摄影、登山徒步的地方，也是加强长城保护巡查的重要地段。同时，长城西侧内蒙古境内还有一些工矿企业和养殖企业。2018 年，董海宁被内蒙古自治区阿拉善左旗聘为长城保护员，兼任宁夏、内蒙古两地的长城保护工作。

董海宁将攀爬长城、驾驶交通工具跨越长城、在长城上架设安装与长城保护无关的设施设备、在长城两线范围内施工建设、挖土取石、倾倒垃圾、排放污水、种植养殖等违法违规行为作为主要的巡查内容，通过定期巡查、不定期巡护和节假日重点巡查结合的方式，全面做好长城的日常巡护工作。

每次巡查时，董海宁都认真填写长城巡查登记本，将巡查日期、巡查地点、发现的隐患和安全问题逐一记录下来，遇到游客攀爬长城、穿越长城，他都及时劝阻，并向他们宣传长城保护的法律法规；对发现的隐患问题或违法违规行为，及时报告上级文物主管部门。巡查结束后，他会将巡查情况及相关照片及时反馈到文物保护工作群。

在长城保护工作站值守时，董海宁曾遇到徒步爱好者在徒步途中突发疾病的危急时刻，当时负责保障的大巴车无法进入救援。时间就是生命，他克服各种困难，利用自己熟悉地形和道路的优势，用最短的时间把病人送到闽宁镇卫生院，使其得到及时救治。在日常巡护中，董海宁会给在长城边遇到的徒步爱好者、自驾游人员、骑行爱好者等讲述长城故事，向他们宣传长城保护法律法规及保护知识，督导他们带走自己的垃圾，让更多的人明白保护长城的重要意义。

从放羊的农牧民到成为一名文物保护员，不仅学到了很多关于长城保护的知识，而且可以利用自身的能力更好地保护长城，这让董海宁非常自豪。在巡护长城的几年里，他体验了许多新事物，也接受过纪录片《守望长城》剧组的采访。在采访与拍摄中，董海宁作为一名长城保护员，讲述了自己守护长城的故事，并呼吁更多的人学习长城文化、重视长城保护。

因为长城保护员工作出色，2018 年，董海宁又被内蒙古阿拉善左旗聘为长城保护员，以一人之力，守护宁蒙两界的长城。董海宁觉得，保护长城是一件很重要而且很有意义的事情，巡护长城已经成为他生活中不可分割的一部分，他会一直做下去，也希望更多的人可以形成保护长城的意识，加入保护长城的队伍，共同守护这一宝贵的历史文化遗产。

（撰稿：杨丽华）

花甲之年的长城保护员贺文希

2015 年，在下马关镇明长城脚下生活了一辈子的贺文希被当地文物管理所聘为长城保护员，负责同心县 15 千米"固原内边"长城本体保护巡查。现年 61 岁的贺文希是宁夏同心县下马关镇陈儿庄村村民。他的另一个身份是同心县长城保护员，但令人意想不到的是，他还是听力障碍三级残疾人。

已入花甲之年的贺文希成为长城保护员后，每天都会骑着摩托车，花三四个小时沿着长城两侧巡查一次。摩托车到不了的地方他就步行，有时碰到山洪，登山巡查得一整天。作为长城保护员，贺文希看护长城全靠一辆摩托、两条腿、一张嘴。多年来，他风雨无阻每天坚持巡查自己负责的那段明长城，将长城的点滴变迁都写进日记里，用"长城日记"诉说着他与长城的故事。

贺文希巡护的这段长城，是吴忠市境内现存 450 千米的长城线路上的重要段落，覆盖多个乡镇，长城相关建筑及设施主要有关隘、城堡、敌台、烽火台遗址等。下马关是明长城固原镇的重要关隘。明代，宁夏府总兵与固原总兵至同心一带换防时，常在此地休息，下马关由此得名。从下马关古城向东，沿线不少烽火墩依然守望着这片土地，斑驳的墙体承载着各民族交往交流交融的历史。

自贺文希担任同心县长城保护员以来，数年如一日，风雨无阻，坚持每天巡查，从无例外。这也让他成了长城沿线的名人，周边的居民无人不知、无人不晓，都说他是保护长城的"傻子"。但他总是笑着说："傻就傻，长城保护工作总得有人干。"贺文希是一个地地道道、勤勤恳恳的"长城卫士"。由于对长城的热爱，他将保护长城这份工作作为自己的使命去践行。2019年5月18日，新华社报道了贺文希的事迹，点击量超过百万，随后宁夏电视台、吴忠市电视台、《光明日报》等多家媒体相继报道。

是否有人在长城边倾倒垃圾、开荒种地、私取墙土，都是他的巡查内容，看到有人在长城附近转悠，贺文希总要上前问个明白。回到家中，贺文希照例记下当天的巡查笔记。几年来，他关于长城的"日记"已经有整整4本。"长城是祖先留下的，咱当了长城保护员，责任就要尽到，不能让任何人破坏它。"贺文希说。

此前，只有初中文化的贺文希一直以务农为生，并无写日记的习惯。他接下长城保护的任务后，最初只是出于责任心，将巡查时的大事小情记录下来。然而随着时间的推移，老贺的记录越来越具体，开始记录自己的心情和感悟。不知不觉中，他已经成了长城的伙伴，给长城记日记成了每天必做的功课。"长城边的树是长城的伙伴，他日夜守护在长城身边。它身穿绿衣，现在人们为它扎上了红腰带、穿上了白裤子，打扮得很漂亮。"这是贺文希看到工人给长城周边的树木刷漆时写下的文字。看到初雪降临，他写道："小雪，长城在新年盖上了第一层被子。"

每次巡查长城，贺文希都会将打印的《国务院办公厅关于进一步加强文物安全工作的实施意见》放在塑料文件夹里随身携带。他说："很多老百姓觉得我多管闲事，这份文件说明保护长城是有法律依据的，谁敢破坏长城谁就要受罚。"

碰到突发情况时，贺文希还会在现场紧盯不放。2018年，长城周边要新立一座移动信号塔，施工队在长城沿线堆放了20根高压电线杆。贺文希担心修建信号塔会破坏长城，因此每天巡查三次，晚上都在现场盯着，一周后施工队将高压电线杆运走他才松了一口气。自从成了长城保护员，贺文希成了镇里的名人，但也招来了一些人的嘲笑。他在日志中写道："个别人把垃圾倒到长城上，返回时还要偷挖一车土。此事我早也查、晚也查，路灯亮了我还在巡查，有人嘲笑我太傻，瞎积极。"

　　尽管薪资微薄，贺文希依然尽职尽责。在他的看护下，村民在长城上倾倒垃圾、取土等行为明显减少，连10岁孩童都知道不能在长城上玩耍。贺文希说："既然干这份工作，咱就得把心思用到。这几年村民逐渐有了保护长城的意识，基本没人破坏长城了，镇上和村里有时还帮忙清理长城上的垃圾。"

（撰稿：杨丽华）

长城烽火跑

　　宁夏历史悠久，文化源远流长，拥有独特的文化旅游资源。战国以来，在宁夏修筑长城，总长 1500 多千米，可见城墙约 1038 千米，宁夏有长城博物馆之称。

　　宁夏烽火夜跑活动以长城为载体，通过越野跑的方式展示城市独特魅力的同时传播长城文化，在人们心中创造性地构筑中国精神、中国价值和中国力量，让更多的人了解中国历史。通过活动的推广宣传，展示宁夏特色旅游资源、宁夏旅游文化形象，让长征精神和长城文化走出去，提高宁夏文化旅游的国际知名度和美誉度。奔跑在长城下，领略壮美河山的雄浑气魄；感悟历史，体会巍巍中华文脉磅礴；传播、弘扬千年古都的文化内涵。

　　长城烽火跑活动，以长征精神永远在路上为主线，众志成城、缅怀先烈、团结互助、克服困难，百折不挠、勇往直前，打造独具创意的特色户外运动旅游精品系列赛事活动。用活动传承坚韧不屈、以诚相待、团结互助的烽火精神，以活动展示宁夏文化旅游资源。活动包括大众路跑活动、专业越野跑挑战赛、地方旅游特产集市、长城保护公益活动、虎克之路户外音乐嘉年华等主题活动。让所有的参与者感受"塞上江南"的独特风光，立足宁夏、面向全国、力争办出特色，让更多的人了解宁夏、走近宁夏、喜欢宁夏、热爱宁夏。

宁夏烽火夜跑活动开展以来，共举办过两次：一次是盐池长城烽火跑，一次是固原长城烽火跑。千余名跑者沿古老的长城，传承红色基因，一路感悟宁夏的历史记忆、人文故事和精神力量。

（撰稿：杨丽华）

宁夏长城博物馆

    宁夏长城博物馆位于盐池县盐州古城 4A 级旅游景区，是景区的核心组成部分，是宁夏回族自治区级爱国主义教育基地、长城关长城文化教育基地、铸牢中华民族共同体意识实践教育基地。博物馆是一座以长城文化为主题内容的专题性博物馆，坐落于万里长城中唯一以"长城"命名的关隘——长城关脚下。其独特的选址，使游客既能在馆内了解长城历史文化，又可以在馆外看到长城和长城关遗址。

    博物馆建筑面积 4200 平方米，总投资 2548 万，2019 年 8 月建成投入使用，分设两个展厅：中国厅和花马池厅。中国厅集中展示我国"上下两千多年，纵横十万余里"的长城发展史，结合沉浸式体验，让游客深刻了解长城在古代的军事作用。花马池厅集中展示作为宁夏后卫、防秋重镇的重要历史意义。介绍隋、明两朝在花马池所的修筑长城，并结合花马池长城沿线上的铺舍、敌台、战台、关楼、烽火墩台、城堡等附属设施，使游客了解古代延绥镇和宁夏镇完整的军事防御体系以及在边防守卫中的重要作用。以长城关为载体，历史文化为依托，文物展示为手段，共展出文物 355 件，讲述长城沿线的攻防趣事、戍边人民的丰富生活，让游客感受盐州古城花马池独特的边塞文化魅力。同时设长城关主题邮局，是宁夏长城博物馆的重要组成部分，是全国集邮爱好者交流研究盐池古长城文化的重要场所。

宁夏长城博物馆采用高科技的现代化多媒体手段，让游客获得更好的沉浸式体验。例如在中国厅有 LED 三折幕（长城发展史及建造方式）、滑轨电视（著名关隘）、透明屏敌台战台展示区、双屏烽火互动小游戏（中小学生互动体验区）、烽烟效果高清投影、LED 触控屏（宁夏长城风光）、场景还原（灵州会盟）、5D 沉浸式虚拟体验等；花马池厅有 360 度全息投影（盐池著名城堡透视图）、触控一体机（明代文武官员服饰特点互动游戏）、幻影成像（花马池军事防御再现）、VR 互动展区（长城攻防游戏体验）、场景还原（茶马互市）、长城主题邮局（有声明信片）等。

线上，博物馆开展了由馆长带头，在文旅盐池公众号上发布相关内容，讲解员在盐池县博物馆公众号上发布录制的《长城故事我来讲》，协助宁夏文旅频道完成《六朝长城》和《在宁夏遇见博物馆》等节目的录制与拍摄，配合宁夏文旅频道完成《主播带你去打卡》。线下，打造独具当地特色的研学活动。一是开展未成年人研学活动"中国的脊梁——爱国主义教育之长城文化""你、我、他讲长城典故"等，并且实地参观长城关。二是参观长城风光作品展，在提高审美的同时，让学生感悟长城精神，了解历史文化，传承和弘扬"不到长城非好汉"革命精神。三是长城文化进校园，用移动展板向盐池中小学生宣传普及长城历史文化和长城保护知识。四是借助馆内中国长城风光沉浸式体验、长城烽传制度互动小游戏、VR 长城攻防互动体验区等，让学生在学中乐、在乐中记。三折屏历代长城介绍、机器人讲解、电子屏长城诗歌作品展等增长了学生群体关于长城的知识。五是增加长城沿线随车行讲解，将历史与文化有机结合，在馆内聊历史，在馆外看遗址。六是举办长城精神主题交流活动，让未成年人分享自己了解到的长城故事，看到过的长城风光，通过故事讲解、画作分享、摄影作品展览等方式，将"爱我中华、护我长城"铭记于心。

宁夏长城博物馆根据《长城保护条例》有关规定，坚持保护利用长城、城堡、墩台原则，配合宁夏考古研究所进行长城资源调查，经国家文物局审核，对长城及其附属设施分别进行编码登记，自此，盐池县长城资源有了属于自己的身份证号。目前，盐池县基本形成盐池县文化旅游广电局、盐池县文管所、宁夏长城博物馆、盐池县长城保护学会、盐池县长城民俗博物馆等政府部门和社会团体共同保护长城的新局面。盐池县委、县政府对长城保护制定了以属地管理为主的保护政策。县文物部门为巡查监管主体，乡镇分管领导为辖区监管主体，村级聘用保护员为巡查主体的县、乡、村三级联动监管制度，并对长城墙体围栏保护、沿线竖立长城保护界桩、悬挂保护宣传标语、竖立长城保护标志碑等，使长城保护理念深入千家万户，形成全民参与保护长城的良好局面。在长城附近的村庄、乡镇集市发放《长城保护条例》宣传单，举办长城保护宣讲会，组织开展长城文化活动，多方面助力长城保护。

（撰稿：崔明丽）

长城保护利用传承的国家文化公园

　　2019 年 7 月 24 日，习近平总书记主持召开中央全面深化改革委员会会议，审议通过《长城、大运河、长征国家文化公园建设方案》，将国家文化公园建设确定为国家推进实施的重大文化工程。宁夏作为 15 个长城沿线省份之一，成为长城国家文化公园建设的重要组成部分。

　　宁夏牢记习近平总书记嘱托，坚决贯彻落实习近平文化思想、习近平总书记关于弘扬中华优秀传统文化等一系列重要指示批示精神，于 2019 年 12 月，成立宁夏回族自治区国家文化公园建设工作领导小组，统筹宁夏的长城国家文化公园建设各项工作。长城国家文化公园（宁夏段）建设由此发轫。在宁夏党委、政府的坚强领导和领导小组的统筹安排下，自治区各部门及各地勠力同心、务实求进，先后完成了覆盖宁夏的长城文物及周边文化、旅游等资源的全面梳理和现场勘查工作，印发了《长城国家文化公园（宁夏段）建设保护规划》《长城国家文化公园（宁夏段）建设工作实施方案》，为国家文化公园（宁夏段）建设提供政策性保障。

　　明确目标，强化布局。《长城国家文化公园（宁夏段）建设保护规划》明确要以保护长城文物和文化遗产、深入挖掘长城价值内涵为目标，以建设管控保护、主题展示、文旅融合、传统利用四类主体功能区为抓手，坚持保护优先、强化传承等基本原则，依据战国秦至明代长城所承载的优秀传统文化和凝聚的中华民族伟大复兴强大精神力量，结合新时代历史使命，将长城国家文化公园（宁夏段）建设成为彰显中华民族精神永续传承的重要标志。

为了更好地呈现长城国家文化公园（宁夏段），结合长城资源由南向北横向带形分布、纵向文化关联特征，围绕功能分区，规划"一轴、两镇、三单元、四带、六段、十二区、多点"空间格局。其中"一轴"是从固原镇到宁夏镇，形成一条贯穿宁夏全域的南北纵向轴。"两镇"是固原镇和宁夏镇。"三单元"是在空间上形成贺兰山、河东、固原三大长城国家文化公园展示单元。"四带"是落实国家"万里长城"核心形象展示带要求，以宁夏西长城、东长城、固原内边和战国秦长城为载体，在空间上串联起各个单元长城及相关资源空间分布带。"六段"是以全国重点文物保护单位为基础，结合沿线交通区位条件、文化需求、保护利用现状等因素，遴选出以主题展示功能为主的水洞沟段、战国秦长城段，以文旅融合功能为主的大武口段、姚滩段，以传统利用功能为主的盐州古城段、下马关段6个"万里长城"形象标识段。"十二区"是贺兰口、姚滩、水洞沟、兴武营、将台堡、战国秦长城6个可以辐射整个组团发展的核心区和镇北堡、三关口、横城堡、盐州古城、下马关、甘盐池城址6个可以带动周边地区发展的次核心区。"多点"是优先保护建设展示明长城和战国秦长城的多个"万里长城"形象标识点。

展示长城，保护先行。2022年1月1日，宁夏颁布施行《宁夏回族自治区长城保护条例》，这是宁夏首部针对长城保护的地方性法规。条例明确规定通过建设长城国家文化公园，整合各类文化公园资源，系统保护和展示长城文化和长城遗产；建立长城沿线红色文化、黄河文化、非遗文化等协同保护发展机制，开发长城文化主题旅游资源；长城点段辟为参观游览区；县级以上人民政府及其有关部门应组织开展国内外合作交流，加强长城研究，挖掘长城文化。条例还规定每年 5 月 18 日为"宁夏长城保护宣传日"，各级人民政府及有关部门应开展长城保护宣传教育活动，传承弘扬长城文化，增强公众的长城保护意识，铸牢中华民族共同体意识。

核心展示区、集中展示带和特色展示点是主题展示区的展示形态。在国家文物局的大力支持下，宁夏陆续实施西夏区镇北堡城址、灵武市清水营东城、大武口区明长城韭菜沟段、盐池县明长城青羊井段和八步战台、永宁县明长城三关口段等一系列长城保护修缮工程，本着"修旧如旧"原则，对长城国家文化公园主题展示区长城本体进行全面修缮，为后续的展示工作奠定坚实基础。

在长城国家文化公园建设期间，各级文物部门开展文物法人违法案件专项整治、长城"两线"范围违法建设排查整治等专项行动，长城本体保存条件和历史环境风貌得到进一步的改善。同时，充分发挥公益诉讼在长城保护工作中的作用，宁夏灵武市人民检察院督促保护清水营城址行政公益诉讼案被国家公布为长城保护公益诉讼典型案例。宁夏和内蒙古两省区精诚合作，探索建立"宁蒙毗邻地区长城保护工作联席会议"制度，成员单位已达 10 多个，对宁蒙共管的长城开展联合检查和保护工作。青铜峡市文物部门与驻地部队签订协议，共同保护长城。盐池县在吸纳社会力量保护长城方面推陈出新，率先在全国成立县级长城保护学会，建立长城保护志愿巡护队，进一步充实长城保护力量。

新建场馆，专题展示。2023 年 5 月，宁夏固原市原州区战国秦长城博物馆建成挂牌并面向公众开放。这座博物馆是以长城文化为内容的专题性博物馆，建筑面积 2000 平方米，馆藏文物 1100 多件（套），展厅设置"长城雄风今犹在、西陲边塞迤千里、故塞雄关绾三镇、不到长城非好汉、长城两边是故乡"5 部分内容，坚持智慧化与共享性相结合，多媒体电子屏可向观众更直观地展示固原一带的战国秦长城战略位置和固原古城历史地位，全方位、多角度地展现战国秦长城的辉煌历史和西北人民戍边卫国的英雄精神。坐落于吴忠市盐池县长城关的宁夏长城博物馆，是中国长城专题性博物馆，采用声、光、电等高新科技手段进行展示，进一步挖掘长城深厚的文化内涵，突出展示长城的特色和长城在铸牢中华民族共同体意识方面发挥的作用。灵武市依托明长城水洞沟段、红山堡，正在建设宁夏长城非物质文化遗产展览馆，突出展示长城内外传承的各类非物质文化遗产，进一步彰显长城文化的丰富内涵。

完善配套，助力利用。长城多数位于宁夏荒野郊外、人迹罕至的地方，游客参观不便，长城难以进入游客视野。长城文化旅游廊道是呈现长城、利用长城、让长城走进大众视野的重要途径，可以通过建设沿长城游览道路，配套建设游览设施，让公众走近长城，让长城可读可观可览。为此，在国家的大力支持和指导下，宁夏选取长城保存状况较好、周边资源丰富、能够产生资源集聚效应的长城点段，实施一系列文旅融合、环境配套工程，建成横城至花马池、盐池安定堡至长城关、同心内边长城、大武口西线长城、中卫姚滩至胜金关等数条长城文化旅游廊道，有效促进了长城资源和周边文化旅游资源的连通，有力推动了当地文旅融合区、传统利用区的建设和发展。

在明长城河东长城一带，以兴庆区黄河岸边的明长城宁河台为起点，沿长城修建文化旅游廊道，直通盐池县花马池古城，沿途经过五虎墩、红山堡、清水营古城、毛卜喇古城、兴武营古城、英雄堡、八步战台等核心展示园、特色展示点，打通银川兴庆区、灵武市至盐池县的沿长城文化旅游带，沿线观景台、游步道、休憩设施基本建成，具备参观游览功能，可以让游客通过沿长城自驾，饱览长城之雄伟、历史之沧桑。同时，盐池县在安定堡至县城段，修建文化旅游复合廊道，改善交通条件。同心县别出心裁，在明长城固原内边韦州至下马关段，以游步道形式串联起 16 座烽火台，在可观可览的烽火台周边建有休憩点、保护围栏、长城展示设施，既满足了游客和周边村民出行的需求，又展示了长城文化，让公众在游览中增强长城保护意识。同心县还通过改造下马关古城粮库，增加长城文化布展内容，进一步丰富长城展示载体。大武口区以龙泉村为起点，提升改造西线廊道长兴街道、长胜街道、沟口街道3个片区重要节点，串联大武口区各段长城以及北武当生态旅游区、文昌阁遗址等文旅资源，打造出一条融交通、文化、体验、游憩于一体的旅游复合廊道。中卫市沿明长城，在明长城姚滩段、胜金关段、余丁段修建公园标志、观景平台、驿站、停车场等，在胜金关制高点可以观览卫宁平原的壮美景色，在中宁县明长城余丁段可与自治区文物保护单位石空寺石窟、引黄灌溉工程跃进渠、黄羊湾岩画形成集聚效应，为黄羊古落传统利用区的建设增添新动能。借助这些长城文化旅游廊道和周边文旅资源，宁夏20处长城点段被纳入长城主题国家级旅游线路，"中卫乡村古道秋季探秘游"等3条线路入选文化和旅游部"乡村四时好风光"全国乡村旅游精品线路，部分市县结合实际推出怀旧石嘴山工业研学游、清凉固原红色研学游线路等10多条特色精品旅游线路。

此外，为进一步提升长城国家文化公园数字化展示水平，实施宁夏长城数字再现及监测预警项目、长城数字云平台项目，采集战国秦长城原州区段、明长城头道边段、三关口段、北岔口段4段国家级长城重要点段三维数据，让公众可以在手机上畅览长城风景，领略长城魅力。

多点融合，共同发展。宁夏境内黄河、长城、长征文化资源汇聚交融、内涵丰富、特点突出。黄河在宁夏孕育了"天下黄河富宁夏"的深厚历史文化内涵和"共产党好、黄河水甜"的时代价值。宁夏素有"长城博物馆"之誉，长城见证了历史上诸多民族在这个区域的交往交流交融和构筑中华民族多元一体格局的历史。"不到长城非好汉"的革命精神是长征在宁夏留下的宝贵财富。长城国家文化公园（宁夏段）在多个区域，与黄河、长征国家文化公园相交融，将这些流淌在宁夏各族儿女血液中、凝结在共同记忆里的传统文化和革命文化永久展示。西吉县在革命圣地将台堡革命旧址周边区域实施战国秦长城国家文化公园建设项目，跨越千年历史的战国秦长城在此与红军长征会师地将台堡遥遥相望、交相辉映。彭阳县在战国秦长城一带设计了红军小道，将成为旅游、研学的重要地点，让公众在重走长征路中感受红军长征这段壮丽史诗，更加珍惜革命先烈为我们创造的美好生活。横城堡位于黄河东岸，是宁夏明长城河东段的西起点，在这里长城与黄河相交会。此地的横城渡口是清代重要的水早码头，是连接内蒙古、陕北、宁夏物资水路运输的重要集散地。如今的横城堡，北边部分城墙因长期受风吹雨淋，加之城堡内部有较多树木遮挡，横城堡历史风貌受到很大威胁。为此，兴庆区对横城堡城内及城外进行全方位环境整治，清理临建设施，移栽苗木，新建排水设施和保护围栏、游览通道等，让这座明代城址重展新颜。

强化研究，挖掘价值。长城原本为抵御外敌入侵的军事工程，如今长城不只是建筑奇迹，更是中华民族精神的重要标志，被赋予团结统一、众志成城，坚韧不屈、自强不息，守望和平、开放包容的精神内涵。长城见证了宁夏地域各民族共同构筑中华民族共同体的历史，进一步丰富了铸牢中华民族共同体意识的精神滋养。宁夏各科研院所、高校等研究机构和众多专家学者，从长城军事工程、历史名人、长城故事、长城沿线民族交往交流交融等，多方面、多层次持续研究挖掘长城文化价值和精神内涵，完成《宁夏长城访古》《宁夏长城资源调查报告》《长城宁夏段见证历史上多民族交往交流交融》《宁夏境内长城长征黄河三大文化交融发展探述》《古城堡承载的长征红色记忆》等阐释长城文化内涵的重要文章，在《光明日报》《中国文物报》等刊物发表，全面阐释长城文化价值和精神内涵。

突出宣传，全面推介。中央电视台策划团队历时 4 个月，跨越宁夏3000 千米，实地调研采访，记录土夯、片石干垒、包砖加固等姿态各异的长城影像，采撷鲜活饱满的人文画面，拍摄了 4 集《守望长城》纪录片，深入挖掘长城故事，彰显长城承载的伟大精神。宁夏文化和旅游厅联合宁夏旅游广播，开设《我和长城的故事》系列节目，邀请宁夏文物保护单位相关负责人、长城保护员以及摄影家协会会员等相关领域的嘉宾，从不同的角度讲述长城故事，加强对长城的传承与保护，开展长城保护宣传，营造守护长城遗址的良好社会氛围。宁夏还推出《去宁夏，解锁宝藏世界！》融媒体产品、《宁夏长城故事》口袋书、《宁夏国家文化公园主题画册》、"宁夏国家文化公园主题摄影展"等一系列宣传产品，全面讲述长城故事，展示长城国家文化公园建设成果。其中，《宁夏国家文化公园主题画册》通过宁夏境内丰富的长城文化资源和壮美景观，全方位展现长城文化遗产、文化景观、文化活动和与之相关的文化旅游产业发展成果，促使人们在品读中听到长城文化之声、看见长城文化之美、领悟长城文化之韵，在缩读之际增强文化自信心，在追忆往昔时提高文化认同感，在心意相通中让文脉永续流淌。各地依托"宁夏长城保护宣传日"，举办"爱我中华　护我长城"公益骑行、"弘扬长城文化·讲好长城故事"长城文化展示等特色品牌活动，持续打造长城文化品牌，为长城国家文化公园（宁夏段）建设、保护、宣传、推介贡献自己的力量。

（撰稿：赵耀）